Berend Feddersen | Dorothea Seitz | Barbara Stäcker

Der Reisebegleiter für den letzten Weg

Das Handbuch zur Vorbereitung auf das Sterben

IRISIANA

Inhalt

Gestorben wird zum Schluss

Bisweilen hört man von Menschen, die einen Angehörigen oder nahestehenden Freund auf dessen letztem Weg begleitet haben, den Satz: »Hätte ich das doch nur vorher gewusst!« Ob Fragen zur Pflege oder der zu erwartenden Komplikationen bis hin zu Gesprächssituationen – oft erfahren Sterbebegleiter erst nach dem Tod eines geliebten Menschen, wie sie ihm, aber auch sich selbst die Situation hätten erleichtern können. Warum stellen wir viele Fragen nicht im Voraus? Warum holen wir uns nicht das Maximum an verfügbarer Hilfe? Sonst bereiten wir uns doch auch auf alle möglichen Situationen vor: auf das erste Date, das Bewerbungsgespräch, die Hochzeit, wir wälzen Ratgeber zu verschiedensten Themen oder decken uns mit Reiseführern ein.
Aber: Sind wir vorbereitet auf den allerletzten Weg? Einer der Gründe für das Umschiffen des Gedankens an das Lebensende mag genau hier verborgen liegen: Der Berufsstart, die Geburt eines Kindes, Reisen, eine Hochzeit sind häufig kein singuläres Ereignis; theoretisch können wir all diese Erfahrungen mehrmals im Leben machen. Sterben werden wir allerdings wohl nur einmal.

ERSTE ORIENTIERUNG

Persönliche Fragen, die ehrliche Antworten erfordern

- Welche Fragen, die meinen Tod betreffen, habe ich für mich geklärt?
- Mit wem möchte ich mich darüber austauschen?
- Wissen meine Familie und Freunde um meine Wünsche?
- Welche Dinge machen mir am meisten Angst?
- Kenne ich jemanden, der bereits einen Sterbenden begleitet hat, mit dem ich mich austauschen könnte?

Erst lesen, dann sterben

Oft ist es gar nicht so einfach herauszufinden, welchen Rat man denn überhaupt benötigt. Die medizinischen Abläufe sind undurchschaubar, die zu treffenden Vorkehrungen Neuland, der zeitliche Rahmen ist unklar. Wie soll man um Hilfestellung für etwas bitten, das man gar nicht einschätzen kann? Dienlich wären hierfür Erfahrungen aus dem persönlichen Umfeld, doch wer kennt sich aus mit dem Sterben, insbesondere zu Hause?
Immerhin starben 2012* laut »Spiegel«-Umfrage etwa 30 Prozent der Deutschen daheim. Wer in einem Heim oder Krankenhaus stirbt, wird oft von Familie oder Freunden begleitet, die daraus Wissen gewinnen können. Fragt man in seinem Freundes- und Bekanntenkreis nach, wird sicher der eine oder andere von persönlichen Einblicken in einen Sterbeprozess berichten können. Darüber zu sprechen, ist die beste Voraussetzung dafür, um entscheiden zu können: Wo möchte ich sterben? Dabei es geht es nicht nur um den Wunschsterbeort, sondern auch um den bestmöglichen Ort vor dem Sterben, der davon abweichen kann, wie möglichst lange zu Hause sein, aber sterben in einem Hospiz.

Gewünschte und tatsächliche Sterbeorte in Deutschland

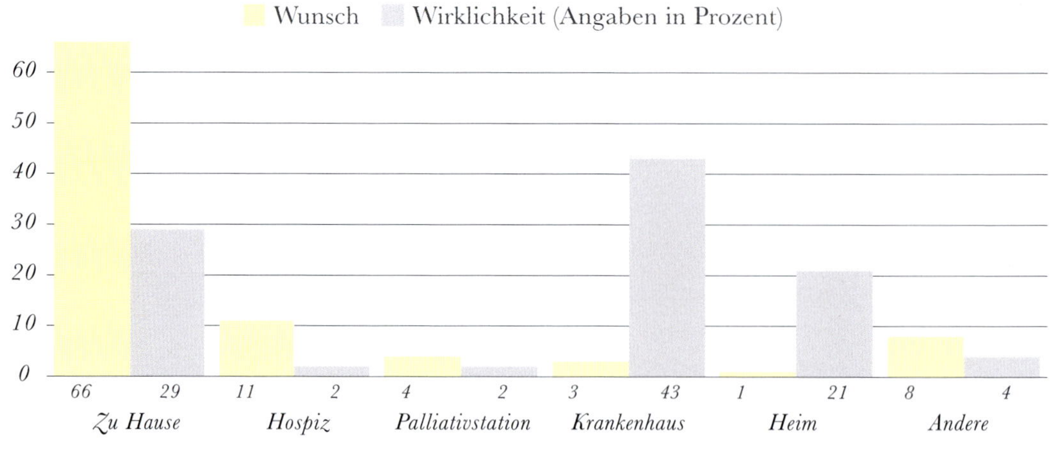

* Stand 2023: Knapp die Hälfte der Deutschen sterben im Krankenhaus (44 Prozent), die Zahl derjenigen, die zu Hause sterben, ist in den vergangenen fünf Jahren um zehn Prozent gestiegen, von 23 auf 34 Prozent. (Quelle: Astrid Hickisch: Am liebsten zu Hause, doch oft im Krankenhaus/ www.ardalpha.de)

Mehr als doppelt so viele Menschen, nämlich 66 Prozent wünschen sich laut dieser »Spiegel«-Umfrage, im häuslichen Umfeld sterben zu können. Erfüllt wird dieser Wunsch lediglich in 29 Prozent der Fälle. Demgegenüber steht, dass kaum jemand im Krankenhaus oder im Heim versterben möchte, dies aber mehrheitlich, nämlich zu 64 Prozent, eintritt.
Wieso klaffen Wunsch und Wirklichkeit hier auseinander? Um zu Hause sterben zu können, müssen viele Voraussetzungen erfüllt sein. Eine davon ist die Patientenverfügung (siehe Seite 194 ff.). Dieses Schriftstück macht den Patientenwillen ersichtlich, auch wenn er in einer Notfallsituation nicht mehr geäußert werden kann. Das ermöglicht dem Arzt oder der Ärztin, entsprechend dem Patientenwunsch zu handeln und beispielsweise weitere lebenserhaltende Maßnahmen oder Einweisungen auf Intensivstationen zu verhindern und somit ein Sterben zu Hause zu ermöglichen. Wenn eine solche Verfügung nicht vorliegt, könnte das heißen, dass möglicherweise noch eine Krankenhauseinweisung veranlasst wird, um beispielsweise eine Magensonde zu legen, künstlich zu beatmen oder sogar eine Reanimation, also eine Wiederbelebung, durchzuführen.
Im schlimmsten Fall träte dann genau das ein, was die Patientin oder der Patient am wenigsten gewollt hat: angehängt an Schläuche, Apparaturen oder Infusionen, auf einem OP-Tisch, auf der Intensivstation oder in einem kargen Krankenhauszimmer zu sterben.

Palliative Care – who cares?

Warum widmet man seinen Beruf der letzten Phase, die ein Mediziner begleiten kann? Wie sieht das Leben mit dem täglichen Tod aus? Erstaunlich lebendig und facettenreich, zumindest kann man diesen Eindruck schnell gewinnen. Lernt man Menschen kennen, die den Beruf des Begleiters oder der Begleiterin für den letzten Weg gewählt haben, blickt man in offene, strahlende Gesichter, spürt eine familiäre, ungezwungene Atmosphäre und hört spannende Geschichten. Nicht selten flankiert von unaufgeregter Heiterkeit. Wie kann das sein? Warum entdeckt man unter den Pflegern, Schwestern, Ehrenamtlichen und Ärztinnen, deren Job darin besteht, Sterbende auf das Unvorstellbare vorzubereiten, so herzliche, entspannte, fröhliche Charaktere?

Es mag banal klingen, aber: Sie haben das Leben gesehen und das, was davon übrig bleibt. Und was sich dahinter an Weisheit, Hoffnung und Motivation für einen selbst verbirgt, ist unermesslich. »Man entdeckt, dass es sehr viele unterschiedliche Arten zu leben gibt und ganz unterschiedliche Formen von Glück«, so Professor Berend Feddersen.

Der Historikerin Dr. Maria Lehner, die ihre knapp 90-jährige Mutter zu Hause beim Sterben begleitet hat, sind ihre Gefühle vor dem ersten Treffen mit Prof. Feddersen noch immer präsent: »Ich habe wirklich keine Angst vor Ärzten, aber in der Situation ist man ja extrem darauf angewiesen, dass es gut funktioniert! Man übernimmt als Angehörige eine große Verantwortung: Was kann passieren, was gibt es für Komplikationen, was kann ich alles falsch machen? Es geht darum, absolutes Vertrauen zu entwickeln – und das innerhalb von kürzester Zeit.«

Als Frau Lehner dem Palliativteam zum ersten Mal die Tür öffnet, kommt von Prof. Feddersen als Erstes eine scherzhafte Bemerkung zum »Warnung vor Hunden«-Schild draußen am Tor, wie sich Frau Lehner erinnert: »Er kommt rein und fragt: ›Sind die Hunde wohl auch so rostig wie das Schild an der Tür?‹ Darauf sagte ich: ›Wissen Sie was? Die zeige ich Ihnen jetzt!‹ und habe unsere beiden Hunde rausgelassen. So war unser erster Kontakt.«

Auch der Zugang zu ihrer Mutter Charlotte Helbig, von allen nur Charly genannt, sei sofort ganz unkompliziert gewesen, so Frau Lehner: »Wir haben gleich gelacht, und es war sehr locker, vom ersten Augenblick an. Das hat einem so gutgetan! Den Prof. Feddersen hat Charly sehr gemocht, mit dem hat sie immer geflirtet, soweit sie dazu noch in der Lage war. Irgendwie waren wir uns von Anfang an richtig sympathisch, die Chemie hat gestimmt.«

Für den Palliativmediziner Feddersen bedeutet jeder neue Patient, jede neue Patientin, einen Menschen kennenzulernen, dessen Lebenszeit begrenzt ist. Das können lediglich ein paar Stunden bis hin zu einigen Monaten sein. Die kürzeste Betreuung umfasste nur wenige Stunden, als ein ärztlicher Kollege das

EINBLICKE

Zur Person Prof. Feddersen – von wegen todernst!

Prof. Berend Feddersen ist Neurologe, Palliativmediziner, Humortrainer und -coach. Als Oberarzt und Leiter der Spezialisierten Ambulanten Palliativversorgung (SAPV) der Klinik und Poliklinik für Palliativmedizin des Klinikums Großhadern der Ludwig-Maximilians-Universität München betreuen er und sein Team Patienten, die zu Hause sterben möchten, aber aufgrund ihrer komplexen medizinischen Situation besondere Hilfe benötigen. Rund um die Uhr ist das SAPV-Team erreichbar, an jedem Tag des Jahres und für jeden Patienten, der auf spezialisierten Beistand angewiesen ist. Prof. Feddersen: »Wir dringen in die Privatsphäre ein, wir sind bei den sterbenden Patienten zu Hause und entdecken in allen Schichten, dass das letzte Hemd keine Taschen hat. Manchmal wechselt man an einem Tag quer durch die Gesellschaft, von der feinen Villa, wo einen die Hausangestellte zunächst in der Bibliothek platziert, zum Alkoholiker in seiner Sozialwohnung. Überall treffen wir auf die gleichen Fragen, die gleichen Sorgen, die gleichen Ängste.«

Gemeinsamkeiten in Unterschiedlichem zutage zu fördern, das reizt den Mediziner, eine möglichst große Bandbreite aufzusaugen an Wissen und Fähigkeiten. Seine beruflichen Qualifikationen eint er gerne mit seinen Leidenschaften, etwa Jonglage und Zauberei. Es macht ihm großen Spaß, hochkomplexe wissenschaftliche Inhalte für Laien verständlich herunterzubrechen. Als Performer und teilweise Gewinner von »Science Slams« schafft er es immer wieder, mit witzigen und originellen Vorträgen von gerade mal drei Minuten Publikum und Jury zu begeistern. Dafür zaubert oder jongliert er oder trägt eine verrückte Perücke; Hauptsache, es wird viel gelacht und viel verstanden. Die leichten Aspekte an den schweren Themen reizen ihn, und dafür nutzt er geschickt Humor und Magie. Humor ist für ihn einer der wichtigsten Faktoren für mehr Resilienz und heitere Gelassenheit, was er auch in seinen Humortrainings vermittelt.

Auch sein Umgang mit seinen Patienten ist speziell – eine äußerst spannende Mischung aus Ernsthaftigkeit und Lockerheit, mit der er ihnen gegenübertritt und die bereits bei der Begrüßung einiges an Angst vor der Begegnung mit »dem Schlimmsten« nimmt.

Team zu seiner sterbenden Großmutter ins Pflegeheim hinzugezogen hatte; der längste Zeitraum belief sich auf über zweieinhalb Jahre, als sich bei einer älteren Dame mit einer chronisch obstruktiven Lungenerkrankung der Zustand immer wieder stabilisierte und der Krankheitsprozess insgesamt relativ langsam verlief. Es können ganz Junge oder ganz Alte sein – allerdings keine Kinder, da diese von einem speziellen Team begleitet werden. Die Altersspanne des von Prof. Feddersen betreuten Personenkreises ist groß; sein bislang jüngster Patient war 20 Jahre alt und litt an einer chronischen neurologischen Erkrankung, die mit 101 Jahren bisher älteste Patientin war an Krebs erkrankt. Manche der Menschen haben einen großen Kreis von Angehörigen und/oder Freunden um sich – oder gar keine, die sie begleiten.

WEG VOM EINGESCHRÄNKTEN TUNNELBLICK, DEN KOPF ÖFFNEN FÜR UNBEKANNTES, DEN HORIZONT ERWEITERN – EINE LEBENSHALTUNG, DIE SICH BESONDERS GUT EIGNET FÜR DIE BEGEGNUNG MIT DEM TOD.

Die Vielfalt des Lebens und Sterbens

Die Fragestellungen, die hinter jeder neuen Tür warten, sind oftmals ähnlich – und doch jedes Mal anders. Welches Krankheitsbild liegt vor? Welche Komplikationen könnten drohen? Welche Ängste quälen den Sterbenden, welche die Angehörigen? Ist der Betroffene religiös? Werden sich philosophische Diskussionen aus den Besuchen ergeben?

Rein medizinisch mag vieles Routine sein, doch situativ und menschlich heißt es jedes Mal, sich auf neue Persönlichkeiten einzustellen. Für Prof. Feddersen zählt diese Herausforderung zu den Gründen für seine Berufswahl: »Ich habe ein genuines Interesse an anderen Leben in verschiedensten Situationen. Je wilder und unkonventioneller es ist, umso mehr laufe ich zur Höchstform auf. Ich empfinde es als unglaubliches Geschenk, die Chance zu haben, all die Patienten in ihrem Umfeld kennenzulernen. In der Welt des Mediziners in der Klinik ist uns dieser Blickwinkel vorenthalten. Wir sehen die Patienten in ihren Betten liegen, in einheitlichen weißen Decken und in einer gleichförmigen Umgebung, aber sie dort, wo sie wirklich zu Hause sind, zu erleben, hat eine andere Dimension.«

Luise Ganschor, eine 25-jährige Krebspatientin, erzählt über ihren behandelnden Palliativmediziner an der Uniklinik Leipzig: »Zu wissen, dass ich meinen

Arzt immer anrufen kann und er sich wirklich für meine Belange interessiert, ist Gold wert! In einer Phase der akuten Verschlechterung, etwa bei einer Lungenentzündung, holt er mich auf den Boden. Wenn ich mal wieder ›übertreibe‹ und denke: ›Jetzt sterbe ich‹. Er nimmt sich jedes Mal unglaublich viel Zeit für mich, setzt sich auch mal neben mich, eben wie ein Mensch und nicht wie ein abgehobener Arzt. Ich kann mit ihm Witze über meinen Krebs machen und weiß trotzdem, er ist erfahren und nimmt mich immer ernst – selbst bei Blödeleien. Diese Mischung aus ›gutem Kumpel‹ und ›kompetentem Arzt‹ ist für mich sehr wichtig, und ich wünschte, mehr Ärzte wären so. Vom Beginn meiner Erkrankung an habe ich mir Ehrlichkeit und Offenheit über einfach alles gewünscht, und genau das macht er. Fände er eine Therapie suspekt, würde er es mir sagen und nicht auf Teufel komm raus alles probieren – denn meine persönliche Lebensqualität ist ihm am wichtigsten.«

EINBLICKE
Wege zu Palliative Care

Von Prof. Claudia Bausewein

Mit entscheidend für meinen Weg in die Palliativmedizin waren Szenen in einem Krankenhaus während meines sozialen Jahres, die ich immer noch sehr bildhaft vor Augen habe. Zum einen gab es da einen Patienten, der vollkommen abgemagert war und aufgrund von Knochenmetastasen unter stärksten Schmerzen litt. Er bekam damals Schmerzmittel nur bei Bedarf, was dazu führte, dass er jedes Mal, wenn wir ihn beim Waschen und Lagern drehten, vor Schmerzen aufschrie. Die andere Situation war ebenfalls bei einer sterbenden Patientin. Ich war in Begleitung der Krankenschwester, es war morgens früh um sieben, die Tür wurde aufgestoßen, das Licht angedreht, und die Schwester rief: »Na, wie geht's uns denn heute?« Dann riss sie die Vorhänge auf und ich sah: Im Bett lag eine sterbende Frau. Da dachte ich: »Das kann es doch eigentlich nicht sein!«
Heute weiß ich: Dieser hektische Aktionismus, den man oft im Umgang mit Sterbenden erlebt, liegt an der eigenen Unsicherheit, die man zu überspielen versucht.

EINBLICKE

Über ein Leben voller Sterben

Ein persönliches Gespräch mit Prof. Berend Feddersen

Herr Feddersen, wie kamen Sie zur Palliativmedizin?

Im Klinikum Großhadern existiert im Rahmen der Facharztausbildung in der Neurologie die Möglichkeit, für ein Jahr auf die Palliativstation zu wechseln. Das ist vor allem für ältere Assistenten wie mich damals sinnvoll, da diese schon häufig auf anderen Stationen waren und so in einen ganz anderen Bereich, in eine andere Arbeitsweise und ein anderes Umfeld hineinschnuppern können. Die Arbeit machte mir extrem viel Spaß, plötzlich war Zeit da für wichtige Gespräche, interdisziplinäres Arbeiten, einen ganzheitlichen Ansatz. Sterben ist nun mal ein existenzielles Thema, da bewegt man sich nicht an der Oberfläche. Zwischendurch musste ich in der Nothilfe aushelfen und erlebte das komplette Gegenteil: schnelle Diagnostik, Arbeiten im Akkordtempo, rasche Entscheidungen, da kann und darf man nur an der Oberfläche bleiben. Natürlich gibt es auch hier empathisches Arbeiten, aber man hat einfach enorm wenig Zeit.

Leider war ich insgesamt nur ein halbes Jahr auf der Palliativstation, da man mir und einem Kollegen gleichzeitig zugesagt hatte und wir uns das Jahr teilten. Dennoch wollte ich mein Jahr vollmachen und nutzte die Chance, als im ambulanten Palliativteam eine Assistenzarztstelle unbesetzt war.

Inzwischen sind Sie selbst Dozent und unterrichten Medizinstudenten in der Fachrichtung Palliativmedizin. Was vermitteln Sie neben reinem Fachwissen?

Mir ist vor allem wichtig, die Freude an der Arbeit, das offene Herz für die Patientinnen und Patienten, den empathischen Umgang und Achtsamkeit weiterzugeben. Dass es sich lohnt, den ärztlichen Schutzpanzer abzulegen, offen und ehrlich zu agieren, ohne die Angst, das wäre nicht professionell, wenn man Gefühle hat und zeigt. Kurz: mehr Menschlichkeit.

Viele sind überrascht, dass man dabei seinen Humor nicht an der Eingangstür ablegt. Ich sage nur: bloß nicht! Wenn man sterbenskrank ist, will man doch keinen mit mitleidigem Gesichtsausdruck am Bett sitzen haben, der mit Grabesstimme »Oje, oje« murmelt. Da braucht man doch eher einen, der reinkommt und sagt: »Palim, Palim! Störe ich, oder ist heute keine Sprechstunde?!«

Was ist das Spannende an der Palliativmedizin?

Es ist ermutigend zu sehen, dass wir eine so große Vertrauensbasis aufbauen können, dass jemand zu Hause gut symptomkontrolliert sterben kann. Ein wichtiger Faktor sind die Angehörigen – sie in der Begleitung so zu unterstützen, dass sie sich das zutrauen. Wie oft hören wir: »Natürlich ist es für mich nicht einfach, aber mit Ihrer Hilfe werden wir das schaffen.«

Dieser Beruf ist natürlich eine große Herausforderung, die Anforderungen sind breit gefächert. Man bewegt sich an manchen Tagen zwischen den unterschiedlichsten Welten: Mit einem Patienten philosophiert man darüber, was nach dem Tod passiert, und bei einer anderen Patientin lässt man nach einer Ultraschalluntersuchung zwischen den Rippenbögen über ein kleines Schläuchlein Wasser ab, das sich zwischen ihren Lungenblättern gebildet hat.

Grundsätzlich habe ich das Gefühl, ich bin beruflich angekommen: Dieser intensive menschliche Kontakt, das Interesse am sozialen Umfeld, der ganzheitliche Blick, genau das waren Gründe für mein Medizinstudium. Über die Jahre hatte ich diesen Blick fast ein wenig verloren, ich war lange auf der Intensivstation, wo die Denkweise eine ganz andere ist. Dennoch war auch diese Zeit als Erfahrung für meine jetzige Arbeit extrem wichtig.

Ihre Sichtweise auf das Sterben hat sich im Laufe der Zeit sehr gewandelt?

Ja, natürlich. Zu Beginn meines Berufslebens wollte ich den Tod um jeden Preis verhindern. Er war der natürliche Sparringspartner, der Tod warf die tägliche Frage auf: »Schaffe ich es, ihn zu verhindern, ihm ein Schnippchen zu schlagen?«

Heute begegne ich ihm aus einer anderen Perspektive: »Wie gut bekommen wir die Zeit vor ihm hin?« Bei uns existiert der Leitsatz: »Wir machen nichts schneller, aber auch nichts langsamer.« Und ich füge gerne hinzu: »Aber besser machen wollen wir es allemal!«

Wie wird sich die Palliativmedizin in den kommenden Jahren verändern?
Sie wird sich flächendeckend weiterverbreiten; es handelt sich keinesfalls mehr um »Luxusversorgung« in den Großstädten. Ich habe auch die Hoffnung, dass sich die palliativmedizinische Haltung, der liebevolle Blick auf das Ganze, in viele Bereiche einschleicht. Dass die Entwicklung fortschreitet, in der immer mehr Krankenschwestern und Altenpfleger eine gute palliativmedizinische Betreuung in den Pflegeheimen gewährleisten. Dass der Unterschied zwischen den letzten Tagen in einem Hospiz und einem Pflegeheim nicht mehr so groß ist. Meine Vision ist, dass wir, was das Sterben angeht, mehr über unsere Wünsche und Ängste sprechen und es nicht mehr ausklammern.

Kann man sterben »lernen«?
Aus Patientensicht eher schwierig. Wie kann man etwas lernen, was man nur einmal macht? Jeder stirbt seinen eigenen, individuellen Tod, und der kann sehr unterschiedlich sein. »Sterben lernen« suggeriert auch ein wenig, dass es ein »gutes Sterben« gibt. Aber: Was ist gut? Sicher, eine gute Kontrolle aller Beschwerden. Doch das Sterben an sich? Erstrebenswert ist ein würdevolles Sterben. Und da kann man sich sicher vieles abschauen, was in Einrichtungen wie einem Hospiz oder auf einer Palliativstation praktiziert wird.
Für uns Ärzte gehört dazu, das Sterben zuzulassen – das ist zunächst schwer! Aber man lernt, Situationen auszuhalten. Man lernt, Symptome bestmöglich zu behandeln, die Lebensqualität in den Vordergrund zu stellen. Und trotz allem Gelernten weiß man eigentlich nur wenig. Die großen Fragen werden auf einer anderen Ebene entschieden. Wir können Leiden lindern, aber keine Weichen stellen. Wir sind quasi die Zugbegleiter, die mit ihrem rollenden Imbiss versuchen, die Fahrt so angenehm wie möglich zu gestalten. Was nicht heißt, dass wir Einfluss auf die Zuggeschwindigkeit, die nächste Station oder gar das Ziel der Reisenden hätten!

Grundlagen der Palliativmedizin

Ein paar klärende Anmerkungen zu den Begrifflichkeiten: Bedauerlicherweise gibt es keine passende Übersetzung für Palliative Care, sodass dieser Begriff manchmal fälschlicherweise mit Palliativpflege übersetzt wird. Denn bei Palliative Care handelt es sich um einen umfassenden multiprofessionellen ganzheitlichen Betreuungsansatz sowohl von Pflegenden als auch von Ärztinnen, Seelsorgern sowie Psychologen und Psychologinnen die sich um die physischen, psychologischen, spirituellen und sozialen Bedürfnisse der Patienten kümmern. Palliativpflege bzw. Palliativmedizin hingegen betreffen die Pflege und die medizinische Versorgung von schwersterkrankten Patientinnen und Patienten mit begrenzter Lebenserwartung vor und während des Sterbeprozesses und stellen somit nur einen Teil von Palliative Care dar.

AUF EINEN BLICK

Kurative Behandlung: Zielt auf eine vollständige gesundheitliche Wiederherstellung ab
Palliative Behandlung: Strebt die Linderung von Leiden und die Verbesserung der Lebensqualität an
»Palliativ« stammt aus dem Lateinischen. Das Wort *pallium* heißt »Mantel«, *palliare* bedeutet »mit einem Mantel umhüllen«, »bedecken«.

Warum brauchen wir Palliative Care?

Zunächst lohnt es sich, einen Blick auf die Alterspyramide zu werfen. Im Jahre 1910 wurde sie ihrem Namen noch gerecht und wies die klassische Pyramidenform auf: unten eine breite Basis mit zahlreichen Geburten, vielen Kindern und Jugendlichen, die nach oben hin mit den zunehmenden Lebensjahren immer schmaler wird. Diese ursprüngliche breite Basis rutschte im Laufe der Jahre immer höher, sodass die Prognose für 2050 rein gar nichts mehr mit ihrer Ursprungsform der Pyramide zu tun hat, sondern eher einer Amphore gleicht. Für die Versorgung im Alter hat das weitreichende Konsequenzen. Nicht, viele

Junge versorgen wenige Alte, sondern umgekehrt: Immer weniger Junge werden immer mehr Ältere versorgen müssen.

Die technischen Errungenschaften der modernen Medizin ermöglichen heute, dass das Hinausschieben des Versterbens an der Tagesordnung ist. Gibt es überhaupt noch einen richtigen Zeitpunkt, um zu sterben? Todesanzeigen, in denen 96-Jährige »unerwartet und plötzlich aus dem Leben geschieden sind«, häufen sich. Die Ärztinnen und Ärzte stecken oft in einem modernen Dilemma. Sherwin B. Nuland hat dies in seinem Buch *Wie wir sterben: Ein Ende in Würde?* (Droemer Knaur Taschenbuch, 2007) wie folgt beschrieben: »Statt dem Patienten zu helfen, sich auf den nahen Tod vorzubereiten, stürzt sich der Arzt mit ihm in ein medizinisches Abenteuer, das nur der Ablenkung dient. Das Verhalten des Arztes spiegelt das allgemeine Bedürfnis der Gesellschaft wider, die Macht des Todes und die Endlichkeit des Lebens zu leugnen.«

Wer braucht Palliative Care?

Wenn eine schwerwiegende Tumorerkrankung nicht geheilt werden kann, ist es inzwischen gut etabliert, dass früher oder später ein Palliativteam auf den Plan tritt und sich nach den Bedürfnissen erkundigt. Aber was, wenn man keine Tumorerkrankung hat und trotzdem unheilbar krank ist? Etwa aufgrund einer schweren neurologischen Erkrankung wie der amyotrophen Lateralsklerose, kurz ALS, oder einer internistischen Erkrankung wie Herzinsuffizienz, einer nicht mehr therapierbaren Niereninsuffizienz oder einer chronisch obstruktiven Lungenerkrankung, kurz COPD, im Endstadium?

Auch diese Schwersterkrankten haben palliative Bedürfnisse sowie ein Recht auf bessere Lebensqualität und Symptomkontrolle am Lebensende. Für die nichtonkologischen Patientinnen und Patienten müssen daher die palliativmedizinischen Sinne noch geschärft werden. Das gilt sowohl für die einzelnen Haus- und Fachärztinnen und -ärzte, die mit in die Wege leiten, ab wann ein Patient oder eine Patientin angemeldet wird, als auch für die sogenannten Leistungserbringer, also die Palliativstationen, Hospize und ambulanten Palliativteams.

Der Bereich der Prognoseeinschätzung ist häufig sensibel, und so kann es helfen, sich die »Überraschungsfrage« zu stellen: »Wären Sie als der behandelnde Arzt überrascht, wenn Ihr Patient oder Ihre Patientin innerhalb eines Jahres versterben würde?« Kann diese Frage mit »Nein« beantwortet werden, sollte über eine zusätzliche palliative Betreuung nachgedacht werden.

Was bewirkt Palliative Care?

Die viel beachtete Temel-Studie aus dem Jahr 2010 zeigte, dass bei Patienten mit einem nicht-kleinzelligen Bronchialkarzinom (Lungenkrebs) eine frühe palliativmedizinische Mitbetreuung bereits bei Diagnosestellung nicht nur zu einer Verbesserung der Lebensqualität und weniger depressiven Symptomen führte, sondern auch zu einem längeren Überleben: von 8,9 Monaten auf 11,6 Monate. In beiden Gruppen wurde eine individuelle, bestmögliche Tumortherapie durchgeführt. Es scheint, dass durch einen zusätzlichen palliativen Blickwinkel am Lebensende weniger aggressive onkologische Therapien durchgeführt werden, was diese Lebensverlängerung bewirkte. Dass es durch Palliative Care zu einer deutlichen Reduktion von belastenden Symptomen kommt und Angehörige weniger Ängste und Depressionen haben, ist hinreichend bekannt. Umso erstaunlicher war es, dass mit dieser Arbeit erstmals gezeigt werden konnte, dass nicht nur mehr Lebensqualität, sondern auch ein längeres Überleben erreicht werden kann. Und hierbei war »palliativmedizinische Mitbetreuung« lediglich ein zusätzliches Angebot, um mit einer Palliativmedizinerin die Symptome, die Versorgung und weitere Therapien zu diskutieren.

Natürlich ist die Idee von »palliativ« immer wünschenswert: ein schützender Mantel, mehr Lebensqualität, gute Symptomkontrolle, eine Ärztin oder ein Arzt und Pflegende, die Zeit haben und zuhören. Aber gerade am Lebensende werden diese Punkte besonders wichtig. Es ist tragisch, dass man erst »sterbenskrank« sein muss, um auf eine schöne Station mit Balkon und Parkett zu kommen. Darum brauchen wir eine Haltung, die geprägt ist von Liebe und Mitgefühl für unsere Mitmenschen, die im Krankheitsfall zu Betroffenen werden. Denen die Pflegenden und Ärzt*innen auf Augenhöhe begegnen wollen; ein Grund, warum sie sich auf der Palliativstation immer ans Bett setzen und eine Visite im Stehen mit Blick von oben auf den Patienten herab ablehnen.

Ab wann brauchen wir Palliative Care?

Die Konzepte, ab wann Palliativmedizin sinnigerweise aktiv werden sollte, haben sich im Verlauf der Jahre stark geändert. Früher galt die Vorstellung: Wenn die Erkrankung nicht mehr geheilt werden kann, geht der Fachspezialist, und der Palliativmediziner wird eingeschaltet. Dieses Bild war und ist für viele prägend und führt dazu, dass etliche Patienten im Kopf haben:

»Sobald die Palliativmedizin mit im Boot ist, ist das ein schlechtes Vorzeichen!«

Um dieses Bild aufzuweichen, entstand ein neues Modell: Die Betreuung sollte jetzt überlappend in einer Diagonalen erfolgen, der heilende Ansatz sukzessive weniger werden und der palliative Ansatz stetig zunehmen.

Heute geht man eher von dem Konzept aus, dass sich mit der Diagnosestellung einer chronischen nicht heilbaren Erkrankung der palliativmedizinische Ansatz immer an den Krankheitsverlauf anpasst. Konkret heißt das: Die Palliativmediziner begleiten die Schwersterkrankten durch alle Höhen und Tiefen. In den Phasen der Besserung oder Stabilität treten sie in den Hintergrund, rücken aber bei Verschlechterung oder Krisen wieder entsprechend nahe an ihn heran.

Um das zu gewährleisten, gibt es unterschiedliche Versorgungskonzepte und -stufen. So kann z. B. zu Beginn einer Erkrankung bereits Rat in einer Palliativambulanz oder über die Allgemeine Ambulante Palliativversorgung (AAPV) eingeholt werden. Diese Stellen können dabei behilflich sein, erste Tipps für die Symptomkontrolle zu geben oder eine Patientenverfügung und Vorsorgevollmacht zu erstellen. Schreitet die Erkrankung fort, kann die SAPV (Spezialisierte Ambulante Palliativversorgung) zugeschaltet werden, um im weiteren Verlauf eine Teilversorgung sicherzustellen, sofern der Weg zu den Ärzten ins Krankenhaus zu weit und beschwerlich wird und der Schwerpunkt der Behandlung auf der Symptomkontrolle zu Hause liegt. Sollte irgendwann ein Verbleiben zu Hause nicht mehr gewünscht sein oder sich als zu schwierig herausstellen, finden Erkrankten auf einer Palliativstation oder im Hospiz einen guten »letzten Ort«.

> »IM KOPF VIELER HAT SICH FESTGESETZT: WENN DIE PALLIATIVMEDIZIN EINGESCHALTET IST, MUSS MAN BALD STERBEN, UND ES IST NICHTS MEHR ZU MACHEN. WIR SAGEN: ›WENN NICHTS MEHR ZU MACHEN IST, GIBT ES NOCH VIEL ZU TUN!‹«
>
> Prof. Berend Feddersen

Der Weg zur Symptomkontrolle

Die meisten Betroffenen, die mit einer unheilbaren und zum Tod führenden Erkrankung konfrontiert sind, äußern in den Gesprächen mit Palliativmedizinern, sie hätten zwar keine Angst vor dem Tod, allerdings vor dem Weg dahin, nämlich Angst vor stärksten Schmerzen oder Atemnot. Diese belastenden und angsteinflößenden Symptome gilt es in einer palliativen Begleitung zu behandeln. Manchmal können es Symptome sein, die man auf den ersten Blick gar nicht als solche erkennt. Einsamkeit, Appetit- und Gewichtsverlust, Sorgen um die Angehörigen, Unsicherheit über den Krankheitsverlauf und die Zukunft – all das kann sich in »Symptomen« niederschlagen. Meist bestehen sogar verschiedene Symptome zur selben Zeit.

Zusätzlich belasten noch zu fällende Entscheidungen: Wo möchte ich sterben? Wer soll, wer kann mich betreuen? Gibt es finanzielle Engpässe, wie lassen sie sich in den Griff bekommen? Beim herkömmlichen medizinischen Ansatz liegt der Fokus auf der Erkrankung, und um diese einschätzen, diagnostizieren und behandeln zu können, benötigt man häufig technische Untersuchungen wie Laborwerte oder bildgebende Verfahren in Form von Röntgen, Computertomografie und Kernspintomografie.

Im palliativmedizinischen Ansatz dagegen liegt der Fokus auf dem Symptom; um dieses eingrenzen zu können, benötigt man rein das subjektive Empfinden des oder der Erkrankten. Dieses muss nicht unbedingt mit technisch zu erhebenden Befunden korrelieren. Das Symptom ist nicht nur medizinischer Natur, sondern es gibt viele Facetten und Komponenten, die das Symptom beeinflussen. Dem wird das sogenannte Total-Pain- oder auch Absoluter-Schmerz-Modell gerecht. Es beinhaltet genau das Prinzip, nach dem Symptome wie beispielsweise Schmerzen nicht nur eine physische oder medizinische Ursache haben. Andere Dimensionen, die das Symptom und damit die zu behandelnde Person beeinflussen, sind die psychische, soziale und spirituelle Seite. Das Symptom »Schmerz« ist am besten bekannt – man weiß, dass ein Gefühl wie Verlust oder Trauer durchaus als körperlicher Schmerz wahrnehmbar ist.

Total-Pain-Modell

nach Cicely Saunders, 1977

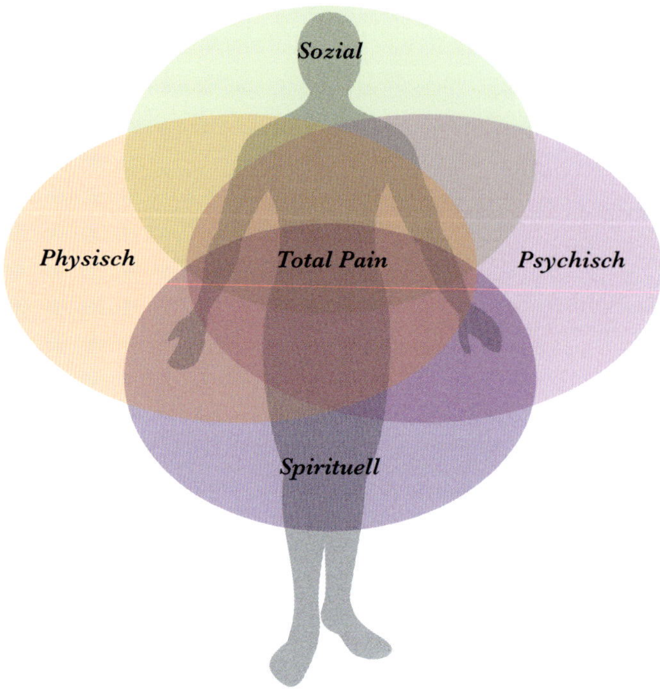

Das Gleiche trifft für alle anderen Symptome wie Übelkeit, Erbrechen, Atemnot oder Unruhe zu. Zu den physischen Faktoren gehört der körperliche Verfall mit den daraus resultierenden Symptomen Schmerz, Atemnot, Müdigkeit und Schwäche, allerdings auch die Nebenwirkungen von Medikamenten. Psychische Faktoren sind Einsamkeit, die Belastung einer Umbruchsituation, das Gefühl, loslassen zu müssen und sich zu verabschieden. Je nach Krankheitsphase können Wut, Verzweiflung, Trauer und Angst eine große Rolle spielen. Sozial kommt es zu einem Verlust der gewohnten Beschäftigung, teilweise ist die Kommunikation und damit die Möglichkeit, mit seinem Umfeld in Kontakt zu treten, eingeschränkt. Rollen verändern sich, der Mann kann nicht mehr der starke Beschützer und Ernährer der Familie sein, sondern wird verletzlich und schwach. Die Ehefrau gerät aus der Rolle der Partnerin in die einer Pflegenden und macht einen Rollenwechsel durch. Spirituell kann es zu tiefen Glaubenskrisen kommen: vom persönlichen Hadern mit Gott und der Frage »Warum ich, warum gerade ich?« zu Grundsätzlichem wie »Warum lässt Gott dies zu?«, »Welcher Sinn steckt in der Krankheit?« bis hin zu den unbeantwortbaren Fragen unseres Daseins: »Was passiert nach dem Tod?«, »Gibt es ein Leben danach?« All diese Faktoren können die Symptome stark modifizieren und modulieren. Daraus erklärt sich, dass es manchmal eines anderen Ansatzes bedarf als eines rein medikamentösen. Manche Symptome werden trotz gut ausgewählter Medikamente nicht besser, da andere Faktoren aus dem »Total-Pain«-Modell bisher nicht in Erwägung gezogen wurden. Genau dies ist die große Herausforderung für alle in der Palliativmedizin Tätigen.

Manchem erscheint das »Total-Pain«-Modell als undurchdringliches Gebilde, so als kämpfe man gegen einen übermächtigen Gegner, der nicht zu bezwingen ist, zumindest nicht von einer Einzelperson: zu groß, zu unterschiedlich die einzelnen Komponenten. Für Prof. Berend Feddersen sind dabei fünf Grundprinzipien bei der Begleitung seiner Patient*innen hilfreich. Sie stammen eigentlich aus dem Personalmanagement des LMU Center for Leadership and People Management, passen aber auch gut zur palliativen Arbeit. Mehr dazu ab Seite 57.

Was sich für Patienten ändert

Wer sich in palliativmedizinische Behandlung begibt, wird sich in manchen Punkten etwas umgewöhnen müssen. Denn die spezielle Betrachtungsweise der Mediziner hat natürlich Konsequenzen für die Kranken – und das in mehrfacher Hinsicht. Zum einen sind da Faktoren wie mehr Zeit und die Behandlung zu Hause, was den Kontakt persönlicher und individueller gestalten lässt, als man das vielleicht aus einer großen Klinik mit wechselndem Personal gewohnt ist. Zum anderen aber – und das ist für den einen oder die andere zunächst irritierend – spielt manche Untersuchung keine Rolle mehr, die in den Monaten oder Jahren der Erkrankung fester Bestandteil der Behandlung war.

Diagnostik im Labor

Ein Palliativmediziner wird typische diagnostische Maßnahmen auf ihre Sinnhaftigkeit hinterfragen. Welche Konsequenzen haben sie für den Patienten? Hängt das Wohlbefinden von Laborparametern ab? Sind es nicht andere Faktoren, die spiegeln, ob es einem gut oder schlecht geht? Der Tumormarker im Labor wird irgendwann auf jeden Fall ansteigen, denn die Erkrankung schreitet fort, ob dies nun als Zahlenwert gemessen wird oder nicht. Was allerdings macht die Gewissheit seines Anstiegs mit einem selbst? Führt sie vielleicht dazu, dass man sich nach der Nachricht schlechter fühlt, obwohl es einem eigentlich gerade gut geht? Weil es erschreckt, die Verschlechterung vor Augen geführt zu bekommen? Die Erfahrung zeigt, dass technische Befunde, die vielleicht noch erhoben werden, meist überhaupt nicht mehr mit dem Befinden korrelieren und eher zu massiver Verängstigung führen.

Diagnostik am Bett

Ein Palliativmediziner wird bei auftretenden Problemen in erster Linie versuchen, die Ursache der Symptome und deren Ursprungsort durch genaue Befragung herauszubekommen: »Wo sind die Schmerzen? Strahlen sie aus? Welchen Charakter haben sie? Treten sie kontinuierlich oder wechselnd auf?« Natürlich könnte er jetzt eine weiterführende Diagnostik veranlassen, Röntgenbilder oder eine Ultraschalluntersuchung beauftragen, vielleicht sogar eine Kernspintomografie. In der Palliativmedizin würde dies alles nur eingeleitet, falls sich dadurch eine ganz neue therapeutische Konsequenz für den Patienten ergeben könnte. In der Regel werden die Befragung und die körperliche Untersuchung am Bett des Patienten zu Hause völlig ausreichen.

> DIE PATIENTIN UND NICHT IHRE KRANKHEIT STEHT IM MITTELPUNKT, DAHER WIRD MEIST AUF UNNÜTZE DIAGNOSTIK VERZICHTET.

Ein Beispiel: Möglicherweise deutet alles darauf hin, dass die Ursache für den Schmerz z. B. eine Knochenmetastase ist, die direkt auf den austretenden Rückenmarksnerv drückt. Oder es handelt sich um eine Lymphknotenmetastase, die auf das nachgeschaltete Nervengeflecht drückt. In beiden Fällen wäre das Medikament das gleiche: eines, das diese Art von Schmerzen lindert. Wahrscheinlich würde eine detaillierte bildgebende Diagnostik eines dieser Ergebnisse zeigen. Dafür hätte man aber einen aufwendigen Transport in ein entsprechendes Untersuchungszentrum in Kauf nehmen müssen; das dadurch erlangte Wissen würde dennoch zu keinerlei Unterschied in der Medikamentenwahl führen.

Erklären und Verstehen

Ein Palliativmediziner wird eine klare Sprache sprechen, was für manche Patient*innen im ersten Moment ungewohnt, wenn nicht sogar problematisch sein kann. Zumindest für solche Betroffene, die bisher nur teilweise über ihren Krankheitsverlauf aufgeklärt wurden – vielleicht wollte eine Person gar nicht alles im Detail wissen, oder ein Arzt ging bei vorangegangenen Besprechungen davon aus, ein Kollege hätte bereits ein ausführliches Gespräch mit dem Patienten geführt. Bisweilen geraten Palliativmediziner*innen sogar in die Situation, mit einer Patientin das erste ausführliche und ehrliche Gespräch überhaupt zum Thema Sterben zu führen.

ZENTRAL SIND DIE ERKRANKTEN UND IHRE SYMPTOME. DAHER WERDEN ZIELSTREBIG EINE SYMPTOM-LINDERUNG UND -KONTROLLE HERBEIGEFÜHRT.

Um das Ziel einer umfassenden Linderung der Symptome zu erreichen, muss sich die zu behandelnde Person über ihre Gesamtlage im Klaren sein und darf nicht etwa hoffen, jetzt begänne eine neue Therapie, die doch noch Heilung versprechen könnte. Nur durch Offenheit können die Ursachen von Symptomen wie Angst, Sorgen und Unsicherheiten tatsächlich herausgefunden, behandelt und nachhaltig reduziert werden. Daher zählen ausführliche Aufklärung und genaues Wissen zu den Grundvoraussetzungen in der Beziehung zwischen Betroffenen, Angehörigen, Palliativmedizinerinnen- und medizinern.

Mangelnde Patientenaufklärung und ihre Folge

Wie dramatisch es sein kann, wenn die Kommunikation zwischen Medizinern und Schwersterkrankten nicht funktioniert, zeigt ein Beispiel aus der Praxis von Prof. Feddersen: »Wir hatten eine 30-jährige Patientin, die an einem Vaginalkarzinom litt. Der Tumor hatte sich schon so massiv ausgebreitet, dass er das gesamte Becken ausfüllte. Sowohl Wasserlassen als auch Stuhlgang waren der Patientin dadurch nicht mehr möglich. Im Krankenhaus erfolgte eine Operation, um eine externe Ausleitung von Darm und Blase zu schaffen. Der Ehemann wartete ängstlich vor dem Operationssaal, um den Operateur abzupassen. Als dieser vor die Tür trat, fragte er: ›Hat alles gut geklappt?‹ Der Operateur antwortete zwar wahrheitsgemäß, aber dennoch ungenau: ›Ja, es hat alles sehr gut geklappt, die Operation hat gut funktioniert.‹ Der Mann glaubte, der Tumor wäre herausgenommen worden, und hakte nach: ›Haben Sie Metastasen gesehen?‹, worauf der Operateur entgegnete: ›Nein, es gibt keine Metastasen.‹ Der Ehemann war natürlich erleichtert.

Der Operateur hatte sich aus seinem Blickwinkel durchaus an die Wahrheit gehalten: Die Operation war gut verlaufen, das Ziel, die externe Darm- und Blasenausleitung, war erfolgreich durchgeführt worden. Metastasen hatte er in der Tat nicht gesehen; der Tumor war schon so groß, dass er das gesamte Becken ausfüllte. Zu einer Metastasenausbreitung war es nicht gekommen.

In der Klinik hatte zwar niemand das Paar belogen, und doch sorgte der Umstand der ›nicht ganzen Wahrheit‹ für eine folgenschwere Komplikation. Als wir die Patientin nach der OP zu Hause besuchten, fanden wir sie in einer schrecklichen Lage. Direkt nach Ankunft hatten sich die Klammern der Operationswunde am Bauch gelöst, sodass der Bauch quasi offen war. Wir erklärten, dass dies mit eine Folge des großen Tumors sein könnte – daraufhin verlor das Ehepaar völlig den Boden unter den Füßen. Uns wurde klar, dass hier die Kommunikationsstränge massiv aneinander vorbeigegangen waren. Wir vernähten den Bauch und führten Telefonate mit der Klinik. Dort war man gleichermaßen bestürzt über die Situation und bot an, ebenfalls zur Patientin nach Hause zu kommen, doch sie wollte niemanden mehr aus dem Krankenhaus sehen. Die Frau verbrachte dann noch einige Wochen mit guter Symptomkontrolle zu Hause, bevor sie auf dem Sofa, auf dem sie immer gelegen hatte, starb.«

Individuelle Therapie

Der Ansatz eines palliativmedizinischen Konzepts beschränkt sich nicht nur darauf, Tabletten oder Spritzen zu verabreichen. Wie im auf Seite 22 beschriebenen »Total-Pain«-Modell kann die Ursache für Schmerz oder Übelkeit körperlich sein, aber genauso auch in Ängsten oder unbewältigten Aufgaben bestehen. Daher ist die Ursachenforschung oberstes Gebot. Je nach Ergebnis werden im Anschluss ein Physiotherapeut, eine Seelsorgerin, eine Atemtherapeutin oder ein Psychologe hinzugezogen.

Dennoch ist ein zentraler Punkt der palliativmedizinischen Versorgung natürlich die Medikamentengabe, und diese erfolgt so umfassend wie benötigt. Jeder Patient und jede Patientin sollen größtmögliche Schmerzfreiheit erreichen. Sie haben dabei immer die Möglichkeit, mitzubestimmen.
Das Optimum ist dabei Symptomfreiheit, realistisch kann eine Symptomlinderung sein. Wenn die Symptome anhalten, ist es sinnvoll für den Patienten, die Medikation in regelmäßigen Abständen einzunehmen. Die alleinige Gabe nur bei Bedarf funktioniert dann nicht mehr. Die Medikamente werden täglich angepasst. Dies geschieht über die Gabe einer sogenannten Basismedikation, die fest angesetzt ist. Die Anzahl der Einnahmen richtet sich nach der Wirkdauer. Zusätzlich dazu gibt es eine »Bedarfsmedikation« – das ist quasi die Feuerwehr.

DIE THERAPIE WIRD INDIVIDUELL AUF JEDE PATIENTIN ZUGESCHNITTEN. SIE KANN MITBESTIMMEN, WELCHE ANGEBOTE SIE WAHRNIMMT UND WIE HOCH DIE DOSIERUNG DER SCHMERZMITTEL EINGESTELLT WERDEN SOLL.

Beschwerden auf den Grund gehen

Wie wichtig es für Palliativmediziner ist, bei Beschwerden genau nachzuforschen, zeigt ein Beispiel von Prof. Berend Feddersen: »Ein Patient, etwa 60 Jahre alt, litt unter Schlafstörungen. Ich besuchte ihn in seinem Zimmer, und es entspann sich folgender Dialog: ›Ich kann nicht schlafen.‹ ›Warum können Sie nicht schlafen?‹ ›Es ist wie früher!‹ ›Was ist wie früher?‹ ›Wie damals, in der Kindheit.‹ ›Was war denn in der Kindheit?‹ ›Ich habe mit Freunden gespielt, und wir waren versehentlich drei Tage in einem alten Bunker eingeschlossen, bei völliger Finsternis. Wir wären beinahe alle umgekommen.‹ ›Haben Sie hier auf der Palliativstation in der ungewohnten Umgebung Angst vor der Dunkelheit?‹ ›Ja, vielleicht ist es das.‹ ›Okay, dann werden wir die Tür auflassen, damit jederzeit Licht vom Flur in Ihr Zimmer dringt.‹
Daraufhin waren die Schlafstörungen wie weggeblasen. Natürlich hätte man das Problem mit einer Schlaftablette auch ganz schnell lösen können. Aber das Ziel ist, mit wenig Diagnostik die Ursachen von Symptomen herauszufinden, und das funktioniert nur, wenn wir uns Zeit nehmen und im Detail aufmerksam sind.«

Über falsches Mitleid, Verantwortung und warum es sich am Ende doch für alle lohnt

Ein Gespräch mit Dr. med. Christoph Seitz, Hausarzt und Internist in München

Nur 10 Prozent der Palliativpatient*innen sind so schwer erkrankt, dass sie in ihrem letzten Lebensabschnitt ein hoch spezialisiertes Team, also ein SAPV-Team, benötigen. Was machen die anderen? Kann man das allein überhaupt schaffen?
Man kann das selbstverständlich schaffen. Allerdings muss man bereit sein, sich seinen Ängsten zu stellen. Das Sterben zu Hause war bis in die 1970er-Jahre noch die Regel. Sterbebegleitungen innerhalb der engen und erweiterten Verwandtschaft und des Freundeskreises waren normal. Die Möglichkeit, Sterbende in Institutionen wie Krankenhäuser oder Heime »abzudelegieren«, entstand erst zu dieser Zeit. Bis dahin gehörte das Sterben zur realen Lebenswirklichkeit, und dies muss es wieder werden.
Leider spiegelt sich in der Frage auch eine gravierende Veränderung unserer Lebenskultur seit Mitte des letzten Jahrhunderts wider. Sobald es im Leben schwierig wird, übergeben wir an Profis wie Psychologen, Sozialarbeiterinnen, Psychotherapeutinnen, Erzieher, Pädagogen, Kirchen- und Sozialverbände, Juristinnen und im schlimmsten Fall in Personalunion an Politikerinnen und Politiker. Gleichzeitig schwindet der gesellschaftliche Grundkonsens über gemeinsame Vorstellungen vom glücklichen und guten Leben. Wie entwickelt sich unter diesen komplexen Umständen das Verhältnis zur unausweichlichen Tatsache des »Sterbenmüssens«? Wir haben Angst. Die zeigt sich dann in einer Formulierung wie »Kann man das allein überhaupt schaffen?«.

Aber sind die Ängste nicht berechtigt? Begleitende Angehörige tragen nicht nur die pflegerische Verantwortung, sie geben Medikamente, müssen Schmerz- und Angstzustände einschätzen können. Das schreckt im ersten Moment ab.
Natürlich muss man dem Angstabbau der Betreuer*innen einen ähnlichen Stellenwert beimessen wie den Sorgen der betroffenen Patienten. Es handelt sich gewissermaßen um die Kehrseite desselben Problems. Ich rate den Angehörigen, sich mit dem Bild ihres eigenen Sterbens zu konfrontieren. Was würden sie sich in dieser Situation wünschen? Man möchte möglichst wenig Schmerzen erleiden und aufgehoben sein in Fürsorge und Zuwendung, ohne unter Zwang und Bevormundung zu geraten. Man möchte kein offenes, falsches oder unterdrücktes Mitleid. Angehörige sollten nie vergessen, dass unausgesprochene Spannung zwischen dem Sterbenden und den Überlebenden besteht – der eine muss gehen, während die anderen bleiben. Dies sind meines Erachtens die wesentlich schwierigeren Anforderungen an Pflegende und Mitbetreuende, denn Medikamentengaben werden im Detail mit der Ärztin oder dem Arzt abgesprochen und von den Patienten teilweise noch lange selbst dosiert.

Wenn Angehörige tatsächlich ihre Anfangsängste überwinden, welche Erfahrungen nehmen sie dann aus einer Begleitung mit?
Wir sehen, dass wieder mehr Menschen im Sterbeprozess zu Hause begleitet werden, was mit an dem größer werdenden Wunsch liegt, den letzten Lebensabschnitt keinesfalls im Heim verbringen zu müssen. Zwischenzeitlich haben wir uns allerdings gesellschaftlich schon so an die Routine gewöhnt, Alter, schwere Erkrankung und Tod auszulagern, dass die neuerliche Konfrontation damit zunächst verstört und als Verpflichtung oder gar Zumutung empfunden wird. Wer sich dennoch darauf einlässt, wird Teil eines Prozesses, der am Ende den Blickwinkel nachhaltig verändert. Im Laufe einer Begleitung dämmert es nämlich dem einen oder der anderen, dass der »Triumph des Weiterlebens« nicht ewig währen wird. Der gewohnte lärmende, aufgeregte, angestrengte und extrovertierte Alltag hat in diesem letzten Lebensabschnitt plötzlich keinen

Platz mehr. Am Bett von Sterbenden wird man zwangsläufig zum Innehalten gezwungen, spürt, wie wenig Raum einem das Hamsterrad, in dem man sonst steckt, für ein »Sich-selbst-bewusst-Sein« lässt. Wie rastlos man rast und trotzdem vor Unzufriedenheit strotzt. Und schließlich gewinnt ein Gefühl von Demut und Dankbarkeit aus dem gemeinsam Erlebten, Erreichten und voneinander Gelernten Priorität. Die sonst so unantastbaren Alltagsverpflichtungen verblassen. Auf einmal »nervt« das Sterben nicht mehr, sondern wird als bereicherndes, beglückendes Erlebnis wahrgenommen und erschließt im optimalen Fall für sämtliche Beteiligten bei aller Trauer und allem Schmerz neue Lebensqualitäten. In diesem Erkenntnisgewinn liegt die größte Hoffnung auf den notwendigen Kulturwandel.

Inwieweit kann einen Hausarzt oder -ärztin unterstützen?

Gerade die Hausarztpraxis ist prädestiniert dazu, den notwendigen Paradigmenwechsel mitzugestalten: Man hat den Patienten lange, wenn nicht sogar lebenslang betreut, kennt seine familiären und sozialen Verhältnisse. Dazu müssen sich die Hausärzte allerdings schärfer mit dem auch in ihren Reihen entstandenen Dogma der rein kurativen, also heilenden Medizin auseinandersetzen. Diese definiert Krankheit als Feind und bekämpft sie allzu oft verkürzt in rein dieser Form. Geht der Kampf verloren, lässt man seine Patienten, insbesondere in der spezialisierten Medizin, häufig allein zurück. Dies entspricht keinesfalls dem ursprünglichen Arztverständnis und muss sich wieder ändern.

Wer zu Hause sterben möchte, wird normalerweise nicht mehr in eine Klinik eingewiesen. Wenn eine Person z. B. mitten in der Nacht in eine Krisensituation kommt, wird oft doch der Notarzt gerufen. Wie ist das vermeidbar?

Indem man den Notarzt eben nicht ruft. Der Notarztwagen ist eine Einrichtung der kurativen Notfallmedizin. Man muss sich immer wieder vor Augen führen: Ein unmittelbar einsetzender Sterbeprozess ist kein Krisenfall. Er sollte schon gar nicht am Ende durch medizinischen Aktionismus unterlaufen werden. Gerät ein Angehöriger z. B. bei nicht beherrschbaren epileptischen Anfällen, Erregtheitszuständen und Schmerzen in Panik und erreicht den Hausarzt nicht, sondern wendet sich an den ärztlichen Notdienst, wird eine vernünftige Ärztin zwar die Symptome behandeln, aber hoffentlich nicht auf einer Krankenhausaufnahme bestehen. Die pflegende Angehörige trägt nicht die medizinische Verantwortung, wenn der im Sterben liegende Mensch nach einer dramatischen Verschlechterung oder Komplikation verstirbt. Seine Aufgabe besteht in der Begleitung, nicht in der Verhinderung dieses Prozesses.

Gibt es Situationen, in denen eine Familie dieser Herausforderung nicht gewachsen ist?

In der Tat sehen wir Ausgangsbedingungen, die das Anstreben anderer Lösungen, wie etwa ein Pflegeheim oder Hospiz, notwendig erscheinen lassen. Völlig zerrüttete Verhältnisse zwischen Partnern oder auch zwischen Eltern und ihren Kindern mit nicht heilenden gegenseitigen lebenslangen Verletzungen sind keine gute Ausgangsbasis für ein Pflegeverhältnis. Hier gibt es keine generellen Empfehlungen, denn häufig stehen dem gleichzeitig erstarrte Ansprüche und Verstrickungen entgegen, die in einer solchen finalen Ausnahmesituation nicht mehr zu entwirren sind. Obwohl man weiß, es kann nicht funktionieren, sind die Beziehungen und Erwartungshaltungen zu festgefahren, und aufgrund von Alter oder Krankheit ist ein gemeinschaftlicher rationaler Diskurs oft nicht mehr möglich. Man darf sich als Hausarzt hier nicht verstricken. Die vorliegenden Tatsachen bestimmen den Ablauf in Kombination mit Improvisation und spontaner Geschicklichkeit.

Welche Möglichkeiten habe ich, wenn mein Hausarzt oder meine Hausärztin diese Betreuung nicht anbietet?

Es ist sinnvoll, so etwas mit Hausarzt oder -ärztin zu besprechen, und zwar nicht erst, wenn der Versorgungsfall einzutreten droht. Ich persönlich bin der Meinung, dass eine Betreuung insbesondere der langjährigen Patient*innen zum originären Tätigkeitsfeld des Hausarztes gehört. Wir Hausärzte und Hausärztinnen können durch den weiteren Ausbau des Einsatzes eigener, nicht ärztlicher Mitarbeiterinnen diese Aufgaben schultern, natürlich gemeinsam mit den klassischen Pflegediensten, den Palliativteams und den betreuenden Angehörigen. Je öfter wir dies tun, desto professioneller werden die Laien. Natürlich ist das für uns eine außerordentlich zeitaufwendige und anspruchsvolle Tätigkeit, wenn wir sowohl den Patientinnen und Patienten als auch den Angehörigen umfassend beistehen wollen. Zeit, die viele in der heutigen Versorgungsstruktur gar nicht zur Verfügung haben. Leider, und das ist vielen wahrscheinlich gar nicht bewusst, wird diese essenzielle Arbeit mit 25 Euro pro Hausbesuch inklusive Fahrtkostenpauschale vergleichsweise lächerlich vergütet – egal, wie lange man am Bett des oder der Kranken sitzt und welche drängenden Fragen der Angehörigen man wie ausführlich beantwortet. Der Vergleich sei erlaubt: Für dieses Honorar nimmt ein Handwerker nicht einmal das Telefon ab. Erschwerend kommt hinzu, dass sich fast alle deutschen niedergelassenen Fachärzte aus der Hausbesuchstätigkeit zurückgezogen haben. Bei entsprechenden fachärztlichen chirurgischen, urologischen oder neurologischen Problemen kommt es zu eigentlich überflüssigen Krankentransporten sowie ambulanten oder stationären Behandlungen in einer Klinik. Hier besteht größter Handlungsbedarf auf allen Ebenen und in vielerlei Bereichen. Ehrlicherweise muss man wohl sagen, dass in der jetzigen Situation nicht jeder einen Hausarzt finden wird. Oder die Hausärzte, die eine solche Betreuung leisten wollen, können nicht alle Betroffenen behandeln.

Noch eine Bitte an alle, in deren engerem oder weiterem Umfeld jemand schwer erkrankt: Lassen Sie Ihre Freunde und Verwandten damit nicht allein. Regelmäßig Kontakt zu halten, ist viel leichter, wenn man erst einmal erkannt hat, dass es hierzu keinerlei anderer Anforderungen bedarf als vorher. Ein Fußball- und Sportfan bleibt dies genauso wie ein kulturell oder politisch interessierter Mensch – die Gesprächsthemen werden Ihnen also nicht ausgehen! Das Leben mit einer tödlichen Erkrankung braucht Normalität. Lassen Sie die befreundeten Kinder Ihrer Familien weiter zusammen spielen. Schaffen Sie keine Einsamkeit und gesellschaftliche wie menschliche Ausgrenzung gegenüber betroffenen Familien.

Was Palliative Care nicht ist

Es ist eine Frage, die, wenn sie kommt, schnell kommt – und sie kommt meist nur am Anfang. Prof. Feddersen begegnet sie ziemlich häufig, und manchmal ist selbst er überrascht, wie zielstrebig er mit dem Thema konfrontiert wird: »Das passiert oft bereits beim Erstbesuch; man hat sich eigentlich gerade erst kennengelernt, da fällt so ein Satz: ›Herr Doktor, wissen Sie, ich habe mich mit dem Thema auseinandergesetzt: Ich weiß, dass ich sterben werde, ich bin mit dem Thema durch. Sie können jetzt die goldene Spritze holen.‹ Ich frage eigentlich immer nach: ›Welche goldene Spritze denn?‹ Dann kommt so ein ›Na, Sie wissen schon!‹, und ich entgegne: ›Nein, weiß ich nicht. Sagen Sie es mir!‹«

»PALLIATIVMEDIZINISCHE BEGLEITUNG KANN SO VIEL. DIE PLANUNG EINES ÄRZTLICH ASSISTIERTEN SUIZIDS IST NUR IN EINZELFÄLLEN NOTWENDIG.«

Prof. Berend Feddersen

Notausgang Sterbehilfe?

Sterbehilfe gehört zu einer Thematik, zu der man in der Theorie schnell eine Meinung haben kann. »Wenn ich mal unheilbar krank bin, weiß ich, was ich tue!« oder »Ich werde kein Pflegefall, dafür werde ich beizeiten schon sorgen!« zählen zu den schnell hingeworfenen Sätzen, die man durchaus in seinem Umfeld zu hören bekommt – und das in erster Linie von Leuten, die sich bester Gesundheit erfreuen.

Die Angst vor dem Ungewissen

Warum aber tritt in der Phase, in der sich Menschen auf ihrem letzten Weg befinden, dieser Gedanke an Sterbehilfe so geballt in den Vordergrund? Prof. Feddersen, der nach seinem anfänglichen Frage-und-Antwort-Spiel immer sehr schnell und klar formuliert, dass diese Möglichkeit weder für ihn noch für seine Kollegen zur Debatte steht, geht dann sofort zum eigentlichen Punkt über: »Man muss sehr genau miteinander besprechen, woher dieser Wunsch kommt. Dann stellt sich in den meisten Fällen heraus, dass dahinter schlichte Angst der Betroffenen steckt. Und zwar nicht vor dem Tod an sich, sondern vor den schweren Symptomen in der Sterbephase, wie unerträgliche Schmerzen oder Atemnot.«

Ängste, die Prof. Feddersen ausräumen kann, denn er kennt seine Medikamente und hat oft genug gesehen, wie sie bei den befürchteten Symptomen ihre Wirkung taten: »Wenn wir effektiv Leiden lindern, nehmen wir auch die Angst vor dem Leiden. Ich kann nicht versprechen, dass die Schmerzen komplett weg sind, aber wir werden es so hinbekommen, dass es erträglich ist. Das gilt nicht nur für Schmerzen, sondern auch für Symptome wie Atemnot. Niemand muss mehr ersticken heutzutage und auch keine Schmerzen aushalten, egal, um welchen noch so aggressiven Tumor es sich handelt.«

Tatsächlich folgt auf dieses erste Gespräch normalerweise kein weiteres dieser Art mehr. Professor Feddersen ist immer wieder fasziniert davon, wie schlagartig der Wunsch nach Sterbehilfe weit in den Hintergrund tritt, wenn eine gute Symptomkontrolle erreicht wird.

»STERBEHILFE? WIR MACHEN DAS NICHT. WIR DÜRFEN ES NICHT. WIR WOLLEN ES NICHT. DAS IST ETHISCH NICHT DER WEG, DEN WIR MIT UNSEREN PATIENT*INNEN EINSCHLAGEN.«

Professor Berend Feddersen

Sterben? Alles zu seiner Zeit

An einen Patienten kann er sich allerdings erinnern, in dem dieser Gedanke mehrfach aufflammte. Es handelte sich um einen Alt-Punkrocker, der oft davon sprach, in die Schweiz zu Dignitas, einem Verein, der u. a. Sterbebegleitung und Freitodhilfe anbietet, zu fahren. Prof. Feddersen stellte klar, dass er ihn bei diesem Vorhaben keinesfalls unterstützen würde, da dies komplett gegen seine ethische Einstellung verstieße. Er würde ihn aber gerne so lange behandeln, wie es der Patient selbst wünsche.

Immer mal wieder diskutierten die beiden über das Thema, ohne ihre Standpunkte zu verlassen, so Prof. Feddersen, bis sich eines Tages etwas veränderte: »Auf einmal hatte er sehr viele Freunde um sich. Der Patient hatte die ganze Zeit allein gewohnt, und plötzlich war immer jemand da, seine Freunde haben sich ständig abgewechselt. Sie haben sogar einen Stundenplan geschrieben, in dem stand, wer wann an der Reihe ist. Schließlich organisierte noch jemand, mit ihm zusammen seine Mutter zu besuchen, die er 20 Jahre lang nicht mehr gesehen und zu der er damals den Kontakt abgebrochen hatte.« Von diesem Moment an, so Prof. Feddersen, hatte sich das Thema komplett erledigt.

Wenn nichts mehr geht – dann geh ich selbst?

Das Bundesverfassungsgericht hat am 26. Februar 2020 entschieden, dass die Beihilfe oder Assistenz beim Suizid wieder straflos möglich ist. Grundvoraussetzung ist, dass der oder die Betroffene selbstbestimmt handelt. Diese Entscheidung des Bundesverfassungsgerichtes hat auf verschiedenen Ebenen zu einer gesellschaftlichen Debatte um die Zulässigkeit der Voraussetzungen des assistierten Suizides geführt. Die Begrifflichkeiten geraten in dieser öffentlichen Diskussion teilweise durcheinander, ihre Unterscheidung ist aber essenziell (siehe Übersicht in der Infobox, Seite 41).

Sterbewünsche, so Professor Berend Feddersen, sind bei schwerstkranken und sterbenden Menschen immer wieder Thema. Nicht nur die Hintergründe sind sehr unterschiedlich, sondern auch die Vorstellungen, die sich hinter einem solchen Wunsch verbergen, umspannen eine große Bandbreite. Sie reichen von dem Wunsch, sterben zu dürfen, bis hin zur Bitte um Unterstützung beim Sterben – sei es durch die Bereitstellung eines Suizidmittels oder durch aktive Tötung. Wird man mit Sterbewünschen konfrontiert, seien solche Äußerungen zunächst als Not wahrzunehmen. Es ist die Not der Betroffenen, dass ihnen ihre Situation nicht mehr erträglich erscheint und ihr Leben so nicht mehr weitergehen soll. Für Professor Feddersen ist es unabdingbar, diese Not aktiv wahrzunehmen, zuzuhören und ihnen zu signalisieren, offen darüber sprechen zu dürfen: »Häufig werden diese Themen in der Begleitung gemieden, aus Angst, selbst in Zugzwang zu kommen. Dahinter steckt die Sorge vor einer emotionalen Bedrängnis, die dazu führen könnte, diesen Wunsch später nicht mehr abschlagen zu können.« Weiter betont der Mediziner, dass es dennoch wesentlich sei, diese Not nicht zu ignorieren, sondern aktiv zuzuhören: »Für Menschen, die so verzweifelt sind, dass sie einen Sterbewunsch offen formulieren, ist es schwer erträglich, wenn ihr Anliegen oberflächlich weggewischt wird – und das aufgrund der eigenen Angst, nicht darüber sprechen zu wollen.« Von großer Bedeutung sei es allerdings, dass man sich zu diesem Thema bereits eine eigene Meinung gebildet hat. Denn wenn man erst mitten in dem Gespräch feststellt, dass man selbst gerade erst dabei ist, eine Meinung zu diesem Thema zu entwickeln, bringt man sich in eine schwierige Situation. Professor Feddersen weiter: »Auf jeden Fall sollte die persönliche Sichtweise sowohl mit der offiziellen Haltung des Teams, in dem man arbeitet, als auch mit den möglichen Richtlinien der übergeordneten Einrichtung, für die man tätig ist, abgeglichen werden.«

Der Palliativmediziner erlebte nach der Gesetzesänderung folgenden Fall: Als eine der vom Team der spezialisierten ambulanten Palliativversorgung betreuten Patientinnen entschied, mit einer Sterbeorganisation durch ärztlich assistierten Suizid zu sterben, wurde sie weiter von dem Team begleitet – bis zu dem Zeitpunkt, den sie gewählt hatte. Dazu meint Professor Feddersen: »Für mich ist es extrem wichtig, dass wir nicht beleidigt in der Ecke stehen oder uns zurückziehen, wenn jemand einen anderen Weg wählt als den, den wir anbieten. Die Menschen haben ja trotzdem zum Teil ausgeprägte Symptome, die gelindert werden müssen.« Denn trotz der Ermöglichung des assistierten Suizids gebe es in Deutschland einen extrem hohen Bedarf an palliativmedizinischer Begleitung. In diesem durchaus herausfordernden Prozess meldete die Patientin zurück, wie extrem hilfreich und entlastend sie es empfand, dass das Team weiterhin für sie da war, ihr zuhörte und ihren Weg nicht generell verurteilt hatte: »Viele aus ihrem Bekanntenkreis hatten ihre Entscheidung nicht verstehen können oder wollen, und versucht, sie zu überreden, diesen Weg nicht zu gehen. Dies führte bei ihr zu großem Druck und dem Gefühl, sich ständig rechtfertigen zu müssen.«

Aber wie reagiert man, wenn Betroffene darüber sprechen wollen? Was soll man sagen? Wie soll man sich verhalten? Professor Feddersen ist da ganz ehrlich: »Das ist alles gar nicht so einfach. Aber es hilft, offen und neugierig zu sein. Authentisch zu bleiben, sich über den eigenen Kompass im Klaren zu sein, und eine ›humanistische Neugierde‹ mitzubringen. Dem Gegenüber ein ernsthaftes Interesse zu signalisieren, verstehen zu wollen, warum dieser Sterbewunsch nun auftritt und was dahintersteckt.« Darüber hinaus hat Berend Feddersen auch einen wertvollen Tipp: Bei dem Gespräch können die Punkte helfen, die in der Handreichung der Österreichischen Palliativ Gesellschaft ÖPG (siehe Kasten auf Seite 38 f.) zu finden sind.

Möglichkeiten außerhalb der assistierten Sterbehilfe

Ein Beispiel, das die gesetzlich abgesicherten Optionen neben der assistierten Sterbehilfe illustriert, ist Professor Feddersen noch sehr gut in Erinnerung: Ein ambulanter Pflegedienst hatte das SAPV-Team für und im Namen eines über 85-jährigen Patienten angerufen. Er hatte das Team vor einem Jahr kennengelernt, als es seine Ehefrau versorgt und bis zum Versterben begleitet hatte. Jetzt lebte er zusammen mit einer 24-Stunden-Pflegekraft in seiner Dreizimmerwohnung. Er litt an Herzschwäche, hervorgerufen durch nicht mehr voll funktionsfähige Herzklappen, zusätzlich waren Herzrhythmusstörungen sowie eine Nierenschwäche aufgetreten. Insgesamt hatten die körperliche Schwäche und Immobilität zugenommen, allerdings waren die Erkrankungen nicht so rasch fortschreitend, dass ein schnelles Ende in Sicht gewesen wäre. Genau dies aber war der innigste Wunsch des pensionierten Strafrichters. Er hatte sich sogar bei Herzchirurgen vorgestellt, um seine Herzklappen operieren zu lassen, aber nur mit dem Ziel, »auf dem Tisch« zu bleiben und bei der Operation zu versterben. Dass dies vom Operationsteam abgelehnt wurde, war nicht besonders überraschend. Sein Wunsch, dass das Leben jetzt zu Ende gehen sollte, war so groß, dass er nun vom ambulanten Palliativ-Team vehement Unterstützung beim ärztlich assistierten Suizid einforderte. Der Patient war nicht depressiv, voll orientiert sowie einwilligungs- und einsichtsfähig. Seine Gründe für den Suizidwunsch waren die fehlende Lebensqualität, bedingt vor allem durch die Immobilität, Abhängigkeit von anderen, Aussicht auf ein langsames Fortschreiten der Erkrankung, Lebensbilanz mit Lebenssattheit, Verlust der Autonomie und die dadurch entstandene Hoffnungslosigkeit.

Symptomlinderung und -kontrolle

Professor Feddersen erinnert sich: »Es folgten viele intensive Gespräche, bei denen es auch sehr stark um unsere eigenen Wertvorstellungen ging, und was wir in seiner Situation machen würden. Wir stellten sehr klar, dass wir einen ärztlich assistierten Suizid nicht durchführen würden, da wir unsere Arbeit im Bereich der Symptomkontrolle und Begleitung sehen.« Am heftigsten forderte der Patient ein, ihm ein Medikament zu spritzen, um sein Leben zu beenden. Dies allerdings wäre Tötung auf Verlangen und in Deutschland strafbar, was

WIE GEHT MAN MIT EINEM GEÄUSSERTEN STERBEWUNSCH UM?

In Anlehnung an: »When someone asks for your assistance to die. Guidance on responding to a request of hasten death« (Royal College of Nursing, 2016), und an die Situation der Leser*innen angepasst aus der: »Handreichung zum Umgang mit Sterbewünschen und dem Wunsch nach Beihilfe zum Suizid« der Österreichischen Palliativ Gesellschaft (ÖPG).

Ein wichtiger Aspekt: jemanden sterben lassen, aber auch Sterben »zu-lassen«. Es gibt jetzt schon viele Möglichkeiten, wie ein schwersterkrankter Mensch sein Recht auf ein selbstbestimmtes, würdiges Sterben wahren kann. Das Vorhandensein einer Nahrungssonde beinhaltet nicht, dass diese gegen seinen Willen noch bestückt wird. Das wäre Körperverletzung. Es wäre wichtig, dass dieses Wissen in der Breite vorhanden ist.

- Hören Sie sehr genau zu, was gesagt wird (und was nicht gesagt wird), und überprüfen Sie, ob Sie Ihr Gegenüber korrekt verstanden haben.
- Suizidwillige äußern ihren Sterbewunsch manchmal »verdeckt« oder in Metaphern, und es kann wichtig sein, nachzufragen, was damit genau gemeint ist.
- Geben Sie empathisch und direkt Rückmeldung, was Sie gehört haben, indem Sie das Gesagte in eigenen Worten wiedergeben. Damit wird der Person die Möglichkeit eröffnet, ihr Verständnis für ihre Situation zu reflektieren. Verzichten Sie auf Interpretationen oder Empfehlungen aus Ihrem persönlichen Blickwinkel.
- Ihr Tonfall und Ihre Mimik sind wichtig, weil sie Wertschätzung, Mitgefühl und Fürsorge vermitteln können. Die Betroffenen sollen sich wahrgenommen, gehört und verstanden fühlen.
- Der Respekt vor der Freiheit des Einzelnen, sich das Leben zu nehmen und dazu Hilfe zu suchen und anzunehmen, ist wichtig (Respekt vor der Autonomie).
- Bei der Erklärung Ihres Gegenübers, nicht zur Last fallen zu wollen, ist abzuschätzen, wie weit diese Haltung als Teil des eigenen Selbstverständnisses verinnerlicht ist oder ob sich die Person gedrängt sieht, einer gefühlten gesellschaftlichen Moral gerecht zu werden.

- Fragen Personen konkret um Hilfe bei einem Suizid oder um eine Tötung auf Verlangen, ist es wichtig, dass Sie diese Anfrage zur Kenntnis nehmen und der Neigung widerstehen, sie zu »ignorieren« oder sie kategorisch zurückzuweisen.
- Hinweise darauf, dass Sie diese Anfrage ernst nehmen, tragen dazu bei, dass die Person sich verstanden fühlt.
- Bestätigen und kommunizieren Sie Ihre Besorgnis um das Wohlergehen und die Sicherheit der oder des Suizidwilligen. Erklären Sie aber auch, dass es nicht möglich ist, Anfragen wie diese absolut vertraulich zu behandeln, und dass es wichtig ist, mit den anderen Mitgliedern der Familie darüber zu beraten, wie für Entlastung gesorgt werden kann.
- Versuchen Sie, Schweigen und Stille im Gespräch auszuhalten, und geben Sie aufbrechenden Emotionen der Person den nötigen Raum, ohne sie vorschnell durch tröstende Worte oder Gesten zu beenden.
- Geben Sie dem Gegenüber eine Rückmeldung bezüglich seiner oder ihrer Gefühle und Bedenken in Bezug auf die Erkrankung und erfragen Sie behutsam das Wissen über die Krankheit, Prognose, Tod und Sterben. Suizidwillige können eigene Vorstellungen zu zukünftigen physischen und psychischen Belastungen, kognitiven und funktionellen Einbußen sowie zu drohender Abhängigkeit entwickeln. Um angemessen reagieren zu können, ist es hilfreich, dies zu wissen.
- Bei konkreten Fragen nach Kontaktinformationen oder Internetadressen von Organisationen, die Suizidwillige unterstützen, ist zu bedenken, dass eine derartige Information möglicherweise im Widerspruch zur eigenen Haltung steht. Hier sollte man überlegen, ob man diese Hilfestellung geben möchte oder nicht.
- Versuchen Sie zu erfahren, ob die Person Kontakte zu Ärztinnen oder Ärzten mit palliativmedizinischer Erfahrung hat, um über alternative Möglichkeiten, wie das Absetzen bisheriger Medikamente und Therapien oder der Verzicht auf Nahrung und Flüssigkeit, zu sprechen.
- Versichern Sie der oder dem Suizidwilligen, dass Sie Ihre Fürsorge und den Kontakt aufrechterhalten werden, unabhängig davon, wie er oder sie sich entscheidet.

ihm als ehemaligem Strafrichter »eigentlich« auch bekannt war. Die Anmeldung bei einer Sterbehilfeorganisation zum ärztlich assistierten Suizid hatte er schon angedacht, insgesamt war ihm dies jedoch zu langwierig. Es würde voraussichtlich mehrere Monate dauern, bis es zur Umsetzung kommen könnte. Der freiwillige Verzicht auf Flüssigkeit und Ernährung kam für ihn nicht infrage, da er zu gerne äße und dies nicht durchhalten würde.

Professor Feddersen: »Wir besprachen, dass auch die Option bestünde, die aktuellen Medikamente, die gegen seine Herzschwäche wirkten, wegzulassen. Dies würde bedeuten, ihn sterben zu lassen (früher auch als ›passive Sterbehilfe‹ bezeichnet).« Würde es dadurch zu starken Symptomen kommen, beispielsweise zu einer Atemnot bei einem Lungenödem infolge eines Herzversagens, könne man ihm Opiate geben, die diese Symptome linderten. Dabei würde das Team in Kauf nehmen, dass das Sterben durch diese Medikamente beschleunigt werden könnte. Dieses Vorgehen wird als »Symptomlinderung am Lebensende« bezeichnet (früher: »indirekte Sterbehilfe«). Wenn die Symptome durch Medikamente nicht ausreichend kontrollierbar wären, könnte zusätzlich eine palliative Sedierung durchgeführt werden. Dies hätte ebenfalls nicht zum Ziel, das Sterben zu beschleunigen, sondern sein Leiden zu lindern.

INFOBOX

Begriffsklärung rund um das Thema ärztlich assistierter Suizid

Der Nationale Ethikrat hat vorgeschlagen, die eingeführte, aber missverständliche und teilweise irreführende Terminologie wie »aktive«, »passive« oder »indirekte« Sterbehilfe aufzugeben. Entscheidungen und Handlungen am Lebensende, die sich mittelbar oder unmittelbar auf den Prozess des Sterbens und den Eintritt des Todes auswirken, können angemessen beschrieben und unterschieden werden, wenn man sich terminologisch an den folgenden Begriffen orientiert:

Selbsttötung (Suizid): Bei der Selbsttötung führt die Person die Handlung, die zu ihrem Tod führt, selbst aus. Täter und Opfer sind damit dieselbe Person (Beispiel: Die sterbewillige Person schaltet den Tropf mit dem tödlichen Medikament selbst an oder nimmt selbst die tödliche Tablette ein). Die Selbsttötung ist nicht strafbar.

Beihilfe zur Selbsttötung (assistierter Suizid): Da die Selbsttötung nicht strafbar ist, ist auch die Hilfe/Assistenz zur Selbsttötung (beispielsweise das Besorgen eines todbringenden Mittels) im deutschen Rechtssystem nicht strafbar. Beim assistierten Suizid geht es darum, einer suizidwilligen Person die tödliche Substanz zu vermitteln, die sie ohne Fremdeinwirkung selbst einnimmt. Eine Grundvoraussetzung für die Straffreiheit ist allerdings, dass die Selbsttötung freiverantwortlich erfolgt. Beihilfe/Assistenz zum Suizid kann nicht nur durch Ärztinnen oder Ärzte geleistet werden. Niemand darf zur Beihilfe/Assistenz bei einem Suizid verpflichtet werden.

Freiverantwortlichkeit: Die Freiverantwortlichkeit setzt die Fähigkeit der Person voraus, ihren Willen frei und unbeeinflusst von einer akuten Störung zu bilden und nach diesem zu handeln. Der suizidwilligen Person müssen alle für die Entscheidung wichtigen Gesichtspunkte bekannt sein. Hierzu gehört zum Beispiel die Kenntnis von Handlungsalternativen zum Suizid. Die Person muss in der Lage sein, diese Informationen im Hinblick auf die Bedeutung für die eigene Person abzuwägen und darauf aufbauend eine Entscheidung zu treffen. Die Entscheidung sollte von einer gewissen inneren Festigkeit und Dauerhaftigkeit geprägt sein. Sie muss eigenständig getroffen werden, das heißt, sie darf nicht auf unzulässigen Einflüssen oder Druck von außen beruhen.

Unterlassene Hilfeleistung: Das Strafgesetzbuch (StGB § 323 c): unterlassene Hilfeleistung) zwingt in keinem Fall zu Hilfeleistungen gegen den erklärten Willen des oder der freiverantwortlich handelnden Suizidwilligen. Der entscheidende Punkt hierbei ist die Freiverantwortlichkeit.

Freiwilliger Verzicht auf Essen und Trinken/Sterbefasten: Eine einwilligungsfähige Person, die sich nicht im unmittelbaren Sterbeprozess befindet, entschließt sich, auf Essen und Trinken zu verzichten, um den Tod herbeizuführen. Der Verzicht auf Essen und Trinken ist nicht strafbar.

Tötung auf Verlangen (früher »aktive Sterbehilfe«): Im Gegensatz zum assistierten Suizid verabreicht hier der Arzt oder die Ärztin die tödlich wirkende Substanz mit der Intention, das Leben der Person gezielt zu beenden. Dies könnte auf ausdrücklichen Wunsch der Person oder auf Eigeninitiative, z. B. bei fehlenden Therapieoptionen und großem Leid, erfolgen. In Deutschland ist die Tötung auf Verlangen nach § 216 StGB ein Tötungsdelikt und damit klar verboten. Eine Einwilligung der getöteten Person stellt keinen Rechtfertigungsgrund dar.

Sterbebegleitung: Greift nicht in das Sterben ein oder setzt es in Gang, sondern es wird Beistand geleistet. Der Begriff »Sterbebegleitung« beschreibt die Begleitung eines sterbenden Menschen und seiner An- und Zugehörigen durch Hospiz, Seelsorge, Palliativmedizin und -pflege. Ziel der symptom- und bedürfnisorientierten Maßnahmen ist weder die Beschleunigung noch ein Hinauszögern des Sterbezeitpunkts. In der (Muster-)Berufsordnung heißt es in § 16: »Ärztinnen und Ärzte haben Sterbenden unter Wahrung ihrer Würde und unter Achtung ihres Willens beizustehen«. Die Sterbebegleitung ist nicht strafbar.

Sterbehilfe: Steht als Oberbegriff für das Handeln anderer im Zusammenhang mit dem Sterben einer Person. Sie kann strafbar oder rechtmäßig sein.

Sterbenlassen (früher »passive Sterbehilfe«): Das Fortschreiten einer tödlich verlaufenden Erkrankung wird nicht (mehr) durch lebenserhaltende Maßnahmen aufgehalten, wie durch die Beendigung einer Beatmung, Nicht-Anlage oder Nicht-Nutzung einer Magensonde (PEG), keine weitere Krebstherapie, Absetzen von lebenserhaltenden Medikamenten etc. Die passive Sterbehilfe ist nicht

Letztendlich kam der Patient zu dieser Entscheidung, also sein Sterben bei entsprechender Symptomlinderung zuzulassen. Das Absetzen der Herzmedikamente führte zu einer Zunahme der Herzschwäche mit daraus resultierendem Lungenödem. Mittels einer Medikamentenpumpe konnte eine gute Symptomkontrolle erreicht werden. Diese beinhaltete Medikamente gegen Atemnot (Hydromorphon), Übelkeit (Levomepromazin) und Unruhe (Midazolam), alles in einer eher niedrigen bis mittleren Dosierung. Zwölf Tage nach seinem Entschluss verstarb der Patient friedlich zu Hause in seiner Wohnung.

Es gibt also viele Möglichkeiten, sterbewilligen Menschen zu helfen, und der assistierte Suizid kann für sehr wenige die letzte Option sein, meint Professor Feddersen: »Meiner Erfahrung nach ist zum einen in erster Linie die Frage nach einer ausreichenden Symptomkontrolle entscheidend. Wenn diese gelingt, tritt der Sterbewunsch sehr rasch in den Hintergrund.« Zum anderen hätten viele Menschen den Wunsch nach Autonomie und große Angst vor ihrem Verlust. Viele wollten das tödliche Medikament nicht direkt nehmen, sondern die Freiheit haben, es zu einem selbstbestimmten Zeitpunkt nehmen zu können. Es ist eine große Herausforderung an uns als Gesellschaft, denjenigen Unterstützung und Begleitung anzubieten, die sie brauchen und die dafür notwendigen Ressourcen bereitzustellen. Häufig höre er als Mediziner von Patientinnen und Patienten, fügt Professor Feddersen hinzu: »›Bevor ich in ein Pflegeheim muss, würde ich eher sterben wollen‹ – das hat mich früher schon traurig gemacht. Statt zuzusehen, wie Menschen darüber nachdenken, wie sie bestmögliche Hilfe beim Suizid erhalten, um dieser Situation zu entgehen, sollten wir doch eher gemeinsam daran arbeiten, die Wohn- und Lebensmöglichkeiten im Alter, bei Erkrankungen, Pflegebedürftigkeit und jedweder Einschränkung so zu gestalten, dass dieser Grund nicht mehr an vorderster Stelle steht.«

EINBLICKE

»Heutzutage ist die Angst vor dem Alter und seinen denkbaren Gebrechen so stark ausgeprägt, dass sogar die Option eines Suizids aus der Sorge heraus, etwa eine demenzielle Erkrankung zu entwickeln, als nicht völlig abwegig in unser allgemeines Empfinden einsickert. Ausgerechnet in einer Zeit, in der sich eine positive gesellschaftliche Neuorientierung formiert, ausgelöst durch die wachsende Palliativbetreuung und Hospizbewegung, die genau diese Probleme im Blick haben.«

Dr. med. Christoph Seitz, Hausarzt und Internist

AUSBLICKE

Palliative Care versus Sterbehilfe

Prof. Feddersen, wie kann man in Sachen Sterbehilfe besser aufklären?

In der aktuellen Diskussion geht vieles durcheinander, aktive und passive Sterbehilfe oder ärztlich assistierter Suizid. Ein weiterer Ausbau der Palliativmedizin ist notwendig, damit in der Fläche eine bestmögliche Symptomkontrolle bei schwerster Krankheit möglich ist.

Warum gelingt es der Palliativmedizin nur langsam, als angstnehmende Alternative ins allgemeine Bewusstsein vorzudringen?

Mit dem Thema Palliativmedizin muss man sich faktisch auch dem Thema Tod stellen, und dieser hat in unserer »Alles ist immer möglich und machbar«-Gesellschaft seinen natürlichen Platz verloren.

Welche Rolle spielt dabei der Gedanke »sterben lassen«?

Ein wichtiger Aspekt: jemanden sterben lassen, aber auch Sterben »zu-lassen«. Es gibt jetzt schon viele Möglichkeiten, wie ein Patient sein Recht auf ein selbstbestimmtes, würdiges Sterben wahren kann. So kann beispielsweise gemeinsam überlegt werden, welche Medikamente oder Maßnahmen, die jetzt schon das Leben erhalten, abgesetzt werden.

Vom richtigen Zeitpunkt

Die Frage nach dem Wann stellt sich im Laufe einer schweren Erkrankung immer wieder: Wann werde ich gesund? Wann werde ich wissen, ob es für mich keine Heilung mehr gibt? Wann werden die Therapien keine Verbesserungen mehr bringen? Ab wann kommt man auf eine Palliativstation? Wann sollte man sich ein Hospiz ansehen? Wann muss ich mit meiner Familie reden, wenn ich zu Hause sterben möchte? Wann darf ich überhaupt denken: Ich sterbe? Und: Wann werde ich sterben?

Abfahrtszeit: unbekannt

So häufig die Frage nach dem Wann gestellt wird, so oft wird entgegnet, wie unbeantwortbar sie sei. Schließlich kennt man doch die Geschichten von den Totgesagten, die ihre düstere Prognose um Monate oder sogar Jahre überlebten! Und hört man nicht umgekehrt immer wieder davon, »wie schnell es plötzlich ging«, wo noch niemand damit gerechnet hatte?

Prof. Feddersen wird permanent konfrontiert mit dem bangen »Wie lange noch?« – von Betroffenen ebenso wie von Angehörigen: »Die meisten Mediziner antworten darauf: ›Das können wir nicht genau prognostizieren, das ist zu individuell und zu unterschiedlich.‹ Natürlich ist diese Aussage grundsätzlich richtig; es ist schwer, das genau vorherzusagen! Trotzdem finde ich persönlich das nicht ganz fair, denn als Arzt entwickelt man ein gewisses Gespür dafür, wie es um den Erkrankten steht, und warum sollte man das nicht mit dem oder der Betroffenen und den Angehörigen teilen? Man kann es ja entsprechend vorsichtig formulieren, indem man einen gewissen Zeitraum angibt: ›nur noch wenige Tage‹, strafbar, wenn die unterlassenen Maßnahmen nicht mehr medizinisch angezeigt (indiziert) oder von der betroffenen Person nicht (mehr) gewünscht sind.

Symptomlinderung am Lebensende (früher »indirekte Sterbehilfe«): Hierzu zählen Maßnahmen, bei denen eine Verkürzung der Lebenszeit zwar nicht beabsichtigt ist, aber zur Leidenslinderung in Kauf genommen wird. In der Begleitung von schwerstkranken, sterbenden Menschen kann es vorkommen, dass rasch hohe Medikamentendosierungen verabreicht werden müssen, um dieser gerecht zu werden. Beispielsweise könnte bei einer akuten Atemwegsverlegung unverzüglich eine hohe Gabe von Opiaten zur Linderung der Atemnot, zur Abschirmung und Linderung von Todesangst und Schmerzen eingeleitet werden. Möglicherweise tritt im Rahmen dieser Maßnahmen der Tod ein, potenziell (mit-)verursacht durch Nebenwirkungen (wie der Dämpfung des Atemantriebs). Wichtig in diesem Falle ist die klare Intention der Handlungen. Ziel und Indikation der Maßnahmen ist hier niemals die Herbeiführung eines beschleunigten Todeseintritts. Es steht immer die Symptomlinderung im Vordergrund. Das mögliche Versterben des Patienten oder der Patientin wird in Kauf genommen, um die Symptome und Leiden bestmöglich zu lindern. Dies ist nicht strafbar. Wenn zu diesem Zweck sedierende Medikamente (starke Beruhigungsmittel) eingesetzt werden, spricht man von »palliativer Sedierung«.

›einige Tage bis Wochen‹ oder ›Wochen bis Monate‹, je nach Situation. Das ist zwar immer noch eine sehr vage Aussage – und doch können Patientinnen und Patienten damit sehr viel mehr anfangen.«

Wie lange noch?

Luise Ganschor stellt sich dieselbe Frage. Immer mal wieder, seit dem Tag im Herbst 2013, als eine Ärztin der 25-Jährigen nach eigentlich überstandener Krebserkrankung mitteilte, dass Lungenmetastasen entdeckt wurden: »Ich konnte in dem Moment gar nicht weinen, so groß war der Schock. Ich habe die Ärztin gleich gefragt, wie man sterben muss. Es war mein erster Gedanke: ›Wie stirbt man daran? Wie schnell?‹ Man weiß ja, dass die Ärzte einem keine Prognose geben können, aber man will eben einfach eine hören! Man will wissen, wovon sie reden: von ein paar Wochen, von einem Jahr, von fünf Jahren?«

»JE WEITER DIE ERKRANKUNG FORTGESCHRITTEN UND JE NÄHER DAS ENDE IST, UMSO GENAUER WISSEN PATIENTEN, WO SIE STEHEN.«

Prof. Berend Feddersen

Luises Ärztin klärt sie auf, dass niemand direkt an den Metastasen sterben würde. Man könne sich das eher so vorstellen, als würde man einen Marathon nach dem anderen rennen und wäre davon irgendwann so müde und kaputt, dass man sich ins Bett legt. »Sie meinte auch, dass das Gehirn irgendwann nicht mehr mit so viel Sauerstoff versorgt würde, sodass man träge würde und einfach einschliefe.« Für Luise eine sehr beruhigende Erklärung: »Für manche mag das schlimm klingen, aber ich war erleichtert, zu erfahren, dass ich nicht ersticke. Woher hätte ich das denn wissen sollen?«

Luise würde es begrüßen, solche Informationen automatisch zu erfahren: »Ich bin ein Mensch, der die Ärzte ausfragt, ich will alles wissen. Aber es gibt Patienten und Patientinnen, die trauen sich das nicht, und daher wissen sie vieles nicht. Das wäre mir wichtig, dass diese Art der Aufklärung einfach von allein kommt.«

Prof. Feddersen glaubt, manche Kollegen hätten schlicht Angst, etwas Verkehrtes zu sagen und damit falsche Hoffnungen bei den Schwersterkrankten zu wecken. Für ihn erzeugt das aber das genaue Gegenteil: »Mit dem Satz ›Das kann man nicht sagen!‹ lässt man alles offen, und plötzlich stehen eher unrealistische Hoffnungen im Raum.« Er selbst spielt daher manchmal den Ball an die Patientinnen und Patienten zurück: »Wenn ich spüre, eine Person ist ehrlich zu sich, stelle ich ihr die Gegenfrage: ›Was glauben Sie denn? Wie ist Ihr Gefühl?‹« Meist bekommt der Mediziner dann erstaunlich präzise Angaben, die sich nicht selten mit seiner persönlichen Annahme decken: »Da höre ich Antworten wie: ›Ich glaube, meinen Geburtstag in zwei Wochen erlebe ich noch, danach wird es nicht mehr lang gehen.‹ Manchmal sind die Aussagen verwischter; das hängt auch davon ab, wer sich noch mit im Raum befindet. Im Großen und Ganzen haben die Patientinnen und Patienten selbst das beste Gefühl, wie lange es noch dauert. Und meist trifft das erstaunlich präzise zu.«

Hinterm Zeithorizont geht's weiter

Greta Rose, die ihre schwer krebskranke Freundin Steffi sehr eng begleitet hat, stellte ihr häufig die Fragen: »Hat sich etwas in deiner Wahrnehmung verändert? Spürst du irgendwas?«, doch Steffi entgegnete jedes Mal überzeugt und konsequent: »Nein.«

Steffi, die 33-jährige Mutter eines kleinen Sohnes, ist an Darmkrebs erkrankt. Da der Krebs während der Schwangerschaft nicht entdeckt und erst nach der Geburt diagnostiziert wurde, ist er bereits weit fortgeschritten. Ihr Zeitfenster scheint daher extrem begrenzt zu sein. Und doch überlebt Steffi ihre Prognose um viele Monate. Bis sie ihrer Freundin Greta schließlich an einem Donnerstag im Januar 2014, eineinhalb Jahre nach ihrer Diagnose, eröffnet: »Mein Herz sagt mir, dass ich sterben muss.«

Greta ist heute noch überrascht: »Das war eineinhalb Wochen, bevor sie starb! Ich glaube, sie hat das vorher gar nicht wahrnehmen wollen und einfach ausgeblendet. Erst ganz kurz vor ihrem Tod wurde es wirklich für sie. Vorher war sie nicht in der Lage, es zu akzeptieren, sie hat es vor diesem Tag überhaupt nicht fühlen können, weil sie es einfach nicht wollte! Wer will schon als junge Frau und junge Mama akzeptieren, dass man stirbt? Doch als sie das schließlich realisiert hatte, ging alles ganz schnell. Zwei Tage später stellte sie den Eilantrag fürs Hospiz, ohne dass ich etwas unternehmen musste. Und ich hatte doch vorher immer auf sie eingeredet und zu ihr gesagt: ›Lass uns den Antrag stellen, das wird sonst ganz schön knapp!‹«

Weichenstellungen

Warum erkennt mancher Mensch in dem Moment, wenn er die Diagnose erfährt, dass er daran sterben wird? Warum wollen andere dies auf ihrem Sterbebett noch nicht wahrhaben? Liegt der Schlüssel in der Persönlichkeit? In den Lebensumständen? Sind es religiöse Aspekte?

Dr. Pia Heußner, die als Psycho-Onkologin am Klinikum Großhadern schwer erkrankte und sterbende Patienten betreute, hat beobachtet, dass es manchmal nur eines Moments bedarf: »Wenn der richtige Mensch zum richtigen Zeitpunkt am richtigen Ort das richtige Gespräch führt, wird vielleicht nur durch eine einzige Begegnung unendlich viel gefördert und in Gang gesetzt. Dass man es in gewisser Weise akzeptieren kann, dass der Lauf der Dinge so ist: Das Leben endet tödlich für jedes Lebewesen. Letztlich ist es ein Weg, den wir alle gehen werden, manche haben länger und manche kürzer dafür Zeit. Vielleicht laufen die einen einfach ein bisschen schneller? Vielleicht brauchen die einen einfach 90 Jahre, und die anderen sind schon nach 25 Jahren angekommen.«

Für Luise Ganschor ist so eine Begegnung im Leipziger Gewandhaus im November 2013. Initiiert von der Klasse K12B der Medizinischen Berufsfachschule des Universitätsklinikums Leipzig findet ein kostenloses Schminken und Fotografieren für Krebspatientinnen statt. Die Schüler hatten im Ethikunterricht das Buch »Nana … der Tod trägt Pink« kennengelernt. Inspiriert durch Nanas Idee und

EINBLICKE

Prof. Berend Feddersen: Der schwebende Elefant

»Oft sagt ein Sterbender, wenn wir unter uns sind: ›Sagen Sie bloß meiner Frau nicht, wie es um mich steht: Ich werde bald sterben.‹ Und die Ehefrau, die uns nach draußen begleitet, flüstert uns zu: ›Mein Mann stirbt bald, bitte sprechen Sie es nicht an!‹ Für uns ist das immer, als ob ein großer, unübersehbarer Elefant im Raum schweben würde. Daher sagen wir in so einer Situation: ›Und jetzt gehen wir nochmal zurück und sprechen alle gemeinsam darüber, über diesen Elefanten im Raum.‹«

dem von ihr initiierten gemeinnützigen Verein »Nana – Recover your Smile e. V.« wollen sie dies auch Patientinnen in Leipzig ermöglichen. Luise und ihre Mutter Beate gehören zu den Ersten, die an diesem Tag fotografiert werden, mal vor der riesigen Fensterfront mit Blick auf den Augustusplatz, mal auf einer der zahllosen Treppen im Foyer des 1980er-Jahre-Baus.

Mehrere Fotografen haben ihre Sets aufgebaut, die Stimmung ist heiter, aus allen Ecken dringt fröhliches Geplapper. Das Team aus München ist an diesem Tag ebenfalls dabei, sie möchten sehen, wie Nanas Idee weiterlebt, auch wenn die Vereinsgründerin selbst im Januar 2012 an den Folgen ihrer Krebserkrankung verstarb.

Als Luise und Beate fertig und eigentlich schon am Gehen sind, entwickelt sich noch ein kurzes Gespräch mit Barbara Stäcker, Nanas Mutter. Fast schon im Verabschieden meint Barbara: »Luise, darf ich dich fragen, an was du erkrankt bist?« Und Luise erzählt. Ein Vaginalkarzinom sei es ursprünglich gewesen, und im Sommer hatte man ihr noch gesagt, sie sei krebsfrei, da die Nachsorgeuntersuchungen alle unauffällig waren. Doch leider hatte man »nur unten geschaut«, und jetzt hat sie Metastasen in der Lunge. Luise formuliert klar und gefasst: »Heilung gibt es keine für mich, ich werde jetzt palliativ betreut.« In diesem Moment ist klar, dass sich Mutter und Tochter in genau der gleichen Situation befinden wie Barbara und Nana zwei Jahre zuvor. Viele Worte braucht es jetzt nicht mehr, nur ein Festhalten. Ein paar Minuten stehen die drei dicht beisammen, weinend und wissend, obwohl man sich eigentlich gar nicht kennt.

Kurswechsel

Es ist eine Begegnung, die zahlreiche Prozesse in Gang setzen wird und erstaunliche Ergebnisse zeigt. Luise wird ihre kreative Kraft entdecken, in Fotos, Texten, zahlreichen selbst gedrehten kurzen Internetfilmen. Sie wird mit ihrer Facebook-Seite vielen Mut machen und andere verblüffen, weil sie so gar nicht in das stereotype Bild einer »Sterbenden« passen will.

Am Tag nach ihrer ersten Begegnung schickt Luise eine Mail an Barbara: »Ich habe mir gestern das Nana-Buch gekauft und bin schon bei der Hälfte angekommen. Ich muss beim Lesen viel weinen, aber gleichzeitig oft schmunzeln, denn ich habe manchmal das Gefühl, es geht um mich, das ist total verrückt. Ich sehe so viele Parallelen im Umgang mit der Krankheit. Da ich inoperable Lungenmetastasen habe, hatte ich immer große Angst, daran zu ersticken, eine Angst, die mir meine Ärztin genommen hat. Die Angst, plötzlich nicht mehr da zu sein, nicht zu wissen, wann und wo es passiert, Familie und Freunde zurückzulassen und nicht zu wissen, ob man den nächsten Sommer noch erlebt, die bleibt natürlich. Aber gestern war für mich ein ganz besonderer Moment. Ich hatte keine ›Angst‹ mehr, es war etwas anderes, das ich noch nicht erklären kann, innerhalb von zehn Minuten. Ihr habt uns so viel Kraft gegeben, vor allem meiner Mutti, dafür danke!«

Im Zentrum dessen, was sich für Luise an diesem Tag verändert, steht das Gefühl, nicht die Einzige zu sein: »Von da an hatte ich so etwas wie einen Vergleich. Natürlich findet man es schrecklich und traurig, dass es Menschen gibt, die ebenfalls betroffen sind, aber es tut in dem Moment einfach gut. Man merkt, dass man damit nicht allein ist, sondern da sind noch andere, die offen damit umgehen und das Beste daraus machen.«

Luise bei einem Fotoshooting mit Barbara Stäcker.

Das Beste daraus zu machen – aus dem Wissen, dass man stirbt? Wie kann das gehen? Luise hat hierzu eine höchst pragmatische Sichtweise: »Niemand weiß, wann er stirbt! Daher sage ich immer: ›Das Gute ist, wir wissen es, denn man tut dann alles bewusster. Und das Doofe ist, wir wissen es!‹«

Beate Ganschor, Luises Mutter, beschreibt es so: »Man lebt intensiver, genießt jede Minute. In den Momenten, in denen man am Boden ist, schaut man sich an, und dann ist es wieder gut. Man lernt, dass es zwischendrin immer wieder Phasen der Besserung gibt, in denen man die ganze Belastung einfach abfallen lassen kann, selbst wenn es nur ein paar Tage oder Wochen sind. Heute schaffe ich es, in diesem Zeitabschnitt auszublenden, was kommen wird.«

»HERR PROFESSOR, WIE LANGE HABE ICH NOCH?« »VIER MONATE.« »HM, DA MUSS ICH ÜBERLEGEN, OB ICH NOCH WAS MACHEN LASSE.« »JA, ABER NICHT ZU LANGE!«

Wolfgang Hepperle, 51, bei Diagnosestellung seines Hirntumors

Lernen, mit dem Sterben zu leben

Luises Motto lautet: »Wer ständig Angst hat, ändert trotzdem nichts an der Diagnose.« Sie konnte einige ihrer Ängste überwinden, indem sie nichts verdrängte, sondern sich ausgiebig mit Sterben und Tod befasste. Irgendwann war sie in der Lage, diese Gedanken loszulassen und wieder Freude und Spaß zu empfinden. Sie begab sich ganz aktiv auf die Suche nach spannenden, schönen und beglückenden Momenten. Anfang 2014 folgte sie der Einladung einer Freundin zu deren Hochzeit nach Marokko, kurz darauf ging es mit der ganzen Familie nach Venedig. Luise beginnt zu fotografieren und träumt von einer Ausstellung mit Bildern, die ihren ganz persönlichen Blick auf die Krankheit zeigen. Sie besucht Barbara Stäcker in München und wird selbst zum Model.

Natürlich gibt es auch die schlechten Zeiten. Wenn Luise schlecht Luft bekommt und daher mit einem mobilen Sauerstoffgerät unterwegs ist. Wenn sie das Treppensteigen in den fünften Stock zu ihrer Wohnung so sehr anstrengt, dass sie sich gleich nach dem Nachhausekommen erst einmal übergeben muss. Und doch gelingt es ihr, das Reisen nach München zu genießen, mit Biergartenbesuch und Schweinebraten unter freiem Himmel, obwohl zu Hause das nächste Ergebnis der Computertomografie (CT) wartet.

Früher wäre das undenkbar gewesen, so Luise: »Am Anfang habe ich alle Pläne und Aktivitäten rein auf den nächsten Besprechungstermin ausgelegt. Die Gedanken kreisten nur um die neue Auswertung, um zu erfahren, wie es weitergeht. Da wäre ich vor so einem Termin frühzeitig wieder nach Hause zurückgefahren. Inzwischen ist es genau andersherum. Ich denke: Mit dem neuen CT kann alles schon wieder beschissener aussehen, dann genieße ich das lieber bis dahin und bleibe so lange wie möglich weg!«

»Vor ungefähr einem Jahr wurden meine Lungenmetastasen mit knapp fünf Zentimetern gefunden. Ein ganzes Jahr ist das schon her, und ich bin immer noch da, ist das nicht geil? Zeit ist wohl das Faszinierendste am Leben überhaupt.«

Luise auf ihrer Facebook-Seite, 30.9.2014

Wenn Luise das erzählt, klingt es so einfach. Als könne man schlicht mal nicht daran denken: »Oh Gott, ich werde sterben.« Und dann gibt sie zu: »Natürlich denke ich ganz oft: Oh Gott, oh Gott, oh Gott! Ich sterbe! Man kann das nicht komplett wegschieben.«

Als Luise im Sommer 2014 mit der Facebook-Seite »Chemoelefant aka Klopsi gegen den Krebs« startet, signalisiert sie sofort, dass sie die deutlichen Worte liebt: »Es ist so wichtig, nie den Mut zu verlieren, auch wenn es manchmal aussichtslos erscheint. Fluchen, lachen, weinen, kotzen, im Mitleid versinken – all dies gehört dazu! Auch ohne Haare ist man schön und auch mit Krebs kann man noch ein Bier trinken. Das Leben hört nicht auf!«

Luise schafft es, Momentaufnahmen ihres Alltags so akzentuiert auf den Punkt zu bringen, dass man mit ihr heult, wenn sie um einen verstorbenen Freund weint, mit ihr bangt, wenn ein Untersuchungstermin ansteht, und sich über sie amüsiert, wenn sie für eine Freundin zum Playback von »Happy Birthday« herzzerreißende Grimassen schneidet wie ein Showstar. Mit ihrer entwaffnenden Ehrlichkeit berührt sie mittlerweile eine ganze Fangemeinde.

Der Name »Chemoelefant« bezieht sich auf ihr Bein, das nach ihrer großen Unterleibsoperation 2012 aufgrund von Lymphproblemen dauerhaft geschwollen ist. Es ist bezeichnend für sie, die unschönen Gegebenheiten einfach mit Humor zu nehmen.

»Hallo, ich bin Luise und habe den Krebs satt!«

Ihre Facebook-Seite ist voll bunter Fotos, die ihre Gefühlslage spiegeln. Als sich die Anzahl ihrer Likes der 2000er-Marke nähert, kündigt sie an, »sich nackig zu machen«, sobald die Zahl geknackt würde. Prompt muss sie ihr Versprechen einlösen, und tags darauf sieht man Luise oben ohne durch einen herbstlichen Wald laufen. Natürlich von hinten. Mal ein Partywochenende in Berlin, mal eine Vernissage im Universitätsklinikum Leipzig. Ausgestellt werden dort u. a. Fotos mit Luise als Model sowie Bilder, die sie selbst fotografiert hat. Sie organisiert einen Dreh mit einer Filmcrew, das Thema: »Ein Tag im Leben einer Krebspatientin« im Schnelldurchlauf. Vom Aufstehen über den ersten Blick in den Spiegel ohne Schminke, dann durch die Chemohölle und das Warten danach auf ein Taxi bis zum Abend, wenn Luise perfekt gestylt ihre Freunde trifft und den Satz hört: »Du siehst ja gar nicht so krank aus!«

Luise will Bewusstsein schaffen für die Gleichzeitigkeit von Schmerz und Freude, von Mut trotz Wut und von Schönheit in der Trostlosigkeit. Luise lebt. Intensiv und sehr facettenreich und seit mittlerweile mehr als einem Jahr mit der Gewissheit, eine »palliative Patientin« zu sein. Aktuell erhält sie als palliative Therapie eine experimentelle Bestrahlung mit dem Ziel, das Wachstum der Metastasen in ihrer Lunge zu reduzieren, auch wenn diese damit nicht komplett eliminiert werden können.

AUF EINEN BLICK

Palliative Therapien wie die palliative Chemotherapie oder palliative Bestrahlung sind Therapieverfahren, die eine Symptomverbesserung zum Ziel haben und nicht auf Heilung (kurative Therapie) ausgerichtet sind. Dabei geht es z. B. darum, Symptome wie Schmerzen oder Atemnot durch eine Verkleinerung des Tumors oder der Metastasen zu verbessern.

Luise hat durchaus ihre Probleme mit dem Stempel »palliativ«: »Ich tue mich mit diesem Begriff schwer. Stets so knallhart damit konfrontiert zu werden, wenn man auf seinem Befund ›palliative Chemotherapie‹ liest. Da macht es klick: Palliativ ist gleich Sterben! Natürlich bin ich mir vom Kopf her darüber im Klaren, dass es nicht so ist, und trotzdem wird mir in dem Moment erst mal jede Hoffnung genommen.«

Die widersprüchlichen Gefühle, die der Begriff bei den Patienten und Patientinnen auslöst, sind auch unter Medizinern Thema, so Prof. Feddersen: »Einige Kollegen versuchen, den Begriff ›palliativ‹ in Arztbriefen zu vermeiden, und schreiben stattdessen: ›best supportive care‹, also bestmögliche unterstützende Maßnahmen. Mir persönlich gefällt diese Verenglischung nicht. Und bestmögliche unterstützende Maßnahmen wünsche ich mir auch nach der Operation eines Bänderrisses. Ich denke, wenn wir in den Köpfen ändern können, dass ›palliativ‹ nicht nur bedeutet, die Sterbephase zu begleiten, sondern schon möglichst früh im Krankheitsverlauf die Lebensqualität zu verbessern, kommen wir einen großen Schritt weiter.«

»ICH VERTRAUE DARAUF, DASS LUISE ES SPÜREN WIRD, WENN DER ZEITPUNKT KOMMT, AB DEM SIE KEINE THERAPIE MEHR WILL. DENN SIE WEISS SELBST AM BESTEN, WAS FÜR SIE GUT IST. UND ICH WEISS, DASS ICH DAS DANN AKZEPTIEREN WERDE.«

Beate Ganschor, Luises Mutter

Ansichten eines Reisebegleiters

Schwersterkrankte und Sterbende auf ihrem Weg zu begleiten ist eine Herausforderung. Würde man es mit einer echten Reise vergleichen, könnte es eine Kreuzfahrt in stürmischen Gewässern sein. Unterwegs drohen meterhohe Wellen, und doch schließt sie ab mit der sanften Einfahrt in einen stillen Hafen. Oder ist es eher die Besteigung des Mount Everest, mit Winden, Schneesturm, dünner werdender Luft, wo am Ende der Blick vom Dach der Welt wartet? Jeder und jede Reisende wird diesen einen Weg allein finden und beschreiten müssen. Doch manchmal kann ihnen ein geübter Führer helfen, der einige der Pfade kennt, und dem sie vertrauen können.

Die fünf Grundprinzipien palliativer Arbeit

Von Professor Berend Feddersen

Einige Grundprinzipien können einem Reisebegleiter dabei helfen, Sterbende auf ihrem letzten Weg gut zu führen:

1. Die veränderbaren und die nicht veränderbaren Welten

Schlüsselfrage: »Kann ich ein Problem lösen?« Um dies beantworten zu können, muss man zunächst herausfinden, zu welcher der Welten die Fragestellung an sich zählt: Gehört sie der »veränderbaren« oder der »nicht veränderbaren« Welt an? Habe ich überhaupt eine Chance, Einfluss darauf zu nehmen? Daraus ergeben sich dann drei mögliche Handlungsstränge:

- Ist die Welt veränderbar, kann ich versuchen, sie zu ändern (= *change it*).
- Ist sie nicht veränderbar, muss ich mich entscheiden, ob ich das Problem komplett abgeben kann (= *leave it*).
- Oder ich versuche, das Problem als gegeben anzunehmen (= *love it*).

Zwei Beispiele: Eine Patientin mit einem Pankreaskarzinom (Bauchspeicheldrüsenkrebs) sprach immer »von ihrem Freund, dem Karzinom«. Ich fragte sie: »Warum ist der Tumor, an dem Sie versterben werden, Ihr Freund?« Worauf sie entgegnete: »Das ist die einzige Möglichkeit für mich, damit umzugehen, damit er mich nicht unterkriegt. Würde ich die ganze Zeit gegen ihn ankämpfen, würde ich meine Kraft verlieren.« Sie hatte erkannt, dass ihre Erkrankung zur nicht veränderbaren Welt zählt. Sich davon abwenden (*leave it*) ging nicht, also musste sie sie annehmen (*love it*). Für die Patientin eröffnete sich so eine Ressource, um Kräfte einzusparen.

Wenn ich bei Intensivkrankenschwestern Palliative Care unterrichte, höre ich oft die Klage: »Es ist so furchtbar! Die Ärzte behandeln Patienten und Patientinnen um jeden Preis, mit allen Mitteln, obwohl wir schon längst wissen, es bringt nichts mehr. Damit werden sie doch mehr gequält, als dass es ihnen hilft!« Ich frage dann: »Ist es veränderbar oder nicht veränderbar?« Die Reaktionen darauf sind recht unterschiedlich und mitunter geprägt von den philosophischen Standpunkten jedes Einzelnen sowie der Werteausrichtung der gesamten Intensivstation. Sollte sich das Anliegen in der Folge als nicht veränderbar herausstellen, muss ich mir als Pflegekraft überlegen, ob ich dort unter diesen Bedingungen weiterarbeiten will und es akzeptiere (*love it*) oder eben nicht und mich woanders bewerbe (*leave it*). Sobald ich aber das Gefühl habe, es bestünde die Chance, den Zustand zu verändern – beispielsweise durch klärende Gespräche –, muss ich auch versuchen, ihn zu ändern (*change it*).

2. Der Baum

Schlüsselfrage: »Wie gefestigt bin ich?« Ein Baum besteht aus drei Teilen: den tief verankerten Wurzeln, dem starken Stamm und den sich im Wind bewegenden Ästen und Zweigen. In meiner Palliativarbeit stehen die Wurzeln für meine eigenen Werte. Diese Wertvorstellungen müssen sehr fest verankert sein, denn wenn daran gerüttelt wird und ich daraufhin meine eigenen Wertvorstellungen aufgäbe, wäre ich entwurzelt. Der Stamm ist mein Rückgrat, es symbolisiert das, wofür ich ganz persönlich stehe. Da ich mir selbst treu bleiben will, ist auch das nicht verhandelbar. Was ich aber anpassen kann an die individuellen Bedürfnisse der Patientinnen und Patienten, das sind die Zweige. Sie sind keinesfalls starr, sondern beweglich und formbar. Mit ihnen kann ich auf die Wünsche der Schwersterkrankten eingehen.

Ein Beispiel: Nehmen wir an, es handelt sich um einen Patienten, der schon lange an einer Tumorerkrankung leidet. Er sagt, er könne den Tod nicht akzeptieren, und bittet mich, ihn zu reanimieren, wenn er stirbt. Dieses Ansinnen würde ich rundherum ablehnen, denn es würde meine Wurzeln, meine eigenen Werte verletzen. Vielleicht erzählt er mir von einer Therapie, von der ich weiß, dass sie ihm keinerlei Nutzen bringen, sondern seinen Zustand eher verschlechtern würde. Der Patient bittet mich, ihm diese trotz fehlender Indikation zukommen zu lassen. Dies würde ich ebenfalls nicht tun, denn das würde meinen Stamm verletzen: Ich stehe für eine andere Versorgung.

Wenn der Patient mich allerdings bittet, ihn bei seinen Plänen zu unterstützen, in seiner Heimat sterben zu können, würde ich ihm bei der Organisation helfen – selbst wenn ich weiß, dass die medizinische Versorgung dort eher unzureichend ist und dies mit einer Symptomverschlechterung verbunden sein könnte. Der Patient hat damit meine Zweige angesprochen, die mit seinen individuellen Bedürfnissen mitgehen können.

Prof. Berend Feddersen im Gespräch mit seinem Patienten Wolfgang Hepperle, der an Krebs erkrankt ist.

3. Unterschiedliche Sichtweisen

Schlüsselfrage: »Wo stehen wir?« So individuell wir Menschen sind, so unterschiedlich sind unsere Blickwinkel. Was auch immer unsere Werte, Meinungen und Neigungen prägt und wie wandlungsfähig sie über die Jahre sein mögen, sie sind ein elementarer Bestandteil dessen, wie wir unsere Welt erleben, wahrnehmen und interpretieren. So ist es kaum verwunderlich, wenn die Betrachtungsweise Betroffener völlig von der des Behandlungsteams abweicht. Um Missverständnisse zu vermeiden, muss ich also versuchen zu verstehen, welche Sichtweise mein Gegenüber hat. Søren Kierkegaard sagte einmal: »Wenn wir beabsichtigen, einen Menschen zu einer bestimmten Stelle hinzuführen, müssen wir uns zunächst bemühen, ihn dort anzutreffen, wo er sich befindet, und auch dort anfangen. Wenn ich wirklich einem anderen helfen will, muss ich mehr verstehen als er, aber zuallererst muss ich begreifen, was er verstanden hat. [...] Jede wahre Kunst der Hilfe muss mit einer Erniedrigung anfangen.«

Ich bin in meinen Positionen gegenüber Patientinnen und Patienten immer sehr ehrlich. Ein Beispiel: Wenn ein Patient äußert, er glaube, er werde noch mehrere Jahre leben, ich dagegen eher von wenigen Wochen ausgehe, haben wir unterschiedliche Sichtweisen. Ich könnte also entgegnen: »Ich bin der Arzt, machen Sie sich keine Hoffnungen, ich weiß, dass Sie nur noch wenige Wochen zu leben haben!« Da ich mit meiner Aufrichtigkeit den Patienten keinesfalls verletzen möchte, argumentiere ich lieber über mein Gefühl: »Sie glauben, dass Sie noch mehrere Jahre leben werden? Ich kenne Sie noch nicht so lange, aber ich glaube, dass der Krankheitsprozess schneller voranschreitet. Ich habe das Gefühl, es könnten eher nur noch wenige Wochen sein.« Damit stülpt man dem anderen keine Wahrheiten über, sondern beschreibt eine andere Sichtweise: »Sie haben Ihre, ich habe meine.«

4. Impftheorie

Schlüsselfrage: »Was kann auf einen zukommen? Was wäre das Worst-Case-Szenario?« Was ist schlimmer: Sich auszumalen, was an Schrecklichem auf einen zukommen könnte, um dann erstaunt festzustellen, dass vieles davon gar nicht eingetreten ist? Oder davon auszugehen, dass keine besonderen Schwierigkeiten auftauchen, um dann vielleicht mit voller Wucht von ihnen getroffen zu werden?

Die sogenannte Impftheorie arbeitet mit Variante eins: jemanden frühzeitig mit den negativen Aspekten zu »impfen«, um damit das Gewicht des Negativen zu reduzieren. Deshalb mache ich meinen Patienten und Patienten nichts vor: »Es kann sein, dass wir es nicht schaffen, Ihre Schmerzen komplett verschwinden zu lassen. Aber wir geben unser Bestes, sie so zu reduzieren, dass sie erträglich werden.« Wir können keine Schmerzfreiheit garantieren, auch wenn dies teilweise so kommuniziert oder verstanden wird. Insofern ist es aufrichtiger, diesen Umstand schon vor Beginn der Therapie anzusprechen – die Erwartungshaltung ist dann eine ganz andere, sollte tatsächlich keine komplette Schmerzfreiheit eintreten.

Ähnlich verhält es sich mit der Machbarkeit des »sanften Sterbens«. Oft begegnet mir die Haltung: »Wenn der Patient oder die Patientin schon palliativmedizinisch betreut wird, muss es doch gelingen, ihm allen Stress, alle Unruhe und Angst zu nehmen, damit er ganz entspannt einschlafen kann!« Unruhezustände am Lebensende kommen relativ häufig vor und können von den Angehörigen als sehr quälend empfunden werden. Formuliert man das im Vorfeld und »impft« die Angehörigen, sind sie darauf vorbereitet: »Wir werden alles tun, um bis zum Schluss eine bestmögliche Symptomkontrolle zu erreichen. Trotzdem kann es sein, dass der Sterbende Phasen durchlebt, in denen er unruhig und verwirrt ist. Das ist ganz normal.«

Man muss sich immer vor Augen führen, dass Sterbeprozesse sehr unterschiedlich sein können. Jeder lebt sein eigenes Leben und stirbt seinen eigenen Tod. Vielleicht zeigt sich am Lebensende sogar ein gewisser Gleichklang von beidem: Man stirbt ähnlich, wie man gelebt hat.

5. Reflexion

Schlüsselfrage: »War das jetzt gut oder schlecht?« Man lernt aus seinen Fehlern. Und natürlich aus seinen Erfolgen. Doch um herauszufinden, ob es das eine oder andere war, bedarf es des Nachdenkens und Betrachtens. Die Reflexion, die Auseinandersetzung mit der Realität, ist essenzieller Bestandteil meines Berufs. Zunächst die Selbstreflexion: »Was lief bei mir in dieser Begleitung gut? Was nicht? Woran kann es gelegen haben?«, dann die Teamreflexion, bei der diese Fragen mit den beteiligten Teammitgliedern besprochen werden: »Haben wir gut zusammengearbeitet? Wo klappte es nicht so gut?«

Und schließlich die Reflexion durch Externe in der sogenannten Supervision. Diese wird in regelmäßigen Abständen in palliativmedizinischen Teams durchgeführt, wie übrigens auch in vielen anderen medizinischen, sozialen, pädagogischen und therapeutischen Bereichen. Durch einen außenstehenden Beobachter eröffnet sich die Möglichkeit, eine neue Sichtweise auf unsere Arbeit und Verhaltensweisen aufgezeigt zu bekommen. Dazu ein Merksatz aus der Positiven Psychologie: »Erfahrung allein macht nicht klüger; es ist die Reflexion von Erfahrungen.«

In Zukunft werden die Bestrebungen, die sogenannte Ergebnisqualität (Outcome) zu messen, weiter zunehmen. Anhand von standardisierten Fragebögen, die Patient*innen, Angehörige oder die in der professionellen Versorgung Tätigen ausfüllen, sollen sowohl versteckte Problemfelder bei Kranken erkannt werden als auch abbilden, wie effektiv bestehende Probleme bereits verbessert wurden.

Wahlfreiheiten

Wie würde man sich fühlen, wenn man aller Optionen beraubt wäre? Nicht die geringste Möglichkeit zum Wählen hätte? Noch nicht einmal mehr über die Menge und Art des eingenommenen Essens und Trinkens, den Zeitpunkt des Toilettengangs, die Uhrzeit, wann man schlafen geht und wann man geweckt wird? Was nach einer Entführung oder einem Gefängnisaufenthalt klingt, ist leider für manche stark Pflegebedürftige harte Realität. Andere entscheiden, was einem in den Mund geschoben wird – egal, ob Essen oder Schlaftablette. Sie setzen einen auf den »Topf«, wann es in deren Zeitplan passt. Sie reißen einen unsanft aus dem Schlaf, ziehen einem die Kleider vom Leib und reiben einen mit einem meist viel zu kühlen Waschlappen ab.

> »WAS WIR UNS BEWUSST MACHEN MÜSSEN: DER MENSCH IST BIS ZU SEINEM LETZTEN ATEMZUG UND DARÜBER HINAUS EIN INDIVIDUUM.«
>
> Dr. Pia Heußner, Psycho-Onkologin

Da können Angehörige und professionell Pflegende noch so behutsam und taktvoll im Umgang mit dem Betroffenen sein: Sobald man die Kontrolle über seinen Körper verliert, büßt man gleichzeitig einen Teil seiner Würde ein. Natürlich meint es keiner böse, wenn es der Zeitplan der Pflegeambulanz nicht anders zulässt, als ausgerechnet in einer Tiefschlafphase der Patientin einen Dekubitus, also ein Druckgeschwür, zu versorgen. Niemand hat wirklich die Absicht, seinen Vater zu quälen, nur weil man mal wieder versucht, ihm gegen seinen Willen seine Lieblingssuppe einzuflößen. Und die Heizung läuft doch auf Hochtouren – warum sitzt Oma trotzdem zitternd auf dem Toilettenstuhl?

Im Gespräch mit in Palliative Care tätigen Menschen taucht ein Begriff immer wieder auf: »Option«. Denn je kleiner die Welt am Ende wird, je mehr der Einfluss eines Menschen auf das, was um ihn herum passiert, schwindet, umso wichtiger sind die winzigen, banalen und gleichzeitig bedeutsamen Entscheidungen. Möchte ich jetzt etwas essen? Oder später? Möchte ich das rosa Nachthemd anziehen? Oder gar keins? Möchte ich jetzt meine Lieblingsmusik hören? Oder kann ich die nicht mehr ertragen, weil sie mich an vieles erinnert, was ich hinter mir lassen werde?

Alles offen – bis zum Schluss

Im Hospiz Nordheide in Buchholz, Landkreis Harburg, weiß man, dass man immer mit allem rechnen muss. Sonja Euhus, die stellvertretende Pflegedienstleiterin, erinnert sich an eine ältere Dame: »Bevor sie bei uns einzog, verabschiedete sie sich von der gesamten Familie: ›Ich gehe jetzt ins Hospiz, und diesen Weg mache ich ganz allein.‹ Das dachte sie, bevor sie zu uns kam. Doch nachher kam alles anders, und sie verbrachte hier noch eine tolle Zeit mit ihrer Familie. Von unserer Seite wird so eine Position respektiert. Dann sieht man schon, wie sich die Dinge entwickeln.«

> »ICH DENKE, ES IST EIN ZEICHEN VON RESPEKT, DEN STERBENDEN BIS ZULETZT MITENTSCHEIDEN ZU LASSEN, WO IMMER ES GEHT. WENN ICH ES SCHAFFE, DEN MIR WICHTIGEN MENSCHEN NICHT ALS ›PAKET‹ ZU BETRACHTEN, DAS ES ZU VERSORGEN GILT, WIRKT DIES ALS SIGNAL IN DIE TRAUER DER ZURÜCKBLEIBENDEN HINEIN.«
>
> Barbara Stäcker

Im Hospiz Nordheide kann sich ein Patient sogar überlegen, noch einmal stationär in die angeschlossene Klinik zu gehen – am Ende des langen, hellen Flurs öffnet sich eine Tür direkt in das Krankenhaus Buchholz. Es gehört hier mit zur gelebten Grundregel: »Ich entscheide, und zwar bis zum Schluss!« Bisweilen machen Gäste im Hospiz davon tatsächlich Gebrauch, etwa für eine Ultraschalluntersuchung oder eine Behandlung nach einem Sturz.

Dass ein Sterbender nicht jede Hoffnung fahren lassen muss, wurde sogar in einer »Deklaration der Menschenrechte Sterbender« festgelegt. Hier ist u. a. zu lesen: »Ich habe das Recht, stets noch hoffen zu dürfen – worauf immer sich diese Hoffnung auch richten mag.«

Worauf hoffen Sterbende? Auf ein Wunder? Natürlich, so die Psycho-Onkologin Dr. Pia Heußner, seien die wenigsten Sterbenden so naiv: »Jemand mit schwerstem Erkrankungsverlauf, der wahrnimmt, wie sein Körper stetig schwächer wird und die Körperfunktionen zunehmend unzuverlässiger werden, glaubt nicht, dass er am nächsten Morgen die Augen aufschlägt, und alles ist wieder gut! Wir sehen nur in den seltensten Fällen, dass Menschen ihre Situation bis zum letzten Atemzug verleugnen.«

Die viel größere Gruppe von Patient*innen habe durchaus eine realistische Wahrnehmung, so die Medizinerin. Die Hoffnung ziele etwa darauf ab, dass es

GUT ZU WISSEN

Deklaration der Menschenrechte Sterbender

Sie entstand während des Workshops »Der Todkranke und der Helfer« in Lansing/ Michigan (USA) und ist abgedruckt in der Broschüre »Zu Hause sterben«, herausgegeben von Anne Busche und Johann-Christoph Student, Hannover 1986.

Ich habe das Recht,

- bis zu meinem Tode wie ein lebendiges menschliches Wesen behandelt zu werden.
- stets noch hoffen zu dürfen, worauf immer sich diese Hoffnung auch richten mag.
- von Menschen umsorgt zu werden, die sich eine hoffnungsvolle Einstellung zu bewahren vermögen, worauf immer sich diese Hoffnung auch richten mag.
- Gefühle und Emotionen anlässlich meines nahenden Todes auf die mir eigene Art und Weise ausdrücken zu dürfen.
- kontinuierlich medizinisch und pflegerisch versorgt zu werden, auch wenn das Ziel »Heilung« gegen das Ziel »Wohlbefinden« ausgetauscht werden muss.
- nicht allein zu sterben.
- schmerzfrei zu sein.
- meine Fragen ehrlich beantwortet zu bekommen, nicht getäuscht zu werden.
- von meiner Familie und für meine Familie Hilfen zu bekommen, damit ich meinen Tod annehmen kann.
- offen und ausführlich über meine religiösen und/oder spirituellen Erfahrungen zu sprechen, unabhängig davon, was dies für andere bedeutet.
- zu erwarten, dass die Unverletzlichkeit des menschlichen Körpers nach dem Tod respektiert wird.
- meine Individualität zu bewahren und meiner Entscheidungen wegen auch dann nicht verurteilt zu werden, wenn diese in Widerspruch zu den Einstellungen anderer stehen.
- von fürsorglichen, empfindsamen und klugen Menschen umsorgt zu werden, die sich bemühen, meine Bedürfnisse zu verstehen, und die fähig sind, innere Befriedigung daraus zu gewinnen, dass sie mir helfen, meinem Tode entgegenzusehen.
- in Frieden und Würde zu sterben.

ein schöner Weg wird. Dass die Angehörigen es nicht zu schwer nehmen. Dass die Schmerzen gut gelindert werden ohne zu große Müdigkeit. Dass ein wichtiger Mensch, der noch Zeit für die Anreise braucht, rechtzeitig eintrifft. Dr. Heußner fügt lächelnd hinzu: »Oder Patienten hoffen, dass jetzt endlich das Vanilleeis mit Erdbeeren kommt, das sie sich schon seit Tagen wünschen, nur leider haben es die ›dummen‹ Angehörigen bisher einfach nicht verstehen können!«

Der Zeit angepasste Ziele

Prof. Feddersen, der seine Patientinnen und Patienten im Optimalfall bereits in einer frühen Phase kennenlernt, in der sie mobil und noch nicht so extrem auf Hilfe angewiesen sind, kommt schon mal in die Situation, einen aufwendigeren Wunsch zu erfüllen: »Gemeinhin denkt man, ein Sterbender wolle unbedingt noch einmal in den Urlaub fahren. So etwas wird durchaus geäußert, allerdings bei Weitem nicht so häufig, wie man vielleicht vermuten würde. Wenn es tatsächlich für jemanden zur Option wird, versuchen wir selbstverständlich, das mit allen Mitteln zu realisieren.« Manche Reiseplanung musste Prof. Feddersen schon beschleunigen: »Eine Patientin wollte unbedingt noch mal in die Bretagne und erzählte, die Familie habe für den Herbst dort ein Haus gemietet. Wir erläuterten ihr daraufhin, dass diese Reise nur sinnvoll sei, wenn sie schnellstmöglich fahren würden, denn nur bei guter Lebensqualität könne sie den Aufenthalt genießen.« Die Familie fuhr also kurzfristig nach Frankreich, und Prof. Feddersen regelte im Vorfeld die medizinische Versorgung: Er telefonierte mit den Palliativzentren in der Nähe, besorgte französische Notfallnummern und organisierte, dass es an der Grenze keine Probleme mit den Opiaten geben würde, die die Patientin mit im Gepäck hatte. Diese umfangreiche Vorsorge erwies sich als notwendig, so Prof. Feddersen: »Tatsächlich verschlechterte sich der Zustand der Patientin vor Ort, doch da die Versorgung mit den französischen Kollegen bereits geklärt war, konnte alles so weit geregelt werden. Als sie zurückkam, war sie noch drei, vier Tage auf der Palliativstation und ist dann verstorben. Für uns war es schön, dass man ihr diesen Wunsch noch hatte erfüllen können.«

Dennoch warnt Prof. Feddersen vor zu hochgestochenen Zielen beim Unterfangen, einen Sterbenden »noch mal glücklich« zu machen: »Einmal erzählte mir eine Patientin sehr eindringlich: ›Herr Doktor, was soll ich nur tun? Meine

Freundin will, dass wir jetzt lauter tolle Sachen unternehmen, und ich habe den Druck, dass ich mich ständig darüber freuen muss!‹ Oder Freunde überlegen sich als Überraschung: ›Jetzt noch mal in ein schönes Konzert!‹ Aber eigentlich ist dem oder der Beschenkten kotzübel, er oder sie hat keinerlei Lust darauf, und zudem ist ihm oder ihr das alles viel zu emotional. Wir raten daher Angehörigen und Freunden immer, gut aufzupassen und die Antennen auszufahren. Nicht mit unseren Augen die Situation zu betrachten. Nicht wir definieren, was jetzt eine gute Option zu sein hat, sondern nur der Patient selbst.«

Im Hospiz Nordheide spielen die »letzten großen Wünsche« eine eher kleine Rolle. Sonja Euhus meint, es komme zwar ab und zu vor, dass ein Hospizgast z. B. ein Konzert besuchen oder noch einmal ans Meer fahren wolle, aber oft sei das nicht der Fall: »Ein häufiger Wunsch, den wir hören, ist, dass jemand noch mal kurz heim möchte, in seine Wohnung, sein Haus – nur zum Schauen, und dann ist es auch gut. Oft hat ein Gast das Bedürfnis, so etwas einfach zu artikulieren: ›Was würde ich tun, wenn ich mir jetzt etwas wünschen dürfte? Was würde mir einfallen?‹ Dass es in dem Moment aber wirklich nur um das Aussprechen geht, zeigte sich beispielsweise bei einem Herrn: ›Ach, Helgoland oder noch mal auf die Hamburger Reeperbahn, das wär's!‹ Als wir dann mit ihm konkret einen solchen Ausflug planen wollten, entgegnete er: ›Nein, schon gut. Aber, dass ich das mal sagen konnte und es überhaupt jemanden interessiert hat, das war toll!‹«

In der Tat reichen für große Pläne häufig die Kräfte nicht mehr. In der wenigen verbleibenden Zeit können und wollen die meisten nichts mehr außer ihre Zeit und Ruhe dafür haben, sich mehr und mehr in sich zurückzuziehen.

Aufgeschoben = aufgehoben

Gäbe es vorher nicht bessere Gelegenheiten? Wenn jemand fit genug ist, einen Ausflug, eine Veranstaltung, ein schönes Essen nicht nur durchzustehen, sondern auch zu genießen? Prof. Feddersen beobachtet, dass über Pläne geredet wird, ohne sie zu realisieren: »Dann hören wir: ›Wenn es besser wird mit dem Gehen, machen wir einen Ausflug.‹ Es ist aber klar, dass die Gehfähigkeit keinesfalls besser wird und man froh sein muss, wenn sie stabil bleibt. Wenn jemand Aktivitäten plant und dann aufschiebt, steckt oft ein Schutzmechanismus dahinter: Man müsste sich eingestehen, dass keine Besserung zu erwarten ist. Wir versuchen, wenn so eine Idee zur Sprache kommt, den Patienten zu animieren, nicht zu warten – sofern sie ihm wirklich wichtig ist.«

Denn da man nie weiß, wie sich Krankheit und Symptome ändern, sollte man »Events« auch aus spontanen Ideen heraus nicht auf die lange Bank schieben.

Ein Fest des Lebens

Luise Ganschor in Leipzig muss sich im Sommer 2014 bei nur wenigem fragen, ob sie dazu noch in der Lage ist. Zugegeben, einen Berg zu besteigen, würde schwierig. Und von einer Flugreise in einen abgelegenen Teil der Erde ohne ausreichende medizinische Versorgung würde ihr jeder abraten. Aber nicht von einer Bootsfahrt. Einem Picknick mit Freundinnen. Oder einem ausgiebigen Spaziergang mit ihrem Riesenschnauzer Frieda. Natürlich gibt es auch Tage, an denen daran keinesfalls zu denken ist.

An einem solchen Tag im Juni postet Luise auf Facebook: »Es wäre traumhaft schön, wenn mal wieder ein paar Konzerte draußen stattfinden würden ... mir fehlt die Musik ... leider kann ich in keine geschlossenen Räume wegen des Qualms. Also, liebe Bands, wollt ihr nicht mal wieder draußen spielen?«

Die Münchner Band »The Incs«, die davon erfährt, wäre zu einem Privatkonzert sogar bei Luise zu Hause sofort bereit. Die Bandmitglieder haben diverse eigene Berührungspunkte mit Krebs: Die Tochter des Gitarristen Dave Sepulveda, Nadine, ist an Darmkrebs erkrankt. Yuzo Konishi, ebenfalls Gitarrist, ist gerade das dritte Mal krebsfrei. Franziska Schwendemann, deren Vater vor zehn Jahren an Magenkrebs erkrankt war, sang damals bei einem spontanen Konzert für ihn in der Klinik. Es war zur Weihnachtszeit, auf den Fotos sieht man Franziska vor einem geschmückten Baum, daneben ihren Vater im Krankenhaushemd, den Infusionsständer an der Seite; er begleitet seine Tochter am Keyboard.

Die Band möchte Luise auf jeden Fall besuchen, und so wird sie gefragt, ob sie sich ein Konzert in ihrer Wohnung überhaupt vorstellen könnte. Luise erteilt dem Projekt begeistert ihren Segen. Und dann passiert erst einmal länger nichts.

Luise Ganschor und ihre Mutter Beate.

Zumindest nichts, von dem Luise weiß. Denn immer mehr Freunde erfahren von der Idee und wollen helfen, sie zu realisieren. Schließlich ist klar: Ihr Apartment wäre schon längst zu klein für alle, die dabei sein wollen. Das Café »Süß und Salzig« in Luises Straße bietet Räume und verbilligte Preise an. Das A&O Hotel Leipzig ist bereit, für das Team aus München die Übernachtungskosten zu übernehmen. In München wird eifrig Geld gesammelt, denn das Fest für Luise soll für alle Gäste kostenlos sein.

Als für dieses Buch Anfang September 2014 Interviews mit Luise entstehen, ist die Überraschungsparty im Gepäck dabei. Luise tritt durch die Tür des Cafés, und die Band beginnt zu spielen. Ein Moment, in dem praktisch alle anfangen zu weinen. Tränen der Trauer, weil alle wissen, dass sie Luise irgendwann verlieren werden. Tränen der Freude darüber, dass sie noch immer da ist. Barbara Stäcker sagt in ihrer Ansprache, dies sei ein Tag, das Leben zu feiern, jetzt in diesem Augenblick. Die Tränen zu Beginn der Party waren übrigens die einzigen an diesem Tag. Danach wurde nur noch geredet, gefeiert und gelacht.

Offene Worte – wann und wie?

Ein Gespräch mit der Psycho-Onkologin Dr. Pia Heußner

Die Frage nach dem richtigen Zeitpunkt für eine Auseinandersetzung mit dem eigenen Tod scheint im Verlauf der Erkrankung eine wichtige und gleichzeitig schwere Rolle zu spielen. Vieles wird zwar vermutet, aber nicht ausgesprochen. Was hilft, den richtigen Moment zu erkennen?
Naturgemäß haben viele Betroffene eine Scheu vor diesem Moment, denn vielleicht möchten sie gar nicht so genau wissen, wie lange sie noch leben werden. Auf der anderen Seite habe ich die Erfahrung gemacht, dass es für viele Patienten irgendwann eher eine Zeit der Qual ist, wenn sie das Thema ewig vor sich herschieben. Gefühlsmäßig haben sie bereits eine innere Sicherheit, können es aber nicht nach außen kommunizieren, weil es noch nicht angesprochen wurde. Spürbar ist dies, wann immer einen Gedanken beschäftigen wie: Wird meine Erkrankung heilbar sein? Bin ich skeptischer als früher, dass eine Heilung für mich in Aussicht steht? Dann wäre ein guter Moment, zu überlegen, welchen Gesprächspartner man ins Vertrauen ziehen könnte.

Und wann ist für Angehörige der richtige Zeitpunkt?
Das ist oft fast noch schwieriger. Primär sollte ja der Betroffene selbst die Fäden in der Hand halten und somit die Entscheidung treffen dürfen, wann er dieses Thema ansprechen möchte. Wenn also Angehörige zu mir kommen und den Wunsch äußern, Fragen stellen zu dürfen, die der Betroffene selbst eigentlich gar nicht hören möchte, haben wir ein Problem. Da wir hierbei das Selbstbestimmungsrecht des Patienten und ebenso das des Angehörigen wahren müssen, kann dies zu Konflikten zwischen beiden führen. Wenn jemand

sagt: »Das ist meine Krankheit, und ich allein entscheide darüber, welche Informationen darüber ausgetauscht werden«, hat das oberste Priorität. Ein Angehöriger kann aber dagegenhalten, er habe das Recht zu erfahren, was mit dem Menschen, der ihm nahesteht, den er liebt, passieren wird. Er ist ja unweigerlich mitbetroffen. Als Ärztin habe ich kein Recht, dem Angehörigen mehr Raum zuzubilligen als dem Betroffenen. Man kann hier nur versuchen, beide Parteien miteinander ins Gespräch zu bringen und das Thema offenzulegen, um so zu erreichen, dass sich die widerstreitenden Wünsche und Bedürfnisse irgendwo in der Mitte treffen können.

Manchmal gibt es Differenzen in der Wahrnehmung der Patientensituation. Es kann passieren, dass die Angehörigen denken: »Man muss alle Therapiemöglichkeiten ausschöpfen!«, der Betroffene selbst aber längst weiß, dass seine Zeit nur noch sehr begrenzt ist. Wie findet man hier den besten Weg?

Die Frage ist, ob in diesem Fall die unmittelbaren Angehörigen die richtigen Gesprächspartner sind. Denn Menschen, die einem sehr nahestehen, möchte man schützen, denen will man nicht wehtun. Denen möchte man nicht als Erster sagen müssen: »Ich fürchte, ich muss dir jetzt etwas mitteilen, das dir großen Schmerz zufügt!« Vielleicht will man das zunächst mit jemand anderem besprechen. Das bedeutet, den Mut zu haben, nicht sofort die Familie, sondern einen guten Freund, einen Arzt um ein Gespräch zu bitten. Es kann sehr hilfreich sein, sich zunächst selbst Klarheit und eine gefestigte Position zu verschaffen, um dann in einem weiteren Schritt die Menschen, die einem ganz nahe sind, zu involvieren. Im ersten Moment kann das für die Angehörigen die erschreckende Frage aufwerfen: »Wieso bin ich jetzt nicht der erste Ansprechpartner, ich bin doch so nah dran?« Als Angehöriger sollte man dies nicht als Kränkung verstehen, sondern eine innere Großzügigkeit entwickeln. Man sollte ja nur geschützt werden! Manchmal gelingt einem das nicht sofort, sondern erschließt sich erst Tage oder sogar Jahre später: Es war keinesfalls eine Distanzierung von oder gar Abwertung der eigenen Person, sondern das Gegenteil.

Andere zu schützen, sich mehr Gedanken um die anderen als um sich selbst zu machen – ein häufiges Motiv bei einer schweren Erkrankung.
Ja, das beobachten wir oft – und zwar in ganz unterschiedlichen Konstellationen. Einmal natürlich innerhalb einer Partnerschaft, in der man für sein Gegenüber nur das Beste möchte. Dann sehen wir das bei einer betroffenen Mutter und ihren Kindern, die sich sehr viel mehr um die Kinder als um sich selbst sorgt. Es trifft aber ebenfalls auf sehr Alte und sehr Junge zu. Selbst ganz Kleine wollen ihre Eltern schützen. Gerade bei Kindern, die tief im Inneren bereits wissen, dass sie sterben werden, was ihr Umfeld aber negiert, kann es vorkommen, dass sie deshalb richtig wütend werden. Gleichzeitig möchten sie ihre Eltern, ihre Geschwister vor dieser Wahrheit bewahren. Daher ist es für viele Betroffene so schwer, ihren Angehörigen zu sagen: »Ich kann nicht mehr«, »Ich spüre, die Reise beginnt bald«, »Lass mich gehen, meine Kraft ist zu Ende«. Weil sie wissen, sie werden denen, die ihnen nahestehen, wehtun. Und das wollen wir alle vermeiden, das liegt in der menschlichen Natur.

Wenn Sterbende und ihre Familien es schaffen, frei über alles zu reden – inwieweit verändert dies die Trauer für die Hinterbliebenen?
Ich glaube, es kann in gewisser Weise der Königsweg sein, wenn man sich viele gegenseitige Freiheiten gewährt: »Was auch immer die Zukunft bringt: Es wird gut sein. Ich wünsche für dich das Beste, weil du mir so viel wert bist, und dafür möchte ich dir so viel Freiheit wie möglich mit auf den Weg geben.« Das kann sich auf zukünftige Bindungspersonen oder auf die Versorgungssituation beziehen. Wenn relativ junge Mütter wissen, dass sie sterben, und minderjährige, versorgungspflichtige Kinder zurücklassen, oder wenn man im Erwachsenenalter pflegebedürftige Eltern hat, kann man eine Art Vorsorge treffen: »Ich würde mich freuen, wenn diese Person sich in Zukunft um dich kümmert, weil ich als diejenige, die jetzt gehen muss, dieser Person vertraue.« Das macht es für den Sterbenden leichter, wenn das geregelt ist, und es wird für diejenigen, die sich hinterher in der Trauer zurechtfinden müssen, leichter. Wenn ein Kind weiß, Mama hat ihrer allerbesten Freundin gesagt, sie soll sich

um es kümmern, fühlt sich das völlig anders an, als wenn plötzlich die Dame vom Jugendamt ankommt und meint: »Wir haben dir eine Pflegefamilie ausgesucht.« Wenn Mama sagen kann: »Ich vertraue dieser Person!«, ist das ein ganz wichtiger Start in die Trauerarbeit und das Weiterleben. Man kann es sich vorstellen wie ein Band, das über den Tod hinaus Bestand hat. Der Mensch, der verstirbt, ist ja nicht richtig weg. Er ist mit all dem, was er hinterlassen hat, mit seinen Spuren, aber auch mit dem, was er vorab geregelt hat, spür- und greifbar. Viel schwieriger stellt sich das in Situationen dar, wenn jemand plötzlich und unvorhersehbar durch einen Unfall aus dem Leben gerissen wurde und diese Vorsorgen entweder gar nicht vorhanden sind oder völlig abstrakt irgendwann vor Jahren festgelegt wurden, um dann in der hintersten Schublade zu verschwinden.

Könnte man dieses Gefühl der Freiheit, das man in so einem Fall seinem Kind gibt, auch dem Partner mitgeben?

Das ist ein Ideal, das ich mir für viele Paare wünschen würde. Ich bin mir zwar sicher, dass das bei vielen meiner Klientenpaare irgendwann stattgefunden hat, aber es wird in unseren Gesprächen selten thematisiert. Denn in der unmittelbaren Trauerphase erscheint es dem Hinterbliebenen wie Verrat. Niemand wird mir erzählen: »Mein Mann hat mir in der Woche, bevor er gestorben ist, die Freiheit gegeben, mich auf eine neue Bindung einzulassen.« Tatsächlich problematisch wird es allerdings, wenn jemand diese innere Freisprechung nicht erleben durfte und es zu einer neuen Bindung kommt. Dann entstehen Schuldgefühle, und die werden dann oft bei mir angesprochen. Sowohl was neue Partnerschaften als auch die Elternbeziehung betrifft. Da merken Kinder plötzlich, dass sie die Zweitmutter vielleicht gar nicht so doof finden, doch das empfinden sie als Verrat an ihrer verstorbenen Mutter, die sie so sehr vermissen. Normalerweise müssten sie jetzt ständig mit der Stiefmutter streiten und sagen: »Du bist doof, du hast hier nichts zu suchen, und eine Ersatzmama will ich auch nicht!« Aber wenn man die eigentlich ganz nett findet, entstehen richtig tiefe Konflikte, und dann wird es in den Gesprächen mit mir zum Thema.

Glauben Sie, es wäre wichtig, es vorher auszusprechen: »Ich wünsche mir, dass du wieder eine Partnerin findest!« Oder seinem Kind zu sagen: »Ich wünsche mir so sehr, dass es eine neue Mama für dich gibt«?
»… dass du wieder jemanden findest, den du lieben kannst, der immer für dich da ist.« Ich persönlich glaube, dass das sehr wichtig und wohltuend wäre und im Sinne eines positiven Vermächtnisses sehr viel Halt bieten kann. Selbst wenn es sich später in der Zukunft vielleicht nie ergeben wird. Aber allein diese Großzügigkeit spricht ja für unendliche Liebe und unendliches Vertrauen des Menschen, der sich verabschieden muss.

Damit artikuliert man ja gleichzeitig die Gewissheit, dass das Leben weitergeht.
Ja, man teilt den Hinterbliebenen mit: »Es wird eine Zukunft geben, auch wenn du sie vielleicht jetzt nicht sehen kannst. Und ich wünsche mir für dich, dass dein zukünftiges Leben positiv verläuft. Ich möchte nicht, dass dein Leben in Trauer und Depression versinkt. So traurig ich bin, dass ich das nicht miterleben darf, aber ich möchte nicht, dass du den Rest deines Lebens leidest.«

Kann das jeder?
Es kann mit Sicherheit nicht jeder. Interessanterweise erlebe ich hierbei eher den Schritt davor, also die Ungerechtigkeit des »Ich soll so früh gehen, und ihr dürft bleiben«, allerdings nur in wenigen Fällen. Besonders schwierig stellt sich das dar, wenn Kinder mitbetroffen sind und ihnen der oder die Sterbende ins Gesicht sagt: »Ich finde, ihr könntet euch gefälligst hier brav um mein Bett versammeln. Ich muss schließlich gehen und habe kein Verständnis dafür, dass ihr jetzt spielen wollt!« Das impliziert Schuldgefühle, mit denen Kinder unter Umständen lange zu kämpfen haben. Leider ist ein Mensch, der so hadert, meist nicht erreichbar, sondern er braucht ein Ventil für seine Wut und überträgt das auf die Kinder. In aller Regel wird er professionelle Hilfe ablehnen. Für die Zukunft seiner Kinder wäre es aber wirklich wünschenswert.

Tun sich Menschen in der Gewissheit, alles Wichtige gesagt und geklärt zu haben, leichter mit dem Gehen?

Diese Fälle erleben wir immer wieder. Beim ersten oder zweiten Mal denkt man noch an Zufall. Wenn man es jedoch immer wiederkehrend sieht, erkennt man irgendwann ein Muster. Tatsächlich können Menschen kurz vor dem Ende ihres Lebens in eine enorme Ruhe und Gelassenheit hineinfinden, fast in eine Leichtigkeit, die einem Außenstehenden zunächst unerklärlich ist. Häufig ist das kombiniert mit einer kurzfristigen körperlichen Besserung. Plötzlich wird eine unerwartete Energie freigesetzt, und man könnte denken: »Jetzt wird alles wieder gut! Die Ärzte haben doch gesagt, es sei so weit, und jetzt passiert das genaue Gegenteil!« Leider handelt es sich nur um eine sehr kurze Phase, aber in der können sich Menschen in großer Gelassenheit verabschieden.

Was glauben Sie ist das Geheimnis dahinter?

(lacht:) Darf ich Ihnen das beantworten, wenn ich es selbst erlebt habe?

Können Sie Parameter erkennen, die bei diesen Menschen ähnlich sind?

Meiner heutigen Einschätzung nach hat es etwas damit zu tun, wie weit sich eine Krankheitsverarbeitung entwickeln kann. Dies ist etwas Prozessuales, nichts Statisches, es verläuft in Höhen und Tiefen mit gebirgsartigen Wellenkurven, mal steil, mal flach. Und bei jedem Menschen in unterschiedlichem Tempo, abhängig von außerordentlich vielen Variablen. Dazu gehören die individuelle Persönlichkeit des Betroffenen, die Außenbedingungen, unter denen diese Lebensphase erlebt wird, seine sozialen Netzwerke und die Individuen, die sich da finden.

Kommt ein Mensch, der durch seine Krebserkrankung viel durchmachen muss, an einen Punkt – nach zu vielen Schmerzen, zu vielen Therapien –, an dem er oder sie nicht mehr mag?

Das gibt es natürlich, allerdings ist die Grenze des Zuviel individuell völlig unterschiedlich. So wie es verschiedene Erfahrungen mit Kopfschmerzen,

Stressbelastungen, mit Kälte und Wärme gibt, so ist auch hierbei die Wahrnehmung für jeden völlig anders. Es ist höchst unterschiedlich, wie viel Menschen auf sich nehmen wollen und können. Die dauernden Schmerzen, die Abhängigkeit von Schmerzmitteln, das Angewiesensein auf Hilfe, die Bewegungsunfähigkeit, die zunehmende Unselbstständigkeit der Schwersterkrankten – jeder erlebt diese Belastungen anders. Wir als Begleiter wundern uns übrigens manchmal, wie viel ein Mensch bereit ist auszuhalten und um jeden Funken Leben zu kämpfen.

Kann das zu einer Diskrepanz in der Wahrnehmung in Bezug auf »Was ist Lebensqualität?« zwischen der oder dem Betroffenen und ihrem oder seinem Umfeld führen?
Absolut, Lebensqualität ist ein zutiefst subjektives Empfinden. Ihre Lebensqualität können nur Betroffene selbst benennen. Infolgedessen entscheidet er über die Abwägung der Lebenszeit zur Lebensqualität: »Wie viel Verlust an Lebensqualität bin ich bereit, zu investieren für einen Zugewinn an Zeit?« Ich erlebe immer wieder Menschen, die nach Abschluss einer Ersttherapie erklären: »Also das sage ich Ihnen, wenn jetzt noch mal was kommt, ich lasse nichts mehr machen! Ich habe demnächst ein Arztgespräch, und wenn der dann wieder an mir herumdoktern will… da mache ich nicht mit!« Dann gehen sie in das Gespräch, und ihnen wird aufgezeigt, welche Möglichkeiten es noch gibt, sie kommen raus und erzählen mir: »Ich habe mich entschieden: Die Behandlung möchte ich machen lassen!« Das ist oft genau das, was sie noch eine Woche zuvor gänzlich abgelehnt haben. Menschen, die so konsequent sind, wie sie sich das anfangs vorstellten, erleben wir sehr selten. Häufiger hingegen ist, dass man sich unglaublich an verschlechterte Lebensbedingungen anpasst. Während ein Mensch, solange er noch kerngesund ist, das alles für unvorstellbar hält, denkt ein Mensch nach zwei Jahren Chemotherapie, Bestrahlung und mehrfachen Operationen eher: »Was soll's? Wieder eine OP, wieder irgendwelche Metastasen raus, begeistert bin ich nicht. Aber ich weiß ja jetzt, wie es geht, sollen die doch machen.«

Große Unsicherheit herrscht bei vielen Familien, ob und wie man Kinder in den Sterbeprozess eines Familienmitglieds einbinden kann. Grundsätzlich empfinden alle Erwachsenen – und Eltern ganz besonders – Kindern gegenüber ein Schutzbedürfnis, und das ist richtig so. Dennoch muss man in bestimmten Situationen die Frage zulassen: Was ist hilfreich für das Kind, kann zu viel Schutz sogar schaden? Leider werden Kinder oft abgeschirmt, statt ihnen die Möglichkeit zu geben zu verstehen, was gerade passiert. Sie sollen nicht erfahren, dass Mamas Krankheit Krebs heißt, dass Mama eine Chemotherapie bekommt. Ich frage mich immer: Für wie dumm halten solche Eltern ihre Kinder? Dieses Gefühl, »die Sicherheit, die Mama mir mal gegeben hat, ist weg«, nehmen Kinder in jedem Alter wahr – auch ganz Kleine.

Warum ist es so wichtig, Kinder in die Geschehnisse zu integrieren? Sie brauchen nicht nur eine Erklärung für die Stimmung, die sich verändert hat, sie müssen auch erfahren, dass nicht sie schuld daran sind. Denn Kinder, die nicht verstehen, was um sie herum passiert, beginnen sich zu sorgen: »Was habe ich falsch gemacht, warum ist Mama so traurig? Warum guckt Papa so ernst? Wofür wollen die mich bestrafen?« Eltern können ihre Kinder nicht vor dem Schicksal bewahren, sie können nicht verhindern, dass die Mutter krank ist oder sie ihren Vater verlieren werden. Aber sie können sie so gut wie möglich vorbereiten und auf Fragen antworten, auch wenn es noch so schwerfällt. Und spätestens die Zehnjährigen beantworten sich ihre Fragen selbstständig im Internet. Wenn sie dann mit ihren Eltern nicht darüber reden können, sitzen sie allein da mit dem Suchergebnis »Haarverlust«, »Krebs«, »Tod«.

Wie oft erleben Sie, dass Kinder nicht informiert werden? Von meinen Patienten versuchen schätzungsweise 60 Prozent, nicht offen mit den Kindern zu sprechen. Dabei gilt es zu bedenken, dass Kinder ihre Eltern genauso schützen wollen. Sie haben unendlich feine Antennen und spüren: »Das ist wohl eine sehr bedrohliche Situation! Wenn Mama mir signalisiert: ›Stell bloß keine Fragen!‹, halte ich besser den Mund.« Da erzählt uns eine

Mutter, die schon seit drei Jahren krank ist: »Nein, mein Sohn weiß nicht, dass ich Krebs habe!« Anschließend sitzt der elfjährige Sohn bei uns: »Klar weiß ich, dass Mama Krebs hat. Aber sie will ja nicht darüber reden!«

Kinder senden also Signale, die sich Eltern unbewusst wünschen? Damit es so aussieht, als hätten sie nichts mitbekommen?
Kinder spielen Theater! Sie spüren: Da hat etwas eine Dimension, gegen die ich nicht rebellieren kann. Wenn sie irgendwann rebellisch werden, dann nicht etwa, indem sie ihre Eltern anschreien: »Du blöde Kuh, du hast Krebs, ich weiß es schon lange!« Sie finden andere Wege: knallen Türen, machen keine Hausaufgaben, essen nichts mehr, gehen abends nicht ins Bett, schwänzen die Schule. Sie suchen alternative aggressionslösende Ventile, um im Punkt Erkrankung die Solidarität den Eltern gegenüber aufrechtzuerhalten.

Wie verhält es sich bei Kindern, die Bescheid wissen?
Die finden alle ihren Weg. Besser, als ihre Eltern es ihnen zugetraut hätten. Natürlich sind die Kinder traurig, haben Angst. Doch sie verfügen über die fantastische Fähigkeit, Traurigkeit und Freude nebeneinander zu erleben. Sie können blitzschnell umschalten – oder sie können das mit der linken und rechten Körperhälfte parallel: hier Freude, da zu Tode betrübt. Selbst wenn ein Kind realisiert, da ist gerade jemand gestorben, wird es trotzdem fünf Minuten später draußen Ball spielen.

Wie ist das bei Jugendlichen – wird da offen kommuniziert?
Ja, allerdings erleben wir da oft das Gegenteil des Sinnvollen: dass Eltern ihre Kinder maßlos überfordern. Jugendliche zeigen häufig die Reaktion, sehr schnell alles selbstverantwortlich zu regeln, um bloß nicht zur Last zu fallen. Da vergessen Eltern oft, dass es noch Kinder sind. Man darf von der 14-Jährigen nicht erwarten, dass sie den ganzen Haushalt managt oder sich Zwölfjährige komplett selbst versorgen. Dann drohen Jugendliche zu früh mit Erwachsenenverantwortung überfrachtet und überfordert zu werden.

Wohin zum Sterben?

Klingt es überraschend, dass sich Sterbebegleiter bei der Begegnung mit dem Tod mitunter an eine Geburt erinnert fühlen? Ein erster Impuls bei diesem Gedankengang mag in der tiefen Empfindung stecken, es würde sich ein Kreislauf schließen. Der Zyklus der Natur: Leben entsteht, wird geboren, wächst, reift und stirbt schließlich ab, auch um neuem Leben Platz zu machen. Man kann es manchmal sogar konkret beobachten: Während ein alter Mensch – die Großmutter oder der Urgroßvater – geht, wird ein Enkelkind oder Urenkel geboren. Dabei kann es sogar passieren, dass die Oma noch wartet, bis sie den Nachwuchs mit eigenen Augen gesehen hat, um kurz darauf zu sterben.

Noch ein Bild ist möglich: Entwickelt sich der schwer kranke Mensch mit seinen pflegerischen Bedürfnissen in gewisser Weise nicht wieder zurück zum Kind? Ein Aspekt, der im Verlauf dieses Kapitels noch beleuchtet wird.

Geboren, um zu sterben

Es existieren Parallelen zwischen einer Geburt und dem Sterbeverlauf an sich, mit den gleichen Fragen, die im Raum stehen: Wird es ein schmerzvoller Prozess? Muss man mit Komplikationen rechnen? Wer sind die richtigen Begleiter? Selbst die Wahl des stimmigen Orts ähnelt sich: Ist es die Klinik? Ein darauf spezialisiertes, familiäres Haus? Oder wäre sogar das eigene Daheim die passende Umgebung?

Analog verhält es sich mit dem Warten. Kaum ist das Ereignis angekündigt, beginnt die Wartezeit. Von Arzt oder Ärztin erfährt man zu Beginn einer Schwangerschaft einen möglichen, häufig recht präzisen Geburtstermin. Doch es kann auch schneller gehen – oder sich hinauszögern. Die Prognose, wie eine tödliche Krankheit verlaufen wird, kann recht genau sein – oder ziemlich ungenau. Und schließlich erweisen sich sowohl Geburt als auch Tod als einzigartige, höchst individuelle Ereignisse.

Wo kann ich sterben?

Tempo, Art und Intensität bestimmt der Mensch, der auf die Welt kommt bzw. derjenige, der die Welt verlässt. Diesem Rhythmus sollten sich alle anderen unterordnen. So gesehen ist es durchaus sinnvoll, über das Sterben nachzudenken, als würde man sich auf eine Geburt vorbereiten, und in ähnlicher Form die Rahmenbedingungen durchspielen. Schon allein die Umgebung hat einen Einfluss auf den weiteren Fortgang. Man sollte sich also fragen: Wo würde ich am liebsten sterben? Auf einer Palliativstation? Im Hospiz? Oder zu Hause?

Die Palliativstation

Krankenhaus. Für Schwersterkrankte ein Synonym für Kranksein. Zu oft musste man in schlechtem Zustand hierher, um Behandlungen auszuhalten, die man keinem Feind wünscht: Chemotherapien, die den bitteren Geschmack nach Silberputzmittel im Mund hinterlassen. Bestrahlungen, die die Haut verbrennen. Stundenlanges Ausharren an Schläuchen, ohne sich groß bewegen zu dürfen. Operationen, die erst Wunden und dann Narben hinterlassen, an Körper und Seele. Dazu karge Flure, fades Essen und keine Privatsphäre. Auch wenn es natürlich Kliniken gibt, die mit diesen Stereotypen nichts gemein haben, so gilt selbst für das schönste Krankenhaus: Niemand, der hier liegt, möchte wirklich hier sein. Insbesondere Menschen, die mehrfache Klinikaufenthalte hinter sich haben, wünschen sich nur eines: entlassen zu werden. Und bei jedem erneuten »Einrücken« begleitet sie das dumpfe Gefühl von »Nicht schon wieder!«. Natürlich ist den Patienten bewusst, von welch hervorragenden medizinischen Leistungen sie profitieren und dass diese nur in einer solchen Institution möglich sind. Es ist keine Frage, dass sie jede noch so anstrengende Behandlung wünschen, sie sogar einfordern. Und sie sind dankbar für jeden noch so kleinen Erfolg. Aber »dort« ist eben nicht »zu Hause«. So sehr sie vom Apparat mit seinen Apparaten abhängig sind, so sehr möchten sie ihm entfliehen. Kein Wunder, dass sich kaum jemand wünscht, auf der Akutstation einer Klinik zu sterben.

AUF EINEN BLICK

Eine Palliativstation ist …

… eine stationäre Einrichtung in einem Krankenhaus, auf die Patienten mit einer fortschreitenden Erkrankung mit begrenzter Lebenserwartung aufgenommen werden können. Ziel ist eine Symptomlinderung der komplexen medizinischen Probleme. Die Symptome können sehr unterschiedlich sein – Schmerzen, Übelkeit und Erbrechen, Atemnot –, aber nicht nur medizinischer, sondern auch psychosozialer oder spiritueller Art.
So kann die Palliativstation den Rahmen bieten, um beispielsweise als Familie mit dem multiprofessionellen Team (Pflegende, Sozialarbeiter, Psycholog*innen, Krankengymnasten, Atemtherapeut*innen, Seelsorgerinnen und Ärzt*innen) zu überlegen, welche Form der Therapie im Sinne des oder der Patient*innen wäre, wenn dieser selbst keine Entscheidung mehr treffen kann. Solche Gespräche werden »Therapiezielfindungs-« oder »-änderungsgespräche« genannt. Es können Vorsorgevollmachten und Patientenverfügungen erstellt werden.

Eine Palliativstation ist nicht …

… der Ort für eine allgemeine Stärkung und Erholung, um nächste Therapien, die als Ziel eine Heilung haben, besser zu verkraften. Sie erfordert komplexe medizinische oder psychosoziale Symptome; eine lebenslimitierende Erkrankung allein oder ein fehlender Platz in einem Pflegeheim bzw. einem Hospiz ist kein Grund zur Aufnahme.
Dauer der Versorgung Die durchschnittliche Liegezeit auf einer Palliativstation beträgt zehn bis zwölf Tage, vorwiegend werden dort Patienten mit Tumorerkrankungen behandelt. Ca. 50 Prozent der Patienten können wieder entlassen werden – entweder nach Hause mit spezialisierter ambulanter Palliativversorgung oder in ein Hospiz.
Wie kann die Versorgung organisiert werden? Anmeldung über den Konsiliardienst, Haus- und Fachärzte, Einweisung über den Hausarzt
Wer kommt für die Kosten auf? Die Krankenkassen

Doch nicht nur die Patienten leiden unter der »Maschine Krankenhaus«. Menschen, die dort arbeiten, tauschen sich ebenfalls über die Bedingungen aus. Auch Ärztinnen, Ärzte, Schwestern und Pfleger wünschen sich größere Räume in angenehmen Farben, die dazu einladen, sich länger darin aufzuhalten. Mehr Zeit zu haben für Gespräche, die Pflege, die Angehörigen. Den Menschen als Ganzes wahrnehmen zu können, mit seiner bisherigen Biografie und seiner möglichen Zukunft, mit all seinen Ängsten und Hoffnungen. Den Mut haben zu dürfen, keine unerfüllbaren Hoffnungen mehr wecken zu müssen.

»DIE PALLIATIVSTATION IST DER PERFEKTE ORT DER ENTSCHLEUNIGUNG MIT EINER REDUKTION AUF DAS, WAS IN DIESER SITUATION WIRKLICH WICHTIG IST, IN MAXIMALER KONZENTRATION.«

Prof. Berend Feddersen

Ummantelt bis zuletzt

Wer so denkt, findet im Arbeitsleben seinen Weg oftmals auf eine Station, die sich in vielem so grundlegend vom klassischen Krankenhausbetrieb unterscheidet. Prof.in Claudia Bausewein leitet diesen Ort im Klinikum Großhadern. Die Direktorin der Klinik für Palliativmedizin nennt ihr Umfeld »luxuriös« und meint damit nicht etwa ein verschwenderisches oder gar prunkvolles Interieur, auch wenn die freundliche, in Holz und warmen Farben gehaltene Ausstattung sich nachdrücklich von der üblicher Klinikräume unterscheidet. Nein, mit »Luxus« meint sie »Zeit«, und davon ist hier mehr als genug vorhanden. Zeit für Gespräche, für Gefühle und für Gehörtwerden.

Bereits beim Betreten des hellen Flures umfängt einen eine besondere Atmosphäre, die ein ernsthaftes Willkommen ausstrahlt. Mit nur einem Schritt befindet man sich in einer anderen Welt, die spontan ungemein wohltuend wirkt. Wie kann das sein an einem Ort, an dem gestorben wird? Neben der Farbgebung, den bewusst ausgesuchten Bildern, den als Blickfang platzierten Kunstwerken ist es die Ruhe, die über den Räumen liegt.

Einmal habe ein Patient, ebenfalls ein Mediziner, der von der Privatstation zu ihnen auf die Palliativstation verlegt wurde, nach zehn Minuten erstaunt festgestellt, so Prof.in Bausewein: »Hier ist alles so anders!« Auf ihre Nachfrage, wo denn genau der Unterschied läge, antwortete der Kollege: »Hier sehen mir die Leute in die Augen, sie kennen meinen Namen und sie geben mir zur Begrüßung die Hand!« Für Prof.in Bausewein ein trauriger Moment, denn, so betont sie, all das habe schließlich nichts mit Palliativmedizin zu tun, sondern schlicht mit einer Haltung.

> »WENN SIE ALS ÄRZTIN AUF DIE PALLIATIV-STATION GEHEN, MERKEN SIE: ICH SCHALTE EINEN GANG RUNTER. IN DEM MOMENT MUSS ICH MICH AUF DAS EIN-LASSEN, WAS DA DRIN GEFORDERT IST. WENN ES UM EINEN ERWARTETEN STERBEPROZESS GEHT, IST HEKTIK NICHT GEFRAGT.«
>
> Dr. Pia Heußner, Psycho-Onkologin

Der Mensch im Mittelpunkt. Dass sich auf der Palliativstation alles so anders anfühlt, liegt mit an einem großzügigeren Personalschlüssel und einem Mehr an Zeit für die Schwersterkrankten. Es gibt eine wöchentliche Besprechung mit dem gesamten Team, in dem sich Ärzte, Pflegepersonal, Therapeutinnen, Seelsorger und Apothekerinnen ausführlich über jede einzelne kranke Person austauschen und dabei ihre Anforderungen und Bedürfnisse beleuchten, weit über das rein Medizinische hinaus. Schließlich spiegeln Architektur und Einrichtung wenig typische Krankenhausatmosphäre. Die Pflegebetten aus Holz, die Zimmer mit begrünter Terrasse, der »Raum der Stille« als Ort des Rückzugs und ein weiträumiger Aufenthaltsraum mit Sofas und großem Tisch. So begrüßenswert es für die Patienten ist, in der letzten Spanne ihres Lebens diese herzliche Umsorgung zu erfahren, so ernüchternd erscheint, dass ihnen diese nicht schon bei Aufenthalten auf anderen Stationen zuteilwurde.

Warum diese Unterschiede? Prof.in Bausewein ist es sehr wichtig, hier keine Kollegenschelte zu betreiben oder gar zu behaupten, im Palliativbereich laufe alles richtig und woanders eben nicht. Für sie liegt das Dilemma in der zunehmenden Ökonomisierung des Gesundheitswesens. Beispielsweise daran, dass Ärzte vermehrt zeitraubende bürokratische Tätigkeiten erledigen müssten, wie etwa die ausführliche Dokumentation in einer Patientenakte. Dadurch würden sie immer mehr Zeit am Computer und entsprechend weniger am Bett ihrer Patienten verbringen. Die Liegezeiten für Erkrankte würden immer stärker begrenzt, auf lediglich drei oder vier Tage am Stück. Wie aber sollte man in dieser kurzen Zeit eine Beziehung aufbauen? Wie ein Gespräch über die psychosoziale Situation führen?

Dass ausgerechnet Patienten auf Palliativstationen diese ganz besondere Behandlung erfahren, liegt daran, dass sie sich in einer extrem schwierigen

Situation befänden, so Prof.in Bausewein: »Sterben per se ist kein Grund, zu uns zu kommen. Unsere Patienten sind so krank, dass sie sowieso stationär in einem Krankenhaus lägen. Sie könnten nicht im Hospiz, im Pflegeheim oder zu Hause versorgt werden. Wir erleben hier äußerst komplexe Situationen von Symptomen, von psychosozialen oder existenziell-spirituellen Dimensionen, sodass diese Menschen ein spezialisiertes Team brauchen, mit mehr Zeitressourcen, mehr Kompetenz und mehr Expertise. Eine gängige Schmerzeinstellung muss hier nicht passieren, sondern zu uns kommen Betroffene erst dann, wenn die Kollegen und Kolleginnen mit ihrem herkömmlichen Schmerztherapiewissen nicht mehr zurechtkommen.«

Frieden finden

Die Patienten und Patientinnen hier haben bereits viele Komplikationen durchgemacht. Oft sind es junge Familien, in denen ein Elternteil erkrankt ist und kleine Kinder zurückbleiben werden. Es handelt sich immer um Situationen, in denen Schwersterkrankte und Angehörige an die Grenzen der Belastbarkeit und ihre Helfer an die Grenzen der Machbarkeit gekommen sind. Hier kann die Palliativstation viel leisten, so Prof.in Bausewein: »Die Schmerzen können reduziert, die Atemnot gelindert, die Ängste gemindert werden. Die Situation kann so weit stabilisiert werden, dass man die Station wieder verlässt – lebend. Denn nicht jeder kommt hierher, um zu sterben. Wir können knapp die Hälfte unserer Patientinnen und Patienten entlassen, davon geht ungefähr die eine Hälfte ins Hospiz, die andere nach Hause oder in ein Pflegeheim.«

Manche Erkrankte kehren sogar immer wieder zurück und lassen sich so über Monate hinweg regelmäßig einstellen. Natürlich kommt es ebenso vor, dass jemand auf die Station kommt und nach kurzer Zeit stirbt. Das liegt oft daran, dass viele den Schritt erst sehr spät wagen und die Krankheit entsprechend weit fortgeschritten ist. Das Bestreben der Professorin zielt daher auf eine frühere Einbindung der Palliativmedizin: »Ich bin davon überzeugt, dass eine gute Symptomkontrolle und Unterstützung bei psychischen, sozialen und spirituellen Fragen lebensverlängernd wirken. Es ist nicht verwunderlich, wenn jemand mit stärksten Schmerzen nicht mehr leben will, wenn all seine Energie sich darauf konzentriert, diese Schmerzen auszuhalten.«

Ein weiterer Faktor seien Depressionen – eines der häufigsten übersehenen Symptome, so die Professorin: »Menschen, die ängstlich sind, werden häufig depressiv. Ihre Angst mauert sie ein, sie leiden extrem darunter. Wir müssen aber unterscheiden, bei welcher Patientin oder welchem Patienten es sich um adäquate Traurigkeit handelt und bei wem eine behandlungsbedürftige Depression vorliegt.«

»NATÜRLICH GIBT ES LEUTE, DIE SICH SCHWERTUN MIT DER VORSTELLUNG, TOT ZU SEIN. DOCH DIE MEISTEN FRAGEN: ›WAS PASSIERT AUF DEM WEG DORTHIN? WIRD ES QUALVOLL, WIRD ES SCHMERZHAFT SEIN?‹ WENN WIR DIES ENTKRÄFTEN KÖNNEN, IST DAS OFT EXTREM BERUHIGEND.«

Prof.in Claudia Bausewein

Bei Bedarf wird ein Antidepressivum eingesetzt, was in mehrfacher Hinsicht hilfreich sein kann, denn viele Präparate haben Nebenwirkungen, die in diesem speziellen Fall durchaus von Vorteil sind. Gerade bei »Müdigkeit« und »Appetitsteigerung«, was unter anderen Umständen unerwünscht ist, kann die Professorin von positiven Effekten berichten: »Wird das Medikament abends gegeben, schlafen die Kranken besser, denn es macht müde. Da eigentlich alle unsere Patientinnen und Patienten unter Appetitlosigkeit leiden, freuen sie sich, wenn sie als Nebenwirkung des Medikaments wieder mehr essen können.«

Der medikamentöse Weg ist nicht der einzige bei der Bewältigung aufwühlender Empfindungen; Gespräche oder eine Therapiesitzung gehören dazu. Daher ist das Angebot auf der Station mit Seelsorgern, Sozialarbeiterinnen, Krankengymnasten, Atemtherapeutinnen und Psychologen so umfassend.

Manchen hilft es, ein Bild zu malen, anderen helfen Musik oder der Besuch eines Seelsorgers. Wichtig ist, einen Weg zu finden, um seine Emotionen ausdrücken zu können. Dabei spielt die gesamte Persönlichkeitsstruktur eine Rolle, so die Professorin: »Menschen bringen Ängste aus ihrer Biografie mit. Wer grundsätzlich ein ängstlicher Typ ist, wird dies in der Regel in der Sterbephase nicht verlieren, sondern es kann sich eher verstärken. Die persönliche Vorgeschichte muss also immer mit einbezogen werden. Wir beobachten allerdings, dass viele Kranke sich deutlich weniger um sich selbst sorgen als um die eigene Familie: ›Wie geht es weiter? Kommen sie ohne mich zurecht? Warum muss ich sie jetzt allein lassen, sie sind doch auf mich angewiesen!‹ Wenn kleine Kinder zurückbleiben, ist es natürlich eine große

Not für die Eltern, dass sie sie nicht groß werden sehen. Und im Erwachsenenalter vor den eigenen Eltern gehen zu müssen, ist belastend. Für alte Menschen ist es ebenso bitter, das eigene Kind zu beerdigen, wie für junge. Da spielt das Alter keine Rolle.«

Last Exit

Es passiert nicht selten, dass auf der Palliativstation plötzlich Dinge in Gang kommen, die Jahre ruhten. Menschen aus dem Umfeld der oder des Sterbenden kehren zurück in den Orbit, Familienangehörige, zu denen jahrzehntelang kein Kontakt bestand. Oder der Rest der Familie erfährt am Sterbebett, dass es Kinder aus einer früheren Verbindung gibt. Oder es taucht zur Ehefrau noch eine Lebensgefährtin auf. Manche schaffen es erst hier, ihr Testament zu schreiben, ihre Wohnung aufzulösen oder zu heiraten. Mit sich selbst ins Reine zu kommen, sei ein häufiges Motiv hier, meint die Professorin: »Es gibt niemanden, der sagt, sein Leben sei zu hundert Prozent gelungen. Jeder von uns macht Höhen und Tiefen durch. Wenn jemand starke Schuldgefühle mit sich herumträgt, glaubt, zu einem bestimmten Zeitpunkt seines Lebens etwas falsch gemacht zu haben, dann können wir ihn unterstützen im Akzeptieren dessen, was passiert ist. Man kann nichts mehr rückgängig machen, aber versuchen, seinen Frieden damit zu finden. Trotzdem gibt es Leute, die sterben mit ihrer Seelenlast – vielleicht sogar, ohne überhaupt je darüber gesprochen zu haben.«
Skeptisch ist Claudia Bausewein bei denen, die sehr abgeklärt wirken – »Ich weiß, dass ich sterben werde, und es ist in Ordnung!« Denn, so die Professorin: »Wenn es wirklich ans Eingemachte geht, stehen plötzlich größte Nöte im Raum. Im Kopf kann man das noch so klar sehen, aber gelingt es einem auch auf emotionaler Ebene? Ähnlich ist es mit dem Glauben: Manche verlieren ihn, andere gewinnen ihn neu. Selbst Strenggläubige können am Schluss hadern mit ihrem Gott. Umgekehrt erlebe ich Menschen, die aus der Kirche ausgetreten sind und plötzlich wieder Halt im Glauben finden. Natürlich gibt es auch sehr viele, die ihr Leben lang aus einem tiefen Glauben als Ressource schöpften, bei denen die Krankheit nichts daran ändert.«
Selbst das Alter ist für Prof.in Bausewein keine Garantie dafür, dass man leichter stirbt. Manchmal lasse sogar jemand mit 85 Jahren schwerer los als ein junger

Mensch mit 25, der extrem bewusst gelebt hat und daher sagen kann: »Das war meine Zeit.« Was im hohen Alter nicht jeder schafft.

Die erträgliche Leichtigkeit des Sinns

Was ist es, das uns ganz am Ende hilft? Nach der langjährigen Erfahrung der Professorin weder Alter noch Religion: »Letztendlich geht es um die Persönlichkeit jedes Einzelnen, um seine Lebenseinstellung: Was habe ich aus meinem Leben gemacht? Habe ich es bewusst gelebt und aktiv in die Hand genommen? Und natürlich: Was bleibt? Es mag sein, dass nicht jeder über diese existenziellen Themen spricht, was aber nicht heißt, dass sie am Lebensende ausbleiben. Dann ist nicht entscheidend, welches Auto gefahren, wie viele Publikationen veröffentlicht und welches Gehalt verdient wurde, sondern es zählt nur noch: Wen habe ich geliebt? Wie bin ich mit den Menschen umgegangen, die mir anvertraut waren? Was habe ich aus meinen Gaben gemacht? Das ist die Bilanz, die am Ende gezogen wird.«

»VATER, WAS IST DENN?« »DIE ZEIT WILL GAR NICHT RUMGEHEN.« »AUF WAS WARTEST DU DENN?« »JA ... AUF DEN KLAPPERSTORCH NICHT!«

Dialog am letzten Tag

Der Insider

Einer der Patienten kennt die Palliativstation im Klinikum Großhadern schon lange. Genauer, seit Anbeginn, als sie im Jahr 2003 mit sechs Palliativbetten eröffnet wurde. Wolfgang Hepperle ist 51 und wollte eigentlich Pfarrer werden, doch nach dem Abitur bewirbt er sich für ein Praktikum im Krankenhaus und spürt in diesen drei Monaten: Krankenpfleger, das ist sein Weg. Da er schon für das Theologiestudium eingeschrieben ist, wird es noch vier Semester und das Durchlaufen der Bundeswehr dauern, wo er seine Ausbildung zum Pfleger absolviert, bis er schließlich 1987 mit seinem Wunschberuf starten kann. Wolfgang Hepperle beginnt in Tübingen auf der Station der Neurochirurgie als Pfleger. Als er später nach München zieht und im Klinikum Großhadern anfängt, arbeitet er erneut in der Abteilung, die unter anderem die Diagnosestellung und Behandlung von Hirntumoren zur Aufgabe hat.

Er kennt ihn lange und gut, »seinen« Tumor. Das Glioblastom IV begleitet ihn seit Beginn seines Berufslebens, in all den Jahren in der Neurochirurgie sowie in zehn Jahren auf der Palliativstation. Immer wieder lernt er Patienten kennen, die an dieser Art Hirntumor erkrankt sind, und als ihm im Herbst 2013 die Diagnose mitgeteilt wird, weiß er nur zu genau, was auf ihn zukommt.

Ohne jedes Vorzeichen erleidet Wolfgang zu Hause einen epileptischen Anfall und wird ins Krankenhaus eingeliefert. Die Aufnahme der Computertomografie zeigt es klar: ein Glioblastom IV. Dieser Tumor ist grausam. Er wächst schnell und lähmt im schlechtesten Fall, je nach Lokalisation, alles, was wichtig und nötig für den Körper ist – Sprache, Sehzentrum, Bewegungsapparat. Er drückt auf das Gemüt und auf die Persönlichkeit, und am Ende wird sich der Tumor so weit ausgebreitet haben, dass er das Atemzentrum blockiert. All das ist Wolfgang präsent, als der Professor für Neurochirurgie ihm eröffnet, was der Grund für den Anfall war: »Als ich die Diagnosestellung ›Glioblastom IV‹ gehört habe, dachte ich nur: ›Gott sei Dank! Da kann man nicht viel herumexperimentieren.‹ Wäre es ein Glioblastom I oder II gewesen, hätte es alle möglichen Therapieansätze gegeben. Nicht bei diesem Tumor. Die Lebenserwartung ist deutlich begrenzt; vier Monate, wenn man nichts macht. Eine Heilung ist definitiv nicht möglich.«

»ES IST NICHTS MEHR LANGWEILIG!«

Wolfgang Hepperle,
Hirntumorpatient

Wolfgang Hepperle weiß: Dieser Tumor ist praktisch inoperabel, denn das Tumorgewebe würde sofort wieder nachwachsen. Was jeden anderen vermutlich schockiert hätte, stellt für Wolfgang eine Erleichterung dar. Er weiß ganz genau, was er will – und vor allem, was er auf keinen Fall will: »Früher wurden an einem Glioblastom Erkrankte zwei-, dreimal operiert, das macht man heute nicht mehr. Sofern es noch sinnvoll ist und der oder die Betroffene es wirklich will, operiert man heute maximal einmal. Damit kann man die Lebensspanne etwas verlängern. Wohlgemerkt: Wir reden hier von ein paar Wochen oder wenigen Monaten. Eine Operation wäre daher für mich nie infrage gekommen. Wäre ich alleinstehend, hätte ich sofort gesagt: Ich nehme die vier Monate, und dann ist es gut!« Doch Wolfgang hat eine Frau und eine 13-jährige Stieftochter. Er entscheidet nicht nur für sich, sondern auch für seine Familie, Menschen, die er liebt und die ihn lieben und die diese Hiobsbotschaft verkraften müssen. Und vier Monate sind verdammt kurz, um Abschied zu nehmen.

Als ihn der behandelnde Professor, der Wolfgang schon lange kennt, fragt: »Was machen wir?« und ihm eine experimentelle fotodynamische Therapie vorschlägt, gerät Wolfgang ins Wanken. Das Verfahren wird bisher noch sehr selten angewandt. Dabei werden Elektroden direkt in das Gehirn eingeführt und über einen bestimmten Zeitraum eine im Tumorgewebe angehäufte Substanz über Licht aktiviert. Die so übertragene Energie wird in mehreren Schritten auf den im Gewebe befindlichen Sauerstoff übertragen; dadurch können, kombiniert mit einer Chemotherapie und Bestrahlung, bestimmte Zellstrukturen des Tumors zerstört werden.

Nach einer halben Stunde Bedenkzeit und einem intensiven Gespräch mit seiner Frau, die als Krankenschwester ebenfalls in Großhadern tätig ist, stimmt er entgegen seiner ersten Empfindung der Therapie zu: »Wenn man selbst hier als Pfleger arbeitet, überlegt man schon, ob man damit die Forschung weiter voranbringt. Vielleicht hilft es ja einem anderen Patienten. Jedenfalls wird mit dem Experiment an Erfahrung gewonnen. Schließlich war das der Grund, warum doch was gemacht wurde.«

Ferienverlängerung

Aus den ursprünglichen vier Monaten Überlebenszeit sind inzwischen zwölf geworden. Regelmäßig wird Wolfgang Hepperle von Prof. Feddersen besucht. Die beiden kennen sich schon etliche Jahre, aus der Zeit, als Prof. Feddersen auf der Palliativstation arbeitete. Für Prof. Feddersen ist es in dem Fall von Vorteil, dass sich die beiden schon vor der Erkrankung begegnet sind: »Wir sind den Betroffenen gegenüber grundsätzlich sehr offen und liberal und stellen uns auf deren Wünsche ein. Wenn man sich kennt, lässt sich die Richtung, in die es gehen soll, schneller einschätzen, denn man weiß ja, was dem Gegenüber wichtig ist. Auf der anderen Seite darf man nicht den Fehler machen, zu viel vorauszusetzen und zu denken: ›Wolfgang wünscht sich das und das, darüber müssen wir gar nicht mehr viel reden.‹ Da war es sicher hilfreich, dass wir zwar viel zusammen gearbeitet und etliche Nachtdienste miteinander verbracht haben, uns aber doch nicht so gut kennen. Ansonsten hätte ich Sorge, ob ich Entscheidungen adäquat vermitteln könnte. Ist das Verhältnis zu eng, läuft man Gefahr, den anderen schützen zu wollen; dann könnte man der Rolle, die mehr Abstand erfordert, nicht mehr gerecht werden.«

Wenn die beiden in Wolfgang Hepperles Esszimmer hoch über den Dächern des Münchner Südens zusammensitzen, ist die Stimmung gelöst. Man tauscht sich über Neuigkeiten aus dem Klinikum aus und fachsimpelt über den aktuellen Gesundheitszustand. Beide verfügen über die nötige Portion Humor, um diesem mit Ironie zu begegnen. Wolfgang erzählt lachend, er habe gerade eine briefliche Aufforderung für Darmkrebsvorsorge erhalten, denn bei Männern in seinem Alter sei ja Vorsicht geboten. »Eindeutig zu spät«, pflichtet ihm Berend Feddersen bei. Er solle doch zurückschreiben: »Danke für den Tipp, aber Krebs habe ich bereits im Kopf.«

> ALS ES WOLFGANG EINMAL SCHLECHTER GING, LAG ER AUF DER PALLIATIVSTATION IN GROSSHADERN, BEI SEINEN ALTEN KOLLEGEN. EINFACH WAR DAS NICHT. DIE GRENZE ZU ÜBERSCHREITEN VOM PFLEGER ZU DER PERSON, DIE GEPFLEGT WERDEN MUSS, IST HART.

Wolfgang Hepperle sieht gut aus im Spätsommer 2014, sein Gesicht, das noch ein Dreivierteljahr zuvor durch die Kortisongabe stark angeschwollen war, ist wieder schmal. Er hat die Monate genutzt und alles geregelt.

Wolfgang ist froh, dass im Moment alles stabil ist. Die aktuelle Bildgebung zeigt erstaunlicherweise nicht nur einen Stillstand, sondern deutet sogar auf eine leicht rückläufige Entwicklung des Tumors hin. Damit, so Prof. Feddersen, ist die Frage nach der Zeit, die Wolfgang noch bleibt, eigentlich gar nicht mehr so leicht zu beantworten.

Wolfgang selbst sieht diese Entwicklung gelassen: »Das weckt in mir keine neue Hoffnung. Wenn ich etwas hoffe: dass die Zeit, die vor mir liegt, eine gute ist; dass es, wenn es so weit ist, schnell geht.« Wolfgang weiß, dass es für ihn keine Heilung gibt. Aber – und man nimmt es ihm wirklich ab: »Ich lebe ganz gut damit. Ich bin zufrieden, denn das, was ich machen wollte, habe ich gemacht. Und das, was ich noch machen werde, entscheidet sich danach, wie es mir geht.« Was jetzt noch wichtig ist? In erster Linie sei das, was er sich wünsche und am meisten brauche, Ruhe.

Natürlich liegt das mit an der großen Müdigkeit. Und am Nachdenken über sein Leben. »Wie Fernsehschauen« sei das, meint er. Dann lässt er einfach Sequenzen aus seiner Vergangenheit an sich vorbeiziehen. Schmerzlich sei das nicht, im Gegenteil, so lächelt er: »Bisher habe ich dabei noch keine schlechten Erfahrungen gemacht! Ich habe nicht das Gefühl, irgendetwas verpasst zu haben. Wenn mir etwas in den Sinn kam, habe ich das auch getan. Vielleicht lag es daran, dass ich immer realistische Ziele hatte. Mir hat es gereicht, wenn ich mich in die S-Bahn setzen konnte und an den Starnberger See gefahren bin. Oder mit dem Rad eine größere Tour gemacht habe.«

Abends sitzt er im Dunkeln im Wohnzimmer und schaut in den Himmel. Lange kann er so sitzen, ohne dessen überdrüssig zu werden. Denn das Gefühl für Zeit, erzählt er, hat sich massiv verändert: »Früher hat man zehn Minuten auf den Bus gewartet, und es kam einem ewig vor. Jetzt vergeht die Zeit so schnell! Es fühlt sich ein wenig so an wie damals in der Schule: Als Kind empfand man zu Beginn die sechs Wochen Sommerferien wie eine Ewigkeit, zum Teil hat man

Wolfgang Hepperle, Diagnose Glioblastom IV, hat früher selbst in der Palliativstation als Pfleger gearbeitet.

sich sogar gelangweilt. Und irgendwann fing die Zeit an zu rennen. Man hätte gern viel länger Ferien gehabt, und es kam einem viel zu kurz vor.«

Jetzt hat Wolfgang wohl eine unerwartete Ferienverlängerung bekommen. Beim letzten Arztgespräch hieß es, ein Patient, der an derselben Studie teilnimmt, tue dies jetzt schon im vierten Jahr. Vier Jahre statt vier Monate! Ist alles wieder offen? Wolfgang entgegnet gelassen auf die Frage, wie sich diese Neuigkeit anfühle: »Wie das richtige Leben. Jeden Tag muss man damit rechnen, dass etwas völlig Unvorhergesehenes passiert.«

Sollte bei ihm »der Tag« kommen, weiß er, wo er hinmöchte: »Die meisten Menschen haben den Wunsch, zu Hause zu sterben. Bei mir ist das nicht so. Ich möchte ins Hospiz.« Dahinter steckt der Wunsch, niemandem zur Last zu fallen, insbesondere seiner Frau und seiner Adoptivtochter nicht. Bei einer akuten Verschlechterung würde er auf »seine alte« Palliativstation gehen, doch dort ist der Aufenthalt auf maximal zwei Wochen begrenzt. Für eine längere Zeitspanne erscheint Wolfgang das Hospiz ideal: »Zu Hause zu sterben, das ist eine sehr große Belastung. Im Hospiz können die Menschen, die einen daheim pflegen würden, einfach zu Besuch kommen. Und sie können entscheiden, wie lange der Besuch dauern soll.«

Das Hospiz

Hospiz. Ein Schreckenswort, das nach Endstation klingt, nach einem Ort, den man nicht lebend verlassen wird. Ein Ort, der Fragen in den Raum stellt: Ist es denn schon so weit? Was erwartet mich dort? Ist alles trist und traurig? Liegen die Menschen in abgedunkelten Räumen? Wird nur noch geweint? Darf man dort überhaupt lachen?

Den Mitarbeitern eines Hospizes sind diese Ängste, Vorurteile und Klischees vertraut. Sie wissen um die Hemmschwelle, die es zu überwinden gilt, und sie bedauern, dass die meisten diese erst sehr spät zu überschreiten wagen. »Der überwiegende Teil unserer Gäste kommt eigentlich zu spät«, so Peter Johannsen, Geschäftsführer des Hospizes Nordheide in der Nähe von Hamburg. Was umso

bedauerlicher ist, wenn mit dem Einzug ins Hospiz der immer gleiche Satz fällt: »Wäre ich doch schon früher gekommen.«
Gleichzeitig herrscht im Hospiz maximales Verständnis dafür, dass es sich um einen schwierigen Prozess handelt, in dem diese Entscheidung reifen muss, so Peter Johannsen: »Man muss bereit dafür sein, sich in andere Hände zu begeben und fallen zu lassen. Das muss wachsen, und viele Erkrankte versuchen, es so lange wie möglich hinauszuzögern. Wenn allerdings der richtige Zeitpunkt gekommen ist, kann man es viel besser annehmen.« Um den Aufenthalt als Gast im Hospiz richtig erleben zu können, die wohltuende Atmosphäre aufzunehmen und sich auf die dort angebotenen Möglichkeiten einzulassen, brauche es mehr als ein, zwei Tage. Dennoch, so Peter Johannsen, gebe es immer wieder Gäste, die nur ganz kurz hier seien – und trotzdem erfüllt von großer Dankbarkeit.

»Mein Herz sagt mir, dass ich sterben muss«

Auch Steffis Ankunft im Hospiz hat eine lange Vorgeschichte. Die 33-jährige Grundschullehrerin erkrankt in der Schwangerschaft an Darmkrebs. Zunächst bleibt es unbemerkt, Anzeichen einer möglichen Erkrankung werden »typischen« Schwangerschaftsbeschwerden zugeschrieben. Erst nach der Geburt ihres Sohnes, er ist damals zwei Monate alt, wird die Krankheit diagnostiziert. Aufgrund des fortgeschrittenen Stadiums der Erkrankung deuten die Ärzte an, dass keine Hoffnung auf Heilung bestehe, doch Steffi will das nicht hören: »Immer wenn ein Arzt mit so einem Gespräch angefangen hat, habe ich ihn sofort gestoppt. Ich will keine Zahlen oder Wahrscheinlichkeiten; das Einzige, was mich interessiert, sind die Möglichkeiten, die ich noch habe.«
Steffi, die Mathematikerin, die sonst alles nüchtern und strukturiert analysiert, fordert Hoffnung. Ihr neugeborener Sohn aktiviert in ihr einen unerschütterlichen Glauben an sich. Sie stellt sich allen machbaren Therapien, Operationen und Behandlungen, denn Steffi braucht Zeit. Ihr Sohn soll sich an sie erinnern können. Als er eineinhalb Jahre alt ist, entstehen für das Buch *Jung. Schön. Krebs.* Fotos von Steffi, gemeinsam mit ihrem Sohn und ihrem Mann. Es werden wertvolle Erinnerungsstücke an einen heiteren, sonnigen Septembertag.
Greta Rose, die Steffi im Studium kennenlernte, hat dieses Fotoshooting initiiert. Sie begleitet ihre Freundin in Hamburg in all den Monaten, obwohl sie selbst in

AUF EINEN BLICK

Ein Hospiz ist …
… eine unabhängige Pflegeeinrichtung mit pflegerischer Leitung. Die Aufnahmeindikation ist eine schwere lebenslimitierende Erkrankung mit nur noch kurzer Lebenserwartung. Die Anzahl der Hospizbetten ist begrenzt, sodass es meist eine Warteliste gibt. Daraus resultiert, dass eine eher frühzeitige Anmeldung sinnvoll ist, kurzfristige Aufnahmemöglichkeiten sind selten. Die Betreuung erfolgt rund um die Uhr. Die ärztliche Versorgung gewährleisten meist Hausärzt*innen.

Dauer der Versorgung Patienten im Hospiz haben eine Lebenserwartung von weniger als drei Monaten. Die Betreuung erfolgt bis zum Versterben und darüber hinaus: Der Verstorbene wird entsprechend versorgt, es gibt für die Angehörigen Raum und Zeit zum Abschiednehmen, und sie werden in ihrer Trauer begleitet.

Wie kann die Versorgung organisiert werden? Die Anmeldung ist durch den Betroffenen selbst, seine Angehörigen bzw. sehr nahestehende Personen oder durch Hausärzt*innen, Sozialdienste oder Palliativstationen etc. möglich. Kann sie nicht durch den Patienten selbst erfolgen, sollten sich Angehörige ein Bild von der Einrichtung machen, damit der Patient eine Vorstellung hat, an welchen Ort sein letzter Umzug erfolgt.

Wer kommt für die Kosten auf? Die Kranken- und Pflegekassen; 10 Prozent müssen vom Gesetzgeber vorgeschrieben über Eigenmittel des Hospizes (Spenden) finanziert werden. Da dies aber häufig nicht ausreicht, kann dieser Anteil auch deutlich höher liegen.

Hannover lebt und zwei kleine Töchter hat. Greta klärt und organisiert – und sie ist es auch, die das erste Mal den Gedanken an ein Hospiz einbringt. Denn es ist keinesfalls so, dass Steffi das Thema Sterben völlig ausgrenzt. Die Freundinnen reden oft darüber, ganz theoretisch. Diskutieren, wo man überhaupt sterben kann. Greta gibt offen zu: »Wir wussten nichts darüber! Wer beschäftigt sich, wenn er so jung ist, mit dem Tod? Kein Mensch! Entweder man fällt tot um oder man stirbt im Krankenhaus, das war unsere Vorstellung. Und dann gab mir Steffi einen Auftrag: ›Du musst herausfinden, wo ich sterben kann, denn im Krankenhaus möchte ich das nicht!‹«

Das ist für Steffi der Ort, den sie hasst, der sie depressiv macht, dort ereilt sie regelmäßig der Krankenhauskoller. Dass es zu Hause schwierig werden könnte, ist ihr ebenso bewusst – obwohl die Familie in einem wunderschönen neu gebauten Haus wohnt, möchte Steffi es ihrem Mann, ihrem kleinen Sohn, ihren Eltern nicht zumuten. Also nimmt Greta Kontakt mit einer Bekannten auf, von der sie weiß, dass diese in einem Hospiz arbeitet: »Sie hat mir zunächst von der Palliativstation erzählt, die aber eher Krankenhausatmosphäre habe. Dann beschrieb sie das Hospiz, was eine Art Mittelweg aus Zuhause und Krankenhaus sei. Ich war fasziniert von ihrer Beschreibung, mit welcher Würde und Gelassenheit sie über den Tod und das Sterben sprach.«

»ICH HABE NOCH NIE SO VIELE LEUTE SO VERHEULT UND GLEICHZEITIG SO ENTSPANNT HERUMLAUFEN SEHEN.«

Greta Rose über das Hospiz, in dem ihre Freundin Steffi starb

Greta informiert Steffi sofort über diese Möglichkeit und stößt auf großes Interesse. Im Internet finden sie das Hospiz Nordheide, ganz in der Nähe von Steffis Wohnort. Von da an hat Steffi einen festen Entschluss gefasst: »Ich sterbe im Hospiz!« Es vergehen abermals einige Monate ohne ein weiteres Gespräch über das Thema, bis Steffi im November 2013 Greta bittet, einen Termin auszumachen – sie möchte es sich einmal anschauen. Der Empfang ist herzlich und liebevoll. Auch wenn es sich beim Hospiz Nordheide um eine ehemalige Station der angrenzenden Klinik handelt, erinnert nichts an einen typischen Krankenhausflur. Lichtschächte fluten die Gänge von oben mit Sonnenlicht, das sanfte Gelb der Wände unterstreicht ein spontanes Gefühl von Wärme. Möbel aus hellem Holz, farbenfrohe Bilder und viele Grünpflanzen strahlen Wohnlichkeit aus.

Steffi und Greta lernen sehr viel bei ihrem Besuch: etwa dass es im Hospiz keine »Patienten« gibt, sondern wie in einem Hotel nur »Gäste«. Dass keine Verbote existieren, nur Freiheiten, selbst das Rauchen ist erlaubt. Dass die geräumigen Zimmer Platz für ein zweites Bett und sogar für die eigenen Möbel bieten, dass jeder noch so immobile Gast in die komfortable Riesenbadewanne hineingehoben werden kann und dass der Raum der Stille auch zum Weinen und Musikhören da ist.

Als sie das Hospiz verlassen, ist wieder ein neuer Schritt getan. Der musste gefeiert werden, so Greta: »Wir sind erst mal in eine Kneipe gefahren und haben Cocktails getrunken. Darauf, wie cool wir sind, dass wir uns das getraut haben!« Und wieder ist für Steffi das Thema erst einmal erledigt. Greta, die hautnah miterlebt, wie sich der Zustand ihrer Freundin Steffi stetig verschlechtert, versucht, sie darauf anzusprechen. Schließlich habe das Hospiz nur relativ wenige Betten, die seien meist ausgebucht, und im schlimmsten Fall sei dann kein Platz frei, wenn sie ihn benötige. Doch Steffi will nichts davon hören. Bis sie Greta schließlich offenbart: »Ich habe dir ein großes Geschenk gemacht. Ich habe den Eilantrag fürs Hospiz ganz allein gestellt. Mein Herz sagt mir, dass ich sterben muss.« Am 29. Januar 2014 schließlich bezieht Steffi ihr Zimmer im Hospiz Nordheide, fünf Tage vor ihrem Tod.

»NICHT NUR STERBENDE DURCHLAUFEN EINEN PROZESS, AUCH IHRE ANGEHÖRIGEN. ALLE AN DIESEM EREIGNIS BETEILIGTEN WERDEN FESTSTELLEN, DASS SICH IHR WELTBILD MASSIV VERÄNDERT.«

Dr. med. Christoph Seitz, Hausarzt und Internist

Kein Leben ohne Sterben

Greta ist seit den fünf Tagen, die sie an Steffis Seite bis zu deren Tod im Hospiz verbrachte, von der Sinnhaftigkeit dieser Einrichtung überzeugt: »Du lernst im Hospiz, dass der Tod zum Leben gehört, beide sind untrennbar miteinander verbunden. Warum sollten wir große Ängste davor haben? Sogar derjenige, der schwer krank ist, kann hier seine Angst vor der Endlichkeit verlieren. Auf einmal wirkt alles so normal.«

Ein Weg, um Berührungsängste abzubauen, liegt in der Öffentlichkeitsarbeit, so Peter Johannsen, der damals die Geschäfte im Hospiz Nordheide führt: »Wir haben den Auftrag, den Hospizgedanken in die Öffentlichkeit zu tragen. So entstand die Regel, dass ein bestimmter Prozentsatz – bei uns sind es 10 Prozent – über Spenden vom Träger selbst aufgebracht werden muss. Zu Beginn hat mich das fast ein bisschen geärgert, weil es ja ein großer Aufwand ist. Heute weiß ich, dass damit viel Raum für Engagement entsteht. Wenn Schulen und Sportvereine ihre Erlöse aus Veranstaltungen spenden oder Privatleute bei einer Feier zu unseren Gunsten auf Geschenke verzichten, profitieren wir zweifach: Wir erhalten Geld und Aufmerksamkeit. Hier im Landkreis denken sehr viele

Menschen immer wieder ans Hospiz, und dies hat zur Folge, dass das Thema Sterben in der Bevölkerung automatisch präsenter wird.«

Endstation mit Notausstieg

Steigendes Bewusstsein für das Hospiz führt dazu, dass man sich frühzeitig mit dem Gedanken beschäftigen sollte, denn einen Platz bekommt man meist nur über eine Warteliste. Die bewusst wenigen Zimmer – in der Nordheide sind es zwölf – sind rar und begehrt. Ein Beispiel: In einer Großstadt wie München kommen auf 1,5 Millionen Einwohner gerade mal 28 Hospizplätze (Stand 2024). Erforderlich für die Aufnahme ist eine entsprechende medizinische Indikation. Wie auf der Palliativstation reicht »Sterben« allein nicht aus. Zu über 90 Prozent werden die Räume von Gästen mit Krebserkrankungen bezogen, der übrige Teil sind solche mit Herz-Kreislauf- oder neurologischen Erkrankungen. Die größte Altersgruppe liegt zwischen 50 und 70, die Altersspanne zwischen Mitte 20 und Ende 90.

Selbst wenn es für die Mehrheit der Gäste der letzte Aufenthaltsort sein wird, besitzt jeder Gast die Freiheit, ihn wieder zu verlassen. Das, so Sonja Euhus, stell-

Das Hospiz Nordheide – Impressionen.

vertretende Pflegedienstleitung im Hospiz Nordheide, sei ein wichtiges Thema. Allerdings, so die Krankenschwester weiter: »Das kommt in der Realität vielleicht bei zwei Gästen im Jahr vor. Manche gehen unfreiwillig, weil ihre Bewilligung durch die Krankenkasse abgelaufen ist. Der längste Aufenthalt wurde von der Krankenkasse für mehr als ein Dreivierteljahr bewilligt.«

Eine einheitliche Regelung für die Aufenthaltsdauer im Hospiz existiert nicht – das wird von Kasse zu Kasse unterschiedlich gehandhabt. Spätestens nach drei Monaten, oft jedoch früher, muss der Aufenthalt erneut autorisiert werden. Im Durchschnitt beläuft er sich auf drei bis vier Wochen, manchmal sind es nur wenige Tage oder Stunden. Mitbringen darf man nicht alles, aber doch einiges. Die Zimmer sind großzügig geschnitten, mit eigenem Bad. Freunde und Angehörige dürfen mit im Zimmer oder in einem Besucherzimmer übernachten. Selbst Tiere sind willkommen, wenn sich andere Gäste nicht gestört fühlen.

»EINE PRAKTIKANTIN IM HOSPIZ FRAGTE MICH: ›WARUM HEULST DU SO?‹ ICH SAGTE: ›WEIL ICH FROH BIN, DASS WIR ENDLICH BEI EUCH SEIN DÜRFEN. ICH HABE SO LANGE AUF DIESEN TAG GEWARTET!‹«

Greta Rose

Ärztliche Versorgung im Hospiz

Sie wird in der Regel von Hausärztinnen und Hausärzten geleistet. Häufig gibt es eine enge Zusammenarbeit mit darauf spezialisierten Hausärzten, die regelmäßig nach ihren Patienten sehen. Durch die extrem selbstständige Arbeitsweise der Pflegenden ist aber keine hohe Arztpräsenz mit täglichen Visiten notwendig. Wichtiger ist ein breiter Bedarfsmedikationsplan, sodass in jeder Situation eine sichere Handlungsfähigkeit der Versorgenden möglich ist. Sofern bei einem Umzug ins Hospiz ein nochmaliger Arztwechsel als belastend empfunden wird, betreuen einige Hausärzte den Patienten im Hospiz mit. Bei den anderen können im Ausnahmefall Ärztinnen der Spezialisierten Ambulanten Palliativversorgung die hausärztliche Betreuung mit übernehmen.

Fünf Tage begleitete Greta ihre Freundin Steffi auf deren letztem Weg. Eine bereichernde Zeit, die sie veränderte: »Wenn ich es mir wünschen dürfte, würde ich ebenfalls ins Hospiz gehen, aber rechtzeitig. Dort kannst du dich auf das, was kommt, einstellen. Du bist umgeben von Menschen, die du jederzeit ansprechen kannst, die tatsächlich Zeit haben. Es ist nicht so wie im Krankenhaus, wo du das Gefühl hast, du störst. Wenn du traurig bist und weinen musst und du gehst raus auf den Gang, bist du keine zwei Sekunden allein, wenn du es nicht willst. Komischerweise spüren die Mitarbeiter das; ich weiß nicht, wie, aber sie wussten immer ganz genau, wann sie uns allein lassen mussten und wann nicht. Es ist einfach ein herzlicher, warmer Ort. Alle denken immer, das ist ein Haus, in dem gestorben wird. Na klar wird in dem Haus gestorben! Aber du kannst hier das Leben so intensiv spüren wie nirgendwo sonst.«

So begeistert Greta von der Einrichtung eines Hospizes ist – tief in ihrem Herzen hegt sie dennoch einen Wunsch: »Klar wäre es mein Traum, zu Hause zu sterben, wenn es so weit ist! Da habe ich gelebt und da möchte ich auch sterben. Aber ich fürchte, in der heutigen Zeit ist der Tod so aus dem Leben gerückt, dass zu große Ängste vorherrschen, dass viele denken: ›Nein, das kann ich nicht, das ist ja alles furchtbar!‹ Ich glaube, es gibt nur wenige Menschen, die dem entspannt entgegenblicken, weil sie den Tod Angehöriger in ihrem eigenen Heim erlebt haben.«

Greta an dem Bett, in dem ihre Freundin Steffi starb.

»Steffi hat Frieden mit sich und der Welt gemacht«

Ein Gespräch mit Greta Rose, die die letzten Tage ihrer Freundin Steffi mit ihr im Hospiz verbrachte

Du hast deine Freundin sehr eng begleitet und lange auf den Schritt, ins Hospiz zu gehen, hingearbeitet. Wie war es, als ihr wirklich dort angekommen seid?
Ich war fürchterlich aufgeregt bis zuletzt, weil ich Sorge hatte, dass es nicht mehr klappt. Ich spürte ja, dass das Zeitfenster sehr eng war. Und dann war die Ankunft einfach nur lustig! Ich hatte vorher angerufen, weil wir einen Rollstuhl brauchten; Steffi konnte ja nicht mehr laufen. Also erwartete uns schon ein gut aussehender junger Mann namens Timo mit Rollstuhl. Man muss wissen, dass es Steffi die ganzen Monate zuvor ein absoluter Graus war, sich von »Fremden« anfassen zu lassen. Sie machte dort die Autotür auf, und ich sagte: »Ich hole dich nicht da raus; wir haben drei Stunden gebraucht, um dich reinzuhieven! Hier sind Menschen, die können das, du brauchst keine Angst zu haben.« Steffi schaute Timo an und sagte lachend: »Was 'ne geile Sau!« Worauf Timo antwortete: »Ja, mein Schatz, ich bin hier für die heißen Ladys abgestellt. Ich muss immer die tollen jungen Frauen in Empfang nehmen!« Da wusste ich, dass wir alles richtig gemacht hatten.

Damit hattest du sozusagen schon auf dem Parkplatz die Pflegeverantwortung abgegeben?
Ja, Timo durfte alles, was sonst wir gemacht hatten. Er hob Steffi aus dem Auto, und innerhalb von Sekunden saß sie gänzlich ohne Schmerzen im Rollstuhl. Endlich war da einer, der wusste sie anzufassen, ohne ihr weh-

zutun. Bei uns hat sie bei der kleinsten Berührung angefangen zu weinen, weil ihr Körper ja nur noch Schmerz war. Als ich den Rollstuhl schieben wollte, schritt Steffi lachend ein: »Nein! Also mal ehrlich, wenn ich mit Timo fahren kann, fahre ich doch nicht mit dir!« Dann hat er ihr alles gezeigt und etwas zu essen geholt. Als Steffi bat: »Ich hätte gerne Fanta!«, stellte er alles Mögliche auf den Tisch: Fanta, Cola, Sprite, Bier, Wasser, Kaffee, Tee … Ich war furchtbar erleichtert, musste aber am ersten Tag auch viel heulen, weil ich einfach so froh war, dass wir es geschafft hatten und bei Steffi ein wahnsinniger Prozess stattfand.

Wie veränderte sich Steffi an diesem Tag?
Sie war locker, entspannt, sie fühlte sich supergut aufgehoben. Sie musste nicht mehr irgendeinen Schein wahren, sondern konnte einfach nur sie selbst sein. Sie konnte akzeptieren, dass es nur noch um sie ging, um niemand anderen mehr. Nicht um ihren kleinen Sohn, um den man sich kümmern musste, es gab keinen Alltag mehr, der bestritten werden musste, nichts, was noch hätte organisiert werden müssen mit ihrem Mann oder ihren Eltern. Sie allein war der Mittelpunkt.
Man kann es ein »Ankommen« nennen, sie strahlte aus: »Hier bin ich richtig. Hier kann ich mich gehen lassen. Hier können die Dinge so laufen, wie ich mir das vorstelle.«

Woran glaubst du liegt dieses Loslassenkönnen?
Die Menschen im Hospiz vermitteln einem sofort das Gefühl des Zu-Hause-Seins. Man fühlt sich nicht fremd. Es arbeiten dort so tolle Menschen, die dich einfach mal so drücken, nebenbei, ganz selbstverständlich. Alle Last der letzten eineinhalb Jahre fiel einfach ab, von Steffi, von mir. Das spürte ich auch bei Steffis Ehemann, dem schien ebenfalls eine Bürde von den Schultern genommen zu sein. Er wusste: Auch er kann hier sein, wie er ist. Er kann sich zurückziehen, er findet Menschen, mit denen er reden kann, hier wird auch ihm geholfen.

Wie ging es weiter in den nächsten Tagen?

Die erste Nacht habe ich auf dem Gästebett bei Steffi und ihrem Mann im Raum geschlafen. Als sie am nächsten Morgen aufwachte, fragte sie: »Greta, bist du da?« Ich antwortete: »Klar, wo soll ich sonst sein?« Darauf meinte sie: »Du musst mich noch einmal schön machen!« Ich fragte: »Wieso?« Steffis Antwort: »Wieso?! Ist doch ganz klar, weil ich heute Hochzeitstag habe!«
Das stimmte natürlich nicht, aber die Hospizschwester, die im Zimmer war, sagte: »Ja, Steffi, du hast ab heute jeden Tag Hochzeitstag! Was willst du denn anziehen?« Steffi hatte mittlerweile sehr empfindliche Beine, wollte aber dennoch eine Strumpfhose anziehen und einen Minirock. Also haben wir ihr zu viert innerhalb von zwei Stunden diese Strumpfhose angezogen, sie hat sehr geweint zwischendurch, doch sie wollte es unbedingt. An diesem Tag stand Hühnchenbrust mit Festtagsgemüse auf dem Menüplan – da musste ich ziemlich lachen, das hat so gepasst! Das war übrigens das letzte Essen, das Steffi so richtig zu sich nehmen konnte.
Ich bin dann ins Gästezimmer gezogen, ich hatte das Gefühl, die Eheleute brauchten jetzt Zeit für sich. Die zwei haben viel gekuschelt, Händchen gehalten, er hat ihr Gesicht gewaschen, ihr zu trinken gegeben. Es mag sich komisch anhören, aber ich hatte das Gefühl, dass es beide sehr genossen haben. Es war eine wertvolle Zeit, in der beide mit Hochachtung Abschied voneinander nehmen konnten – Steffi sagte oft: »Es ist so schön!«

Wie hast du Steffis Sterben erlebt?

Für mich hatte Steffi einen schönen Sterbeprozess, sofern man das von außen beurteilen kann. Würdevoll und friedlich, in harmonischer, aufgefangener Atmosphäre. Zu keiner Zeit für uns Begleitende mit Angst besetzt, denn wir waren nie allein. Als klar wurde, Steffi würde bald sterben, waren ab da immer zwei Schwestern in der Nähe, auch nachts. In der ersten Nacht hatte nur eine Dienst, was mich sehr belastet hat, denn ich dachte: »Wie soll das gehen? Wenn jetzt was passiert, dann ist da nur eine Schwester, die auch noch für elf andere zuständig ist!« Weil ich mir Sterben ganz anders vorgestellt habe.

Ich dachte, da brauchen wir jemanden. Aber wenn wir jemanden gebraucht haben, waren sie immer ganz dezent in der Nähe.

Wie ist das heute für dich, dass du deine beste Freundin bis in den Tod begleitet hast?

Das ist ein großes Geschenk. Das größte, das mir jemals jemand gemacht hat. Im Sterben siehst du den Menschen ganz, da gibt es keine Maske mehr, du erlebst ihn in seinem puren Sein. Da kann man nichts vorspielen, man ist absolut echt. Aber es ängstigt dich nicht. Vorher hatte ich gedacht: »Ich werde furchtbare Angst haben, der Prozess wird mit so viel Schmerzen seelischer Natur verbunden sein, das halte ich nie aus!« Doch dann war alles ganz ruhig und still und ergreifend.

In der Nacht bevor Steffi gestorben ist, hat sie sich bei mir bedankt, »fünfhunderttausendmillionen Mal«, wie sie sagte. Ich antwortete ihr, dass ich mich niemals würde bei ihr bedanken können für das, was sie mir gegeben hat, weil es so tiefgreifend ist. Dann habe ich keine Worte mehr gefunden. Und Steffi hat mich angeguckt und gesagt: »Ich sterbe doch nur, ich habe doch gar nichts gemacht.«

Was kannst du aus deiner Erfahrung Menschen raten, die in der gleichen Situation sind wie deine Freundin und du?

Wer Angst vor dem Sterben hat und fürchtet, es nicht allein tragen zu können, dem würde ich auf alle Fälle raten: Schaut euch ein Hospiz an! Ihr werdet dieselbe Erfahrung machen wie ich. Ich habe mit vielen in diesen fünf Tagen gesprochen. Das waren sehr unterschiedliche Menschen, und wirklich alle haben die gleiche Erfahrung gemacht: Es fällt eine große Last von einem ab. Natürlich ist es erst mal schlimm! Es ist der letzte Umzug! Doch spüren alle diesen tiefen Frieden.

Ich kann nur empfehlen: Gebt dem Hospiz eine Chance. Und wartet nicht zu lange. Wäre Steffi früher dort eingezogen, hätte sie noch viel mehr positive Lebenszeit gehabt.

Daheim heimgehen

Zu Hause sterben – eine tröstliche, geradezu schöne Vorstellung. In der vertrauten Umgebung. Im eigenen Bett. Alle sind anwesend, die Stimmung zwar ernst, aber gleichzeitig ruhig, alles ist gesagt und getan. Jetzt kann er kommen, der Tod.

Romantisch? Unrealistisch? Unerfüllbar? Ein sicher stark idealisiertes Bild, das zunächst als Schwärmerei abgetan werden kann. Doch genau dies ist erreichbar. Allerdings ist eine große Menge an Vorarbeit vonnöten – und zwar von allen in einen Sterbeprozess involvierten Menschen. Je mehr auf dem Weg zum letzten Moment geklärt wurde, je besser alle vorbereitet sind, desto weniger muss »auf den letzten Metern« erledigt werden. Versucht man, sich davor zu drücken, kann es passieren, dass man von dem einen oder anderen Ungeklärten eingeholt wird.

Zunächst einmal müssen sich alle sehr ehrlich darüber klar werden, ob sie den Herausforderungen gewachsen sind. Für den sterbenden Menschen heißt das, sich aufrichtig zu fragen, wen er überhaupt bei sich haben möchte. Will er, dass sein engstes Umfeld alles sieht, was jetzt kommen kann? Dass andere vielleicht seine Schmerzen und seine Ängste miterleben müssen? Kann er durch die Zunahme an Pflegebedürftigkeit zulassen, dass Partnerin, Partner oder die eigenen Kinder den Verlust seiner Selbstständigkeit ausgleichen müssen? Dass sie den Sterbenden waschen, eincremen, anziehen, füttern, zur Toilette begleiten? Ist er bereit, möglicherweise eine neue Rollenverteilung zu akzeptieren, in der er seine frühere Selbstbestimmtheit aufgeben muss, weil andere jetzt bestimmen werden, was »gut« für ihn ist und was unternommen werden soll?

»ICH HÄTTE NIE GEDACHT, WAS ICH FÜR PFLEGERISCHE AUFGABEN ERLEDIGEN KÖNNTE. NICHTS DAVON WAR VORHER VORSTELLBAR FÜR MICH.«

Barbara T., 62, die ihre Mutter in deren letzten Monaten pflegte

Mit derselben Offenheit sollten die pflegenden Angehörigen ihre Haltung überdenken: Was können sie alles aushalten? Sind sie auch über einen längeren, unabsehbaren Zeitraum belastbar? Haben sie Angst vor der direkten Begegnung mit dem Tod, vielleicht auch, weil sie so ebenfalls mit ihrer eigenen Endlichkeit konfrontiert werden? Wie viel Überwindung kostet es, den Partner,

ERSTE ORIENTIERUNG

Persönliche Fragen der Sterbenden oder des Sterbenden an sich selbst, die ehrliche Antworten erfordern

- Wie ist mein Verhältnis zu meinen Angehörigen?
- Existieren belastende Konflikte, die nie geklärt wurden?
- Vertraue ich meiner Familie in allen Belangen?
- Kann ich mein Schamgefühl, meine Hemmungen überwinden, wenn es um intime pflegerische Tätigkeiten geht?
- Kann ich meine Wünsche und Bedürfnisse ehrlich äußern, selbst wenn ich Gefahr laufe, andere dadurch zu verletzen?

die Freundin, einen Elternteil zu pflegen? Ist man in der Lage, gegebenenfalls selbst Medikamente zu spritzen? Traut man sich zu, rechtzeitig Nein zu sagen, wenn man an seine Grenzen stößt? Und wen kann man um Hilfe bitten, wenn man feststellt, dass man sie an der einen oder anderen Stelle benötigen würde?

Wie viele Pflegepersonen braucht ein sterbender Mensch?

Grundsätzlich kann man sagen: Je mehr Menschen für die verbleibende Zeit zu Hause zur Verfügung stehen, desto besser – vorausgesetzt, alle ziehen am selben Strang. So kann man sich abwechseln in der Pflege, der Betreuung und den Wachen am Bett des Sterbenden, die speziell in der Endphase natürlich an Bedeutung gewinnen.

Der Zeitaufwand, den die Koordination mit Ärzten und Ärztinnen, den ambulanten Diensten, den Behörden wie dem Medizinischen Dienst und den Krankenkassen mit sich bringt, ist nicht zu unterschätzen. Ebenso können spontane Einkäufe in Drogerie und Medizinfachhandel sowie eine unmittelbare Fahrt zur Apotheke nötig sein, weil sich der Zustand verschlechtert und entsprechende Utensilien und Medikamente gebraucht werden. Kurzum: Ein Mensch kann diese Aufgabe praktisch nicht allein bewältigen.

Abschied von alten Rollen

Insbesondere der Verlust der Intimsphäre ist für alle Beteiligten ein heikler Einschnitt. Sich von seinen erwachsenen Kindern nach dem Stuhlgang gründlich säubern lassen? Seinem eigenen Vater den Penis waschen? Wer noch nie in der Situation war, mag spontan gedanklich »Niemals!« rufen. Und doch schafft man wesentlich mehr, als man zunächst vermutet. Wie so oft im Leben ist die Pflege ein Prozess, in den alle hineinwachsen. Schließlich verlieren Patienten auf dem letzten Weg sukzessive an Kraft und sind mehr und mehr auf die Hilfe anderer angewiesen.

Die gedankliche Nähe zur Geburt zeigt sich hier wieder: Es kann passieren, dass der Mensch sich am Ende des Lebens in seinen Fähigkeiten wieder zum Kleinkind entwickelt. Dass er gefüttert, gewaschen und bekleidet werden muss, manchmal sogar gewindelt. Damit er hierbei so liebevoll umsorgt wird wie ein Baby, müssen alle lernen, diese Rollenumkehrung zu akzeptieren.

Wem das nicht gelingt, für den kann es kompliziert werden, so Prof. Feddersen: »Wer nicht in diesen Rollenwechsel hineinwächst, den stellt die Pflege daheim auf eine harte Probe. Wenn der gestandene Banker es nicht bewerkstelligen kann, jemandem auch nur den Mund abzuwischen, wie soll er seine Frau dann nachts versorgen, wenn sie auf die Toilette muss? Wenn er nicht weiß, wie und wo er sie anfassen muss, damit er ihr nicht wehtut, wie soll er sie nachts drehen, damit sie sich nicht wund liegt? Auf den Angehörigen lastet ein Hauptteil der Aufgaben, sie nehmen die wichtigste Rolle ein. Wenn die Familie es nicht schafft, jemanden zu Hause zu pflegen, dann wird es schwierig mit dem eigenen Heim als Sterbeort – es sei denn, man hat rund um die Uhr eine Pflegekraft, und das muss man sich leisten können.«

> »ZWEI ECKPUNKTE IM LEBEN: GEBOREN WERDEN UND STERBEN. UND BEIDE HABEN VIEL MITEINANDER ZU TUN. FÜR MICH IST ES EINE PASSENDE VORSTELLUNG, DASS SICH DAMIT EIN KREIS SCHLIESST.«
>
> Prof. Berend Feddersen

Weg ohne Wendemöglichkeit

Maria Lehner, die ihre Mutter bis in den Tod daheim betreute, empfindet diese Erfahrung als ungemein wertvoll. Dennoch rät sie jedem, sich diesen Schritt gründlich zu überlegen: »Man muss sich sicher sein, ob man das wirklich will, denn abbrechen kann man diesen Weg nicht. Das käme einer Totalniederlage gleich, sowohl für die Betroffene oder den Betroffenen als auch für die Pflegende. Der eine hätte das Gefühl, er wäre verstoßen worden, und die andere, sie hätte komplett versagt. Ich bin mir sicher, dass sich so ein Eindruck eingraben würde, genauso wie jetzt die positive Erfahrung für mich Bestand hat.«

Wo man Hilfe findet – Pflegedienste

Das Netz an mobilen Pflegediensten ist groß; hier erhält man Unterstützung bei allen pflegerischen Tätigkeiten. Von Waschen, Lagern, Bekleiden, Nahrungszubereitung und Toilettengang bis hin zu Medikamentengabe und medizinischer Versorgung etwa eines Dekubitus (ein Geschwür, das sich durch Wundliegen bilden kann) – der Leistungskatalog eines Pflegeunternehmens ist breit gefächert und wird in einzelnen Positionen abgerechnet. Je nachdem, ob für den zu Pflegenden ein vom Medizinischen Dienst begutachteter und bewilligter Pflegegrad bescheinigt ist, steht ein entsprechender Zuschuss zur Verfügung.

In Deutschland gibt es derzeit vier Pflegegrade, von Pflegegrad 1 bis 4. Die Beantragung des Pflegegrades läuft über die Krankenkassen; Sie können den Antrag bei der Pflegekasse telefonisch stellen, dann können Sie aber nicht nachweisen, wann Sie ihn gestellt haben. Besser ist es daher, den Antrag per Fax oder Mail zu schicken: Der bewilligter Pflegegrad gilt rückwirkend ab dem Tag der Antragstellung.

Günstig ist es, im Antrag die »Kombinationsleistung« anzukreuzen. Der Hintergrund: Für bestimmte Aufgaben bekommt der Pflegedienst Geld von der Pflegekasse. Sofern der zur Verfügung stehende Rahmen des Bezugs aber nicht ausgeschöpft wird, kann der restliche Anteil an die Angehörigen, die ja die Pflege leisten, wenn der Pflegedienst nicht da ist (Hilfe beim Anziehen, Toilettengang, Waschen, Unterstützung beim Essen), ausbezahlt werden. Für Familien mit wenig finanziellem Spielraum kann das sogar solch eine Wichtigkeit bekommen, dass man aus finanziellen Gründen einen Pflegedienst ablehnt, da das Geld aus der Pflege im eigenen Haushaltsbudget unabdingbar ist.

Sinnvoll für die Zeit der Pflege kann eine Haushaltshilfe sein, denn der Bedarf an hauswirtschaftlichen Tätigkeiten erhöht sich in den meisten Fällen. Hierzu zählt die Zubereitung von Speisen, die vielleicht püriert werden müssen oder mehrmals am Tag und vielleicht zu ungewöhnlichen Zeiten gewünscht werden, weil jemand plötzlich mitten in der Nacht Appetit bekommt. Es kann sein, dass vermehrt Wäsche zu wechseln ist, sollten Harn- oder Stuhlinkontinenz oder Erbrechen auftreten. Im Haus ist oft Besuch, vielleicht sogar unangekündigt, sodass eine geordnete und saubere Umgebung wünschenswert ist. Badezimmer und WC werden möglicherweise von unterschiedlichen Menschen benutzt, etwa Angehörigen, Besucher*innen, Medizin- und Pflegepersonal; daher ist hier tägliche Reinigung und gegebenenfalls Desinfektion angezeigt. All diese Tätigkeiten sind in der Phase, in der sich ein sterbender Mensch im Haus befindet, für die Angehörigen und/oder Freunde von geringerer Priorität, denn man möchte ja so viel Zeit wie möglich miteinander verbringen. Es ist also überlegenswert, sich hierfür Unterstützung von außen zu holen. Angebote und Informationen gibt es dazu teilweise von Nachbarschaftshilfen, Sozialstationen oder Pflegediensten. Die Bezahlung muss meist selbst geschultert werden.

Ehrenamtliche Helfer

Ebenfalls eine große Entlastung können ehrenamtliche Besuchsdienste sein, wie sie Nachbarschaftshilfen oder Hospizvereine anbieten. Gerade für eine durchgehende Betreuung, die ab einem gewissen Zeitpunkt nötig ist, sollte man sich Beistand holen, sofern die Betreuung zeitlich nicht komplett von der Familie oder Freundinnen und Freunden abgedeckt werden kann. Und wenn es nur die Stunde zum Einkaufen, für den Gang zur Apotheke oder ins Sanitätshaus ist, die man durch den Helfer gewinnt, weil dieser zu Hause parat steht.

Örtliche Hospizvereine bieten ein umfassendes Spektrum an ehrenamtlichen Tätigkeiten durch geschulte Hospizbegleiter in der Sterbephase an, deren Bereitschaft, ihre Erfahrung zu teilen, die Situation erleichtern kann. Dabei wird in einem Erstgespräch anhand von Bedürfnissen und Verfügbarkeit geklärt, welcher Hospizhelfer oder welche Hospizhelferin am besten passen würde. Denn es kommt immer derselbe Hospizhelfer, meist für einige Stunden einmal die Woche, und das bis in die Trauerphase hinein.

GUT ZU WISSEN
Ambulante Einrichtungen

Eine Palliativambulanz ...

... richtet sich an Patienten mit palliativmedizinischen Bedürfnissen bzw. Symptomen. Der Kontakt kann schon sehr früh erfolgen, z. B. bei Diagnose einer unheilbaren Erkrankung. Wenn im Verlauf eine Kontrolluntersuchung beim jeweiligen Spezialisten ansteht, kann ein zusätzlicher Termin bei dem oder der Palliativspezialisten*in vereinbart werden, mit der oder dem an einer verbesserten Symptomkontrolle gearbeitet werden kann. Geplante Therapien können mit dem Palliativmediziner aus einem anderen Blickwinkel besprochen werden, Pflegende und Sozialarbeiter*innen können bei Bedarf in spezifischen Fragen unterstützen.

Dauer der Versorgung Sie kann relativ lang sein. Wenn bei fortschreitender Erkrankung ein Transport in die Klinik sehr belastend wird, können ambulante aufsuchende Dienste wie die Allgemeine Ambulante oder Spezialisierte Ambulante Palliativversorgung (AAPV und SAPV) die Weiterversorgung übernehmen.

Wie kann die Versorgung organisiert werden? Die Anmeldung erfolgt mit Überweisung des Hausarztes.

Wer kommt für die Kosten auf? Die Krankenkassen

Die Allgemeine Ambulante Palliativversorgung (AAPV) ist ...

... eine Palliativversorgung, die in erster Linie von niedergelassenen Hausärztinnen zusammen mit ambulanten Pflegediensten geleistet wird. Über einen Hospizverein ist eine palliativ geschulte Pflegekraft in die Koordination mit eingebunden. Diese pflegt Kontakt zur Patientin oder zum Patienten je nach Bedarf. Ziel ist, Lebensqualität und Selbstbestimmung von Palliativpatient*innen so weit wie möglich zu erhalten, zu fördern und zu verbessern und ihnen somit ein menschenwürdiges Leben bis zum Tod in ihrer gewohnten Umgebung zu bieten. Der Großteil der Palliativpatient*innen, die medizinische und pflegerische Versorgung benötigen, kann so ausreichend versorgt werden. Geschulte ehrenamtliche Hospizmitarbeiter werden je nach Wunsch aktiv eingebunden.

Dauer der Versorgung Eine Einbindung sollte möglichst früh erfolgen, spätestens nach Diagnose einer lebenslimitierenden Erkrankung, um Hausarzt und Pflegedienst in palliativmedizinischen Fragen zu unterstützen. Sollten die Symptome komplexer werden und der Versorgungsaufwand steigen, kann auch zu einem späteren Zeitpunkt eine Spezialisierte Ambulante Palliativversorgung organisiert werden.
Wie kann die Versorgung organisiert werden? Über den Hausarzt/die Hausärztin oder lokale Hospizvereine
Wer kommt für die Kosten auf? Die Krankenkassen

Die Spezialisierte Ambulante Palliativversorgung (SAPV) ist …
… eine Versorgung von Schwersterkrankten und deren Angehörigen in ihrem eigenen sozialen Umfeld. Die SAPV leistet zu Hause eine spezialisierte Versorgung bei Patient*innen und deren Angehörigen durch ein multiprofessionelles Team bei besonders komplexen und schwierigen palliativmedizinischen Symptomen oder Situationen am Lebensende. Das Team besteht aus Pflegenden, Sozialarbeitern, Psychologinnen, Seelsorgern und Ärztinnen. Die Arbeit beinhaltet spezialisierte palliativärztliche und -pflegerische Beratung einschließlich der Koordination von Versorgungsleistungen bis hin zum individuellen Unterstützungsmanagement. Die Pflege selbst erfolgt, wenn notwendig, durch einen Pflegedienst. Für Patient*innen und Angehörige ist das »Sicherheitsversprechen« einer der wichtigsten Aspekte: Es soll gewährleisten, dass mittels 24-stündiger Rufbereitschaft ein Ansprechpartner telefonisch erreichbar ist, der den Patienten kennt und zu ihm nach Hause kommt, falls notwendig. Somit werden Noteinsätze und Krankenhauseinweisungen vermieden, die nicht im Sinne der Erkrankten wären.
Dauer der Versorgung Sie beträgt im Schnitt vier Wochen, kann aber stark variieren. Ziel ist, ein würdevolles Sterben zu Hause zu ermöglichen.
Wie kann die Versorgung organisiert werden? Die Anmeldung erfolgt über den Hausarzt, eine Fachärztin, das Krankenhaus, den Patienten selbst oder eine Angehörige. Eine Verordnung muss vom Patienten, dessen Hausarzt und dem SAPV-Team unterschrieben werden, bevor sie bei der Krankenkasse eingereicht wird.
Wer kommt für die Kosten auf? Die Krankenkassen

Spezialisten für spezielle Fälle

Um zu Hause sterben zu können, bedarf es nicht zwingend der hoch spezialisierten Versorgung durch ein SAPV-Team. Man kann das – je nach medizinischer Situation – durchaus gemeinsam mit einem niedergelassenen Hausarzt, einem ambulanten Pflegedienst und der Unterstützung durch ehrenamtliche Hospizmitarbeiterinnen und -mitarbeiter schultern. Das SAPV-Team wird dann ins Boot geholt, wenn Komplikationen drohen, die mit einer Versorgung durch die Hausärztin nicht mehr in den Griff zu bekommen sind, etwa:

- Starke Schmerzen oder andere Symptome, die nicht nur bestimmte Medikamente, sondern auch eine Medikamentenpumpe erfordern
- Wenn zu Hause in regelmäßigen Abständen Bauch- oder Lungenwasser abgelassen werden muss
- Wenn es zu starker Verwirrtheit mit zum Teil aggressivem Verhalten kommt
- Wenn die pflegenden Angehörigen psychisch an ihre Grenzen kommen und die Situation zu Hause nur noch schwer ertragen

Das SAPV-Team besteht daher nicht nur aus rein medizinischen Mitarbeiterinnen und Mitarbeitern, sondern ist multiprofessionell zusammengesetzt: Therapeut*innen, Seelsorger*innen, Psycholog*innen und Sozialarbeiter*innen kommen ebenfalls zu Hausbesuchen und erweitern so das Spektrum an Hilfsleistungen für Betroffene in sehr schwierigen Verhältnissen.

Netzwerkpartner des Palliative-Care-Teams

Psychologe*in Führt Gespräche mit Patient*innen und Angehörigen und trägt somit zur Entlastung bei. Ermöglicht dabei neue Blickrichtungen und die Stärkung der einzelnen Familienmitglieder.

Apotheker*in Berät das Team in pharmazeutischen Fragestellungen, speziell nach möglichen Medikamenteninteraktionen, alternativen Applikationsarten und die Verträglichkeit einzelner Medikamente miteinander in Mischpumpen.

Atemtherapeut*in Lindert durch eine Körper-Geist-Anwendung Atemnot und andere belastende Symptome. Ermöglicht das individuelle Erarbeiten innerer Rückzugsmöglichkeiten.

Hausarzt oder Hausärztin Stellt die Verordnung aus, wird in die weitere Therapie mit einbezogen und von palliativmedizinischer Seite unterstützt.

Pflegedienst Führt die notwendigen Pflegeleistungen am Patienten durch, wie z. B. Körperpflege oder Medikamentenabgabe. Dabei wird stets versucht, eine »Bezugspflege« zu gewährleisten, bei der möglichst immer dieselbe Pflegekraft zuständig ist.
Physio-/Ergotherapeut*in Strebt bei fortschreitender Erkrankung eine Erhaltung der Alltagsfunktionen an. Ödeme etwa lassen sich durch manuelle Lymphdrainage effektiv vermindern. Massagen und physikalische Anwendungen können Symptome lindern. Das Ziel eines »Muskelaufbaus«, um wieder »zu Kräften zu kommen«, ist meist unrealistisch und nicht zielführend.
Pumpendienst Organisiert und koordiniert Medikamentenpumpen, wenn der Patient z. B. nicht mehr schlucken kann. Die Gabe kann über den Port oder über eine subkutane Gabe (unter die Haut) erfolgen. Angehörige und Pflegedienste werden in der Handhabung geschult.
Sanitätshaus Stellt erforderliche Hilfsmittel bereit, die ein Verbleiben zu Hause erst ermöglichen, wie beispielsweise Pflegebett, Toilettenstuhl und Badewannenhilfen.
Hospizverein Ermöglicht durch den Einsatz von ehrenamtlichen Hospizhelfern, dass Angehörige wieder Freiräume erhalten, indem sie den Patienten oder die Patientin z. B. regelmäßig besuchen.
Facharzt oder Fachärztin Wird bei speziellen Fragestellungen kontaktiert, um fachspezifische Therapien abzuwägen oder durchzuführen.
Religionsvertreter*innen Unterstützen Patient*innen und Angehörige in seelischen Belangen und Fragestellungen. Zum Teil gibt es hier natürlich Kontakte, die bereits bestehen oder wieder aktiviert werden können. Wenn nicht, können solche Kontakte auch vom Palliativteam hergestellt werden, unabhängig von der jeweiligen Religionszugehörigkeit.

Die Dame »Charly«

Die Historikerin Dr. Maria Lehner lebt mit ihrem Mann und zwei Hunden in einem gemütlichen Haus in einer ruhigen Wohngegend im Münchner Süden, bis Anfang des Jahres 2014 gemeinsam mit ihrer Mutter Charlotte Helbig, 89. Frau Lehner nennt sie nur »Charly«: »So hieß sie sehr lange, eigentlich seit meiner Jugend. Sie war nie so eine typische ›Mutter‹-Mutter, hatte immer gerne junge Leute um sich, und wenn Freunde im Haus waren, hieß es nicht ›deine Mama‹, sondern das war ›die Charlotte‹. Irgendwann wurde Charly daraus, und plötzlich haben alle Charly zu ihr gesagt.«

Seit Charlotte Helbig 85 ist, leidet sie an einem Multiplen Myelom, einer Art Blutkrebs. Sie ist medikamentös gut gegen ihre Schmerzen eingestellt, bis sie eines Morgens ihre Tochter zu sich ruft, wie sich Maria Lehner erinnert: »Es war morgens um halb sechs, und sie meinte: ›So eine Nacht mache ich nicht mehr mit!‹ Die Schmerzen waren einfach unerträglich. Meine Mutter lag schon einmal auf der Palliativstation, und ich hätte sie wieder dorthin gebracht, doch es hieß, eine Aufnahme sei erst wieder in einigen Tagen möglich. Stattdessen gab man uns den Tipp mit dem SAPV-Team.«

»ES IST SCHADE, DASS MAN ERST WIRKLICH HALB TOT SEIN MUSS, BIS SO EINE FORM DER BETREUUNG GREIFT.«

Maria Lehner

Ein Glücksfall, findet Frau Lehner. Denn nach einem Telefonat und dem Faxen der Befunde steht das Team bereits vor der Tür: »Ich war völlig von den Socken, wie rasant das insgesamt ging! Zum einen, wie schnell sie bei uns waren, zum anderen, in welcher Geschwindigkeit Notwendiges organisiert wurde. Das ging mit nur einem Anruf: ›Wir brauchen dies und jenes‹, dann wurde es kurze Zeit später geliefert. Wir hatten auch einen guten, netten Pflegedienst, auf den wir uns immer verlassen konnten. Dennoch: Die Verantwortung liegt letztlich bei einem selbst; und wenn man nicht vom Fach ist, kann das extrem belastend sein. Dafür hatte ich aber eine Telefonnummer mit Experten und Expertinnen, die man rund um die Uhr erreichen kann. Alles in allem war das so beruhigend!«

Charlotte Helbig wird sofort medikamentös umgestellt. Da das Tablettenschlucken zunehmend schwieriger für sie ist, wird über ein kleines Schläuchlein, das unter der Haut liegt, eine Schmerzpumpe angeschlossen. Das Unterhautfettgewebe gibt die Wirkstoffe an die Blutgefäße ab; so gelangen sie in den gesamten Körper, auch an die speziellen Rezeptoren im Gehirn. Ihre Tochter erhält eine Anleitung zur Bedienung der Pumpe sowie eine Telefonnummer, die sie zu jeder Zeit anrufen kann, sollte es Fragen oder Probleme geben. Die äußeren Faktoren sind nun geklärt – die Pflege bestreitet ein ambulanter Dienst, die medizinische Versorgung liegt in der Hand des SAPV-Teams.

Prof. Feddersen hat bei seinen Besuchen immer wieder konkrete Tipps, so Maria Lehner: »Er sagte beispielsweise: ›Geben Sie Ihrer Mutter nur, was sie will. Wenn sie nicht essen will, braucht sie nichts zu essen. Wenn sie nicht trinken will, trinkt sie nichts. Und wenn sie Wodka will, geben Sie ihr einen Wodka!‹ Er erklärte mir, dass wir noch Spielraum bei der Erhöhung der Medikamentendosen haben. Ich konnte mit ihm offen über meine Sorgen reden, etwa, dass etwas Unvorhergesehenes passieren könnte und wir sie doch noch ins Krankenhaus bringen müssten. Das wäre das Schrecklichste gewesen, in erster Linie für Charly, aber natürlich auch für uns!«

Das SAPV-Team ermöglicht die Begleitung in vertrauter Umgebung.

Charly Helbig wohnt im ausgebauten Dachgeschoss des Hauses. Hell und luftig ist es hier, alles offen, der gesamte Raum mit der hohen, spitzen Decke umfasst Küche, Sitzecke und eine Schlafnische. Von der breiten Fensterfront am Esstisch aus geht der Blick in den grünen, zugewachsenen Garten mit den hohen Tannen. Sie hat sich immer wohlgefühlt hier oben in ihrem Reich, doch jetzt verliert Charly Helbig täglich an Kraft, so ihre Tochter: »Sie artikulierte ganz klar, dass sie nicht mehr mochte. Zusehends wurde sie schwächer, am Ende wollte sie sich überhaupt nicht mehr ins Bett legen, aus Panik davor, nicht mehr selbstständig aufstehen zu können und am Ende bettlägerig zu werden. Also saß sie in ihrem Sessel, Tag und Nacht, und schlief sogar darin.«

Bis sie schließlich eine große Unruhe packt, eine Rastlosigkeit. Sie will weg, weiß aber nicht, wohin. Die Nervosität überträgt sich auf ihre Tochter Maria, die morgens ganz früh aus dem Schlaf hochfährt: »Es war gegen halb fünf, und ich wachte plötzlich auf. Ich bin gleich zu ihr hoch, sie war aus dem Sessel gekippt. Gemeinsam mit meinem Mann habe ich Charly mit Mühe und

Not zurückgehievt. Zwei Stunden saß ich bei ihr und habe sie festgehalten, damit sie nicht wieder aus dem Sessel fiel. Das war die Zeit, in der wir uns verabschiedet haben.«

Dass Charly gerne zu Hause sterben würde, war keine Frage. Pflegeheime kannte sie noch aus der Zeit, als sie dort als Fußpflegerin arbeitete. In der allerletzten Phase schließlich fragte Charlotte Helbig ihre Tochter, ob das Heim nicht doch eine Option wäre, doch die Tochter entgegnete: »›Charly, das ist keine gute Idee! Irgendwie packen wir das hier.‹ Wie hätte ich die alte, kranke Frau, die hier ihr ganzes Leben verbracht hat, irgendwohin abschieben können?«

»DAS PALLIATIVTEAM FRAGT EINEN ALS ANGEHÖRIGEN: ›WIE GEHT ES IHNEN DENN?‹, WAS MAN SONST EHER NICHT SO KENNT. DAFÜR IST MAN UNENDLICH DANKBAR!«

Maria Lehner über das SAPV-Team

Das Einzige, was für die 64-Jährige problematisch war, ist die ganz persönliche Perspektive: »Wenn man hautnah erlebt, wie jemand so abbaut, sieht man auch sein eigenes Ende vor sich, und das jeden Tag! Das ist natürlich belastend.« Möglicherweise liegt hierin für manche Angehörige der Grund, sich gegen die Pflege zu Hause zu entscheiden. Für Maria Lehner allerdings keine Sichtweise, die ihrem Charakter entspricht: »In dem Moment, in dem ich diese Zusammenhänge erkenne, kann ich sie doch nicht verdrängen! Nein, so bin ich nicht.«

Für Maria Lehner beinhaltet das Sterben ihrer Mutter zu Hause zahlreiche positive Aspekte, die sie nach deren Tod trösten: »Das Gefühl, alles richtig gemacht zu haben, erleichtert! Ich bin Charly nichts schuldig geblieben, sondern lebe mit der Sicherheit, mich anständig verhalten zu haben. Es lief gleichermaßen für uns beide gut: ganz in ihrem Sinne und stimmig für mich.« Unisono sei das die Erfahrung aller, mit denen sie seit dem Tod ihrer Mutter darüber ins Gespräch komme. Jeder, der einen lieben Menschen zu Hause begleitet habe, erzähle das Gleiche: »Alle würden es jederzeit wieder tun und sind in der gleichen Weise damit im Reinen. Und interessanterweise erzählt jeder genau dasselbe über den Verlauf, bis ins kleinste Detail.«

Diesen Aspekt kann Prof. Feddersen nur bestätigen: »Wir haben das Gefühl, dass es den Angehörigen auch in der Trauer hilft, diesen letzten großen Liebesdienst erwiesen zu haben. Trotzdem muss natürlich darauf geachtet werden, dass es zu keiner Überforderung kommt.«

Der Sterbeprozess

Wann beginnt das Sterben? Mit den letzten Atemzügen? Den letzten Tagen, in denen sich gewisse Vorboten zeigen können? Ab wann beginnt die Uhr, rückwärts zu ticken? In dem Moment, wenn die palliative Behandlung startet? Oder bereits an jenem Tag, an dem die Diagnose einer lebensbedrohlichen Erkrankung gestellt wird?

Angst vor dem Anfang des Endes

Wann jemand für sich erkennt, dass sein Sterbeprozess begonnen hat, mag in der persönlichen Perspektive liegen. Für Prof. Berend Feddersen spricht einiges dafür, dass sich das Sterben über einen längeren Zeitraum erstrecken kann: »Meiner Erfahrung nach spielt der Autonomieverlust eine wichtige Rolle. Schwerstkranke erleben z. B. den Moment, ab dem sie für alles auf die Hilfe anderer angewiesen sind, als einschneidend. Viele kommen mit ihrer Situation dann nicht mehr zurecht. Um es deutlich auszudrücken: Wenn man sich den Hintern nicht mehr selbst abputzen kann, kann das der Wendepunkt sein, ab dem das Leben nicht mehr lebenswert erscheint.«

Der Tag, den man fürchtet. So auch Luise, die ihren Alltag nun schon seit mehr als einem Jahr in der Gewissheit gestaltet, dass es für sie keine Heilung geben wird. Was, wenn dramatische Verschlechterungen eintreten? Neue, schreckliche Schmerzen drohen? Sie sagt dazu: »Schläuche am Körper zu haben, eine Magensonde gelegt zu bekommen, also in eine Situation zu geraten, unter der meine Lebensqualität massiv leidet – das wäre für mich der Horror.«

Luise hat vor einiger Zeit gesehen, wie es sein kann, wenn es so weit ist. Ihre Freundin Marie, 29, die sie im Krankenhaus kennengelernt hatte und die zu einer engen Vertrauten wurde, starb im Mai 2014 an den Folgen eines Mammakarzinoms. Maries Umgang mit der Krankheit war ein gänzlich anderer als der ihre, so Luise: »Sie wollte sich nicht im Geringsten mit dem Thema Sterben auseinandersetzen. Als sie dann auf der Palliativstation lag, war sie durch das Morphin sehr gut symptomkontrolliert und ruhig und hatte immer noch ihren Sinn für Humor. Da dachte ich: ›Jetzt ist Marie, die nie über ihre Situation reden wollte, genau da drin, und es scheint okay!‹ Das hat mir Mut gemacht. Insofern hat Marie mir die Angst vorm Sterben ein bisschen genommen.«

»ICH HABE MICH IN DER SITUATION SO ›GESUND‹ GEFÜHLT. MAN SITZT NEBEN SEINER FREUNDIN, DER MAN ANSIEHT, DASS SIE IM STERBEN LIEGT, UND VERGISST DARÜBER DIE EIGENE KRANKHEIT.«

Luise über ihre Freundin Marie, die im Mai 2014 starb

Luise besucht Marie auf der Palliativstation. Beim ersten Mal können sie noch zusammen am Tisch sitzen. Marie trägt roten Lippenstift, und Luise fragt sie: »Hast du eigentlich Angst, dass du jetzt bald stirbst?« Marie entgegnet: »Nein, wenn es jetzt passieren sollte, passiert es eben.« Marie geht es schließlich so schlecht, dass Luise sich kaum traut, ihr Zimmer zu betreten. Verblüfft stellt Luise fest, dass sie auf einmal mit Ängsten zu kämpfen hat, von denen sie nichts ahnte: »Ich habe immer gesagt, ich kann diese Menschen nicht leiden, die Berührungsängste haben. Und dann mache ich die Tür zu Maries Zimmer auf, ihre Mutter hatte sie gerade aufs Bett gesetzt. Man muss wissen, Marie war immer wunderschön, schlank, rot geschminkte Lippen. Jetzt waren ihre Beine dick, sie war gelb im Gesicht und ganz eingefallen. Überall an ihrem Körper hingen Schläuche. Da wollte ich am liebsten die Tür zumachen und einfach gehen. Aber man macht die Tür nicht wieder zu, sondern betritt das Zimmer, versucht, ganz normal seine Tasche abzustellen, und sagt ›Hey!‹« Luise beschreibt genau die Gedanken und Gefühle, die der Anblick Schwerstkranker und Sterbender bei Gesunden oft auslöst: »Ich spürte all das an mir selbst, was ich bei anderen immer so doof fand. Ich versuchte, Marie in den Arm zu nehmen – und es fühlte sich so komisch an! Man denkt im ersten Moment: ›Das ist jetzt ein anderer Mensch!‹«

Als Maries Mutter die beiden Frauen allein lässt, fängt Luise an zu weinen, wofür sie sich gleich bei ihrer Freundin entschuldigt: »›Es tut mir leid, ich bin gerade keine große Hilfe für dich!‹ Marie antwortete: ›Ist okay, du hast wohl nicht gedacht, dass es so schlimm ist?‹ Natürlich ahnte ich das nicht! Da sitzt ein gelber Mensch; innerhalb von einer Woche war Marie ganz gelb geworden und hatte überall Wasser eingelagert. Ich kam mir richtig bekloppt vor, wie ich dasaß und sie gemustert habe und mich fragte, welche körperlichen Veränderungen welche Bedeutung hätten. Und dann auf einmal war es ganz normal, ich konnte sie drücken und küssen. Ich habe Marie noch tausend Küsse an dem Tag gegeben und konnte die Finger gar nicht von ihr lassen. Aber zunächst war das eine Überwindung.«

»DAS STERBEN IST SO INDIVIDUELL WIE DAS LEBEN. TROTZ DER VIELEN JAHRE, IN DENEN ICH PATIENT*INNEN BEGLEITE – ES BLEIBT ETWAS GEHEIMNISVOLLES. UND EHRLICH GESAGT FINDE ICH DAS AUCH GUT SO.«

Prof.in Claudia Bausewein

Signale in der Sterbephase

Insbesondere Angehörige und Freunde beschäftigt die Frage nach dem Erkennen eindeutiger Zeichen, wann es wohl »so weit ist«. Kann man das vorhersagen? Gibt es Regelmäßigkeiten in den Abläufen? Woran sieht man, ob das letzte Stadium bevorsteht oder ob es sich um eine Vorstufe handelt?

Unabhängig davon, wie man den Zeitraum der letzten Lebensphase definiert – ob bereits ab Diagnosestellung einer unheilbaren Erkrankung oder die faktisch letzten Tage vor dem Versterben –, sprechen Palliativmediziner*innen von der eigentlichen Sterbephase, wenn die letzten 48 bis 72 Stunden angebrochen sind, so Prof. Feddersen. Es kommt dann zu charakteristischen Veränderungen der Körperfunktionen und zum Auftreten bestimmter Symptome, die nur für die letzten drei Tage typisch sind. Allerdings zeigt sich nicht bei allen Sterbenden jedes der auf der nächsten Seite genannten Merkmale. Auch sind die jeweiligen Ausprägungen unterschiedlich. Typische Symptome wie Rassel- und Seufzeratmung, Unruhe, gesteigertes Schlafbedürfnis, Abnahme von Hunger und sozialen Rückzug sowie Veränderungen in der Gesichtsphysiognomie und Temperatur von Händen und Füßen wahrzunehmen, ist eine wichtige Voraussetzung, diesen Zeitpunkt zu erkennen und nicht mehr notwendige Therapien abzusetzen.

AUF EINEN BLICK

Charakteristika der Sterbephase

- Große Schwäche, zunehmende Bettlägerigkeit
- Ausgeprägtes Ruhebedürfnis
- Reduzierung des Stoffwechsels
- Starke Schluckbeschwerden
- Nachlassen des Hunger- und Durstgefühls, Nahrungsverweigerung
- Sozialer Rückzug bis hin zum Verlust der Kontaktfähigkeit
- Massive Schläfrigkeit bis hin zum Koma
- Getrübtes Bewusstsein, Verwirrtheitszustände
- Große Unruhe
- Reduzierung des Kreislaufs, eiskalte Hände und Füße
- Blässe, Fahlheit, Marmorierung der Haut
- Weißes Dreieck um Mund und Nase
- Zunehmend unregelmäßiger Atemrhythmus, Rasselatmung

Reisevorbereitungen

Die Vorbereitung auf das, was im allerletzten Lebensabschnitt mit einem Menschen passiert, hat für professionelle Begleiter höchste Priorität. Die Palliativmedizinerin Prof.in Claudia Bausewein weiß um die enorme Wichtigkeit klarer Worte: »Erschreckend viele Menschen haben noch nie einen Verstorbenen gesehen, geschweige denn waren sie dabei, als jemand gestorben ist. Von unserer Seite bedarf es daher viel proaktiver Aufklärungsarbeit. Wir sehen in der Endstrecke der meisten Patienten ganz ähnliche Abläufe, die wir den Angehörigen im Vorfeld erklären können. Damit vermeiden wir Situationen, die vollkommen überraschen oder auch schockieren, weil sie für Außenstehende absolutes Neuland sind.«

Grundsätzlich, so versichern alle professionellen Sterbebegleiter, verläuft der Prozess in der Regel sehr friedlich. Man wird zunehmend müder, hat nur noch wenige Wachphasen und schläft irgendwann ruhig ein. Allerdings treten Veränderungen auf, die Außenstehende belasten oder ängstigen können, selbst wenn das in Wahrheit nicht sein müsste, so die Professorin: »Dazu zählt insbesondere die starke Veränderung der Atmung. Wir kennen das natürlich; wenn aber ein Angehöriger dabeisitzt, der Sterbende eine halbe oder ganze Minute überhaupt nicht atmet und dann unvermittelt wieder tief Luft holt, kann das sehr bedrohlich wirken. Es macht den Eindruck, als würde jemand ersticken.«

Gerade wer zu Hause einen Sterbenden begleitet, muss gut vorbereitet sein, denn er kann nicht – wie im Krankenhaus oder Hospiz – eben mal auf den Flur laufen und nachfragen. Für Prof. Feddersen zählt es daher zu seinen Hauptaufgaben, Dinge wie die veränderte Atmung im Vorfeld zu erklären und damit einer möglichen späteren Panik vorzubeugen: »Die Atempausen nehmen in der endgültigen Sterbephase immer mehr zu und werden stetig länger. Angehörige sitzen daneben und warten, ob noch mal ein Atemzug kommt oder nicht. Das veränderte Atemmuster mit Pausen kann über einen längeren Zeitraum bis zu mehreren Stunden gehen. Keiner traut sich, den Raum zu verlassen, denn jedes tiefe Atemholen könnte das letzte Mal sein.«

Neben dieser von langen Atempausen geprägten sogenannten Seufzeratmung sorgt die »Rasselatmung« bei den Angehörigen für Unsicherheit. Sie klingt völlig ungewohnt und erinnert an kein anderes Atemgeräusch – weder an Schnarchen noch an krankhafte Atemgeräusche wie etwa bei Asthma oder bei einer Lungenentzündung.

Schwierig sei das in erster Linie für diejenigen, die dem zuhören, so Prof. Feddersen: »Für den Sterbenden bedeutet dies weder Stress noch Atemnot, selbst wenn es für Außenstehende den Anschein haben kann, als würde die oder der Betroffene quasi innerlich ertrinken. Alle meine Patienten und Patientinnen, die in dieser Phase noch kontaktfähig waren und die ich fragte, ob sie gut genug Luft bekommen, haben dies einhellig bejaht. Für Angehörige wird das veränderte Atemmuster oft zu einem großen Stressfaktor, sofern es vorher nicht angesprochen wurde. Und es bleibt ein einprägsames Geräusch, das über den Tod hinaus immer mit dem Sterbeprozess assoziiert wird.«

Wissen ebnet Wege in Würde

Angehörige, die über Symptome der Sterbephase umfassend aufgeklärt waren, profitieren von dieser Offenheit. Wenn sie später die beteiligten Ärztinnen und Ärzte, Schwestern, Therapeut*innen oder Ehrenamtlichen wiedertreffen, erzählen sie dankbar, dass es so eingetreten sei, wie von den Profis vorhergesagt. Wissen schafft die nötige Freiheit im Kopf und ist letztendlich die Basis dafür, sich ganz auf den Sterbebegleitprozess einlassen zu können, so Prof. Feddersen: »Es ist essenziell wichtig, dass die Angehörigen alles einordnen können, sich keine unnötigen Sorgen machen müssen, sondern die Abläufe kennen. Genau dieses Wissen sorgt dafür, dass der Sterbeprozess von außen nicht unnötig gestört wird, sondern in der nötigen Ruhe ablaufen kann, ohne Hektik oder gar Panik.«

Für Prof.in Claudia Bausewein gehört daher eine ehrliche Informationspolitik zum absoluten Muss in der Vorbereitung der Begleiterinnen und Begleiter des Sterbenden: »Wenn Sie das nicht machen, sind die Angehörigen vollkommen aus dem Häuschen und verunsichert. Vielleicht wird von zu Hause aus ›in letzter Minute‹ noch der Notarzt gerufen – das müsste alles nicht sein.«

Akzeptanz statt Aktionismus

Man sollte auch darauf gefasst sein, dass trotz aller Vorbereitung immer noch Unruhe im Umfeld entstehen kann: Nachbarn, Freunde, weitere Angehörige, die die Entwicklung in der Krankheit nicht hautnah miterlebt haben und denen getroffene Absprachen und Entscheidungen nicht vertraut sind, können immens verunsichern. Durch Bemerkungen wie »Da kannst du doch nicht einfach zusehen! Da muss man was tun! Ruf einen Krankenwagen!« kommen selbst gefestigte Menschen zumindest ins Nachdenken – darf man denn jemanden einfach so sterben lassen?

Wie groß der Druck sein kann, der da aufgebaut wird, erzählt Prof. Feddersen: »Einer meiner Patienten bekam in seinen letzten Tagen großen Besuch. Er war Grieche und hatte Namenstag – in Griechenland ein wichtiger Feieranlass, und entsprechend viele Gäste waren gekommen. Als die Freunde und entfernteren Verwandten sahen, wie weit der Patient auf seinem letzten Weg bereits gegangen war, reagierten sie entsetzt. Da sie die Informationen über den Sterbeprozess nicht hatten, empfanden sie die Situation als extrem bedrohlich. Der gesamte

Sterbeprozess lief bis dahin eigentlich normal und gut, der Patient war stabil und bestens symptomkontrolliert. Aber die Gäste drängten die Ehefrau des Patienten schließlich zu dessen Einweisung in eine Klinik. Dort verstarb der Mann nach wenigen Stunden – entgegen seinem innigen Wunsch, daheim zu sterben.«

Jemanden beim Sterben zu begleiten, heißt auch, loslassen zu können. Auszuhalten, dass die Zeit des Agierens vorbei ist. Es heißt, Unabänderliches zu akzeptieren.

»DAS WICHTIGSTE IST, DAS STERBEN ZU ERKENNEN, ZU SEHEN: DIES IST DER ›POINT OF NO RETURN‹. DAS ERST ERMÖGLICHT, SCHRITTE EINZULEITEN BZW. ZU UNTERLASSEN, DIE DER SITUATION ANGEMESSEN SIND.«

Prof. Berend Feddersen

So viel Zeit muss sein

Die Frage nach dem »Wie lange wird es wohl noch dauern?« kennen professionelle Sterbebegleiter nur zu gut, so auch Schwester Heike Fricke vom Hospiz Nordheide: »In den ersten Jahren, als wir hier anfingen, habe ich die Frage noch beantwortet. Da war man so selbstsicher! Doch je länger ich hier arbeite, desto weniger sage ich dazu. Ich beobachte die Veränderungen des Sterbenden und sage: ›Ja, das sind alles Zeichen, aber wer kann schon abschätzen, wie schnell es gehen wird?‹«

Oft stecken handfeste praktische Gründe hinter dem vehementen Nachforschen nach genauen Prognosen. Sterben kostet schließlich Zeit – und wer hat die schon unbegrenzt zur Verfügung? Familienangehörige, die seit Stunden, Tagen, Wochen anwesend sind, müssen irgendwann wieder an ihren Arbeitsplatz. Wer aus entfernten Städten angereist ist, den zieht es früher oder später zurück ins eigene Zuhause, ins eigene Leben.

Wenn draußen auf dem Flur das Warten schon zu lange dauert, macht sich der Druck häufig auch im Sterbezimmer bemerkbar. Schwester Heike hat es mehrfach erlebt, dass Gäste sich ihr anvertrauen: »Selbst wenn die Angehörigen nichts Konkretes artikulieren, spüren unsere Gäste dennoch deren Unruhe. Dann sagen sie leise zu mir: ›Ich weiß ja, dass die warten, was soll ich denn jetzt machen, Schwester?‹ Ich gebe ihnen immer den Rat, offen darüber zu reden. Im Großen und Ganzen hat jeder dafür Verständnis und fühlt sich hinterher besser, weil es ausgesprochen wurde.«

Oft stellt sich heraus, das alle ähnlich empfinden: Den Sterbenden wird die Dauerbelagerung zu viel, die Angehörigen kommen an ihre Belastungsgrenze. Doch aus gegenseitiger Rücksichtnahme versucht man, dies voreinander zu verheimlichen. Die Psycho-Onkologin Dr. Pia Heußner erlebt in ihrem Klinikalltag in Großhadern, dass Menschen in der Sterbephase umringt sind von Trauben Angehöriger, die sich um das Bett scharen, manchmal sogar in zwei Reihen: »Wenn ich solche Szenen beobachte, frage ich mich gelegentlich, ob ich mich als Betroffene unter den Umständen trauen würde, die Augen aufzumachen. Es entstehen gekünstelte Situationen, aus dem Bedürfnis heraus: ›Ich möchte ihn/sie jetzt auf gar keinen Fall alleinlassen, und das Letzte, was ich geben kann, ist meine Anwesenheit.‹ Da frage ich mich oft: Was ist der Wunsch der Betroffenen? Vielleicht wäre es ja viel schöner, wenn sich die Besucher abwechseln würden? Schließlich hat der oder die Sterbende zu jedem eine eigene Beziehung. Bei dem einen ist es völlig in Ordnung, Handkontakt zu haben, mit dem anderen ist es eher der Schulter-an-Schul-

Prof. Berend Feddersen während eines Hausbesuchs bei einer Patientin.

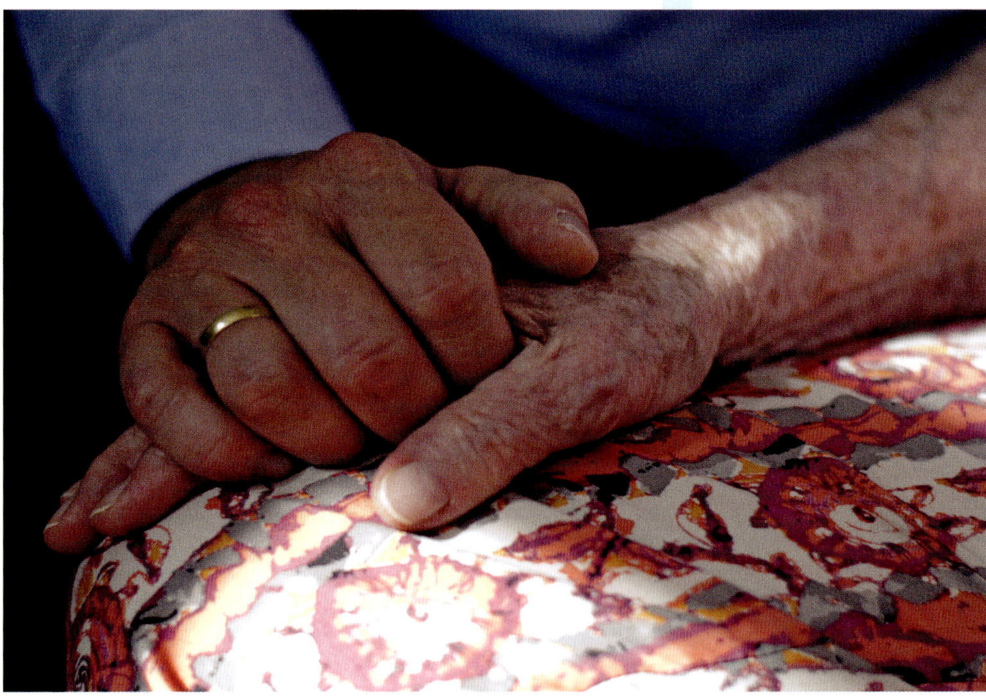

ter-Kontakt, dann gibt es Menschen, von denen möchte man nicht angefasst werden. Plötzlich wird alles gleichgestellt: die Gesprächsebene, die Wahrnehmungsebene, die Intimitätsebene, die Privatsphäre – und selten bestimmt darüber der Versterbende, sondern diejenigen, die um ihn herumsitzen. Diese Menschen entscheiden: ›Ich schaue dir zu, wie du deinen letzten Atemzug machst.‹« Dabei ist Sterben etwas sehr Intimes. Dr. Heußner rät, ein Gespür für die aktuelle Situation zu entwickeln, die plötzlich völlig anders sein kann als das, was einmal besprochen war: »Man sollte nicht davon ausgehen, dass alles noch Bestand hat. Wenn jemand vier Wochen zuvor sagte: ›Wenn es so weit ist, möchte ich noch einmal Vanilleeis mit Erdbeeren essen.‹ Und dann steht man mit dem Becher in der Hand da und denkt: ›Jetzt habe ich es mitgebracht und er/sie will es nicht!‹ Da sollte man sich nicht wundern: Wie hätte der Sterbende denn vor vier Wochen wissen können, was ihm heute guttut?« Daher rät die Psycho-Onkologin: »Weniger ist mehr in der Situation. Und Ruhe ist ganz, ganz viel.«

Verlauf der Reise

Die symbolhaften Worte, die Menschen in ihrer Sterbephase finden können, bleiben den Angehörigen tief im Gedächtnis haften. Da fallen Sätze wie: »Ich muss noch meinen Koffer packen«, »Am Montag fahre ich los« oder »Ich brauche jetzt meinen Mantel«. Prof. Berend Feddersen hörte, wie ein Mann einen Tag vor seinem Tod zu seiner Frau sagte: »Morgen fahre ich weg.« Und sie meinte: »Aber du nimmst mich schon mit, oder?«, worauf er entgegnete: »Nein, du bleibst da!«

Reisebilder

Je näher der Moment des Abschieds kommt, desto klarer können die Bilder werden. Schwester Heike vom Hospiz Nordheide erinnert sich an eine Dame, die eine leidenschaftliche Seglerin war: »Wir hörten wiederholt von ihr den Satz: ›Ach, ich würde so gerne auf einem schönen Boot wegsegeln!‹ Als sie sich dann in der allerletzten Phase befand, rief sie: ›Das Segelschiff! Das Segelschiff ist da!‹ Worauf wir sie ermunterten: ›Dann steig doch auf!‹«

Warum schleichen sich Begriffe aus der Welt des Reisens, des Aufbruchs in den Wortschatz Sterbender? Warum sehen sie Lichter, einen fahrenden Zug, den Bus? Neben der offensichtlichen Empfindung des Aufbruchs taucht ebenso das Bild des Nachhausegehens auf. Damit ist nicht das eigene Zuhause gemeint, denn Sterbende, die daheim im eigenen Bett liegen, verwenden diese Begrifflichkeiten ebenso. »Ich gehe jetzt heim« oder »Morgen bin ich zu Hause« scheint also das Heimkehren im übertragenen Sinn zu meinen. Es mag eine Rolle spielen, dass umschreibende, symbolhafte Begriffe aus der Welt der Reise leichter von den Lippen gehen als die konkrete Formulierung »Ich sterbe bald«.
In keinem Fall sollten begleitende Angehörige solchen bildhaften Motiven widersprechen. Mit »Was ist denn, du bist doch schon daheim?« oder »Wo willst du denn in deinem Zustand noch hinfahren?« würde man in erster Linie zeigen, dass man die Sterbende nicht verstanden hat. Selbst wenn man die versteckten Andeutungen nicht entschlüsseln kann, sollte man signalisieren: »Wenn du das jetzt so siehst und empfindest, dann ist es gut so.«

»ICH MÖCHTE FLIEGEN IN DEN WEITEN BLAUEN HIMMEL.«

Patientin, 88, wenige Tage vor ihrem Tod

Zunehmend schwächer und ruhebedürftiger

Grundsätzlich sind die meisten Sterbenden körperlich bereits sehr geschwächt. Die kleinsten Handgriffe erweisen sich als unglaublich anstrengend. Schon so banale Dinge wie ein Glas an die Lippen zu führen oder die Position im Bett zu wechseln, entwickeln sich zu enormen Kraftakten. Pflegende Angehörige sollten also ein Augenmerk darauf haben, was an Hygienemaßnahmen in der Sterbephase noch unbedingt notwendig ist. Ausgiebiges Waschen und komplettes Neueinkleiden beispielsweise können sich leicht zu einer Tortur für alle Beteiligten entwickeln.
In den letzten Tagen herrschen große Müdigkeit, vermehrte Schläfrigkeit und ein starkes Ruhebedürfnis. Die Patient*innen verlieren kontinuierlich das Interesse an ihrer Umgebung, so Prof. Feddersen: »Der soziale Rückzug ist mit ein Kriterium der eigentlichen Sterbephase. In den letzten drei Tagen wird die Welt sehr klein, man reduziert sich auf sein Inneres. Wir beobachten, dass es Patientinnen und Patienten zu viel werden kann mit Besuch. Sie wünschen sich eigentlich nur noch Kontakt zu denen, die ihnen wirklich wichtig sind.«

Das letzte Ma(h)l

Essen und Trinken verlieren spätestens in den letzten 72 Stunden ihre Wichtigkeit. Essen wird häufig komplett verweigert, Feuchtigkeitszufuhr dagegen kann gewünscht sein, allerdings in minimaler Dosis. Prof. Feddersen: »Parallel zum Rückzug, zum starken Bedürfnis nach Ruhe, sehen wir eine deutliche Reduktion von Nahrungs- und Flüssigkeitsaufnahme. Essen und Trinken spielen keine Rolle mehr. Das Hungergefühl ist bereits in der Zeit davor bei vielen sehr eingeschränkt, doch jetzt wollen die meisten eigentlich gar nichts mehr.«

Sterbende können sogar einen richtiggehenden Ekel vor Nahrung entwickeln, sie kneifen die Lippen zusammen und weigern sich, etwas zu sich zu nehmen. So schwer es für Angehörige sein mag: Dies gilt es absolut zu respektieren!

Die Aufklärung über den Essensverzicht zählt zum »täglichen Brot« palliativer Einrichtungen. Im Hospiz Nordheide hören sie regelmäßig das Drängen der Angehörigen, so Schwester Heike: »›Du musst was essen, was trinken, das ist doch wichtig!‹ Wenn ein Gast dann antwortet: ›Ich möchte aber nichts‹, macht er sich langsam auf den letzten Weg.« Allerdings, so die Schwester weiter, heißt das noch immer nicht, dass es jetzt rasend schnell geht: »Ohne Essen und Trinken kann noch sehr viel Zeit vergehen; selbst minimale Mengen reichen aus, beispielsweise Flüssigkeit, die beim Zähneputzen, beim Mundbefeuchten oder auch beim Eiswürfellutschen aufgenommen wird.«

> »VERHUNGERN KANN NUR, WER HUNGER HAT.«
>
> Prof. Berend Feddersen

Zuzusehen, wie jemand nichts mehr zu sich nehmen möchte, ist hart. Wir lernen es von klein auf: Nahrung ist Fürsorge. Da fällt es schwer, in den langen Stunden, die man im Sterbezimmer verbringt, nicht nachzufragen: »Willst du nicht doch etwas essen?« Prof. Feddersen kann die Beweggründe durchaus nachvollziehen, es sei dieses bedrückende Gefühl des »Schlicht-Herumsitzens-und-nichts-mehr-tun-Könnens«. Daher empfiehlt er, die Fürsorge auf das Befeuchten der Mundschleimhäute zu fokussieren: »Es geht in der letzten Phase nicht mehr um große Mengen, manchmal aber um puren Genuss. Warum nicht ein Schnapsglas gefüllt mit Bier anbieten? Einen Schluck Prosecco organisieren? Einen Baileys besorgen, wenn es aufgrund von Schluckbeschwerden etwas Samtigeres sein soll?«

Gute Erfahrungen macht sein Team mit kleinen Sprühfläschchen. Die können Patienten und Patientinnen oft noch eigenhändig verwenden, selbst wenn sie nicht mehr in der Lage sind, selbstständig aus einem Glas zu trinken. Man hat damit eine Palette an Geschmacksrichtungen zur Hand, so Prof. Feddersen weiter: »Eine unserer Patientinnen hatte eine ganze Batterie von Sprühfläschchen an ihrem Bett. Morgens gab es Cappuccino, tagsüber Wasser, abends einen Sprühstoß Rotwein und zur Nacht einen Whiskey. Das ist absolut genial, denn komplexe Geschmacksempfindungen nimmt man über die Riechnerven wahr, die auch durch die Aufnahme im Mund über den Nasen-Rachen-Raum angeregt werden. Man muss also nicht unbedingt schlucken, um zu schmecken und den Geschmack genießen zu können.«

Ganz nach dem Lustprinzip

Im Hospiz Nordheide sind mehrere Hauswirtschafterinnen dafür angestellt, die Wünsche der Gäste zu erfüllen, so Sonja Euhus, stellvertretende Pflegedienstleiterin: »Der Aspekt des Genusses steht im Vordergrund: Worauf habe ich Lust? Eine Erdbeere? Oder ein Stück pürierte Melone? Darum kümmern wir uns.«
Manchmal entwickeln die Gäste in ihren letzten Tagen Gelüste auf bisher Ungewohntes. Greta Rose beispielsweise kam zunächst ins Stutzen, als ihre Freundin Steffi plötzlich mitten in der Nacht nach Schokoladeneis verlangte: »Es war halb vier Uhr morgens, und ich meinte: ›Ich gehe da jetzt nicht raus und sage, du willst Schokoladeneis haben, das isst du doch sonst nie?‹ Aber Steffi in ihrem Bett insistierte: ›Doch, ich will das jetzt!‹ Also bin ich zur Nachtschwester gegangen und habe mich erst mal entschuldigt: ›Es ist mir total unangenehm, aber Steffi möchte so gerne Schokoeiscreme.‹ Worauf die Schwester antwortete: ›Das ist doch überhaupt kein Problem!‹ Als ich damit zurück im Zimmer war, hat Steffi das Eis nicht nur gegessen, sondern praktisch verschlungen, und als es nach kürzester Zeit verputzt war, rief sie: ›Mehr!‹ Ich lief wieder auf den Flur, da lachten die Damen draußen schon und drückten mir noch eine Portion in die Hand. Dieser Riesenberg war auch innerhalb von fünf Minuten weg.«
Noch einmal einen richtigen Heißhunger auf ein bestimmtes Gericht verspüren, obwohl man sonst alles Essen verweigert – ein weiteres Phänomen der letzten Phase. Therese Franck, die im Hospiz Nordheide für die kulinarischen Genüsse

der Gäste und ihrer Angehörigen zuständig ist, weiß, dass man dann nicht zu viel Zeit verlieren darf: »Wenn so ein Wunsch geäußert wird, versuchen wir, das möglichst zackig umzusetzen. Sofern alle dafür nötigen Zutaten im Haus sind, geht das ganz schnell. Muss allerdings eingekauft werden, kann es schon mal schwierig werden, aber dann helfen uns die Restaurants in der Nähe aus, die kennen uns alle hier.«

An den Wunsch einer Dame erinnert sich Schwester Heike besonders gut: »Es war Dezember. Sie wünschte sich, noch einmal Rouladen mit Rotkohl zu essen. Bei uns ist dies das traditionelle Weihnachtsessen. Daher entgegnete Therese mit ihrem trockenen Humor: ›Da müssen Sie wohl bis Heiligabend warten!‹ Die Dame sagte zögernd: ›Ob ich das wohl schaffe?‹ Na ja, es war Anfang Dezember! Tatsächlich ging es ihr konstant schlechter; also beschlossen wir, ihr das Gericht früher zu servieren. Die Dame freute sich sehr. Nach dem Essen rief sie aus dem Bett heraus: ›Ich kann jetzt noch nicht sterben! Ich muss bis Heiligabend warten, ich hätte nämlich gern noch mal die Rouladen!‹ Und tatsächlich: Sie hat es bis Weihnachten geschafft.«

Die Reise geht zu Ende

In den letzten Tagen nehmen die Wachphasen rapide ab, das Bewusstsein schwindet mehr und mehr bis hin zum Übergang in einen komaähnlichen Zustand. 75 Prozent der Sterbenden sind in den letzten 48 Stunden komatös, in der letzten Stunde sind es sogar über 90 Prozent. Trotzdem kann es immer wieder wache Augenblicke geben, in denen eine Kommunikation noch möglich ist. Angehörige sollten dabei nie vergessen, dass selbst nicht mehr kontaktfähige Patientinnen und Patienten möglicherweise durchaus hören können, was gesprochen wird. Das gilt zum einen für Gespräche, die man im Sterbezimmer führt. Sätze wie »Das dauert aber lange bei ihm!« oder »Die Schwester hat mir gerade gesagt, sie ist schon so gelb, jetzt geht es ganz schnell« sind also absolut unangebracht. Zum anderen sollte man in der Phase des komatösen Zustands – genau wie in den Wachphasen – jede Tätigkeit ankündigen und erklären, etwa: »Ich bin es, deine Tochter, ich habe hier einen Tupfer mit Tee, mit dem befeuchte ich dir jetzt etwas den Mund.«

Nicht selten zeigen Sterbende noch Reaktionen auf Gesagtes, sogar wenn sie selbst nicht mehr in der Lage sind zu sprechen. Das kann ein Händedruck sein oder Anzeichen von Unruhe. Umgekehrt haben Angehörige bis zuletzt die Chance, dem Sterbenden etwas mitzuteilen und vielleicht auch bisher Ungesagtes zu artikulieren.

Trugbilder, Verwirrtheit, Unruhe

Zu den Phänomenen der letzten Zeitspanne gehört das Fantasieren über Personen, die gar nicht anwesend sind. Manchmal starren Sterbende über Minuten in eine leere Zimmerecke, bis sie ausrufen: »Da hinten stehen sie!« Oder sie erwähnen explizit bestimmte Menschen, so Schwester Heike: »Meist sind es verstorbene nahestehende Personen, die sie sehen. Familienangehörige, die sie lieb hatten. Dann hört man: ›Ach, mein Mann sitzt da!‹ Oder: ›Da ist meine Mutter!‹ Oft rufen sie richtiggehend nach Verstorbenen.«

Für Angehörige kann das irritierend sein, doch Schwester Heike versucht, die Erscheinungen auf ihre Art zu erklären: »Für mich bedeuten sie, dass Gott uns in dem Moment geliebte Menschen entgegenschickt, die uns abholen, um uns die Angst zu nehmen. Das finden alle beruhigend, die Angehörigen und die Gäste selbst, denn die fragen sich manchmal auch: ›Fange ich jetzt an zu spinnen? Mein Mann ist doch schon lange tot, und jetzt sitzt er da im Sessel!‹«

Prof. Feddersen erlebt es, dass ihn seine Patient*innen bitten, sich doch neben die verstorbene Oma aufs Sofa zu setzen. »Ach, die Oma? Was macht die denn hier?«, fragt er gerne mal nach. »Mich abholen!«, lautet dann oft die Antwort. Wichtig für ihn ist, diese Trugbilder am Ende des Lebens nicht als krankhafte Halluzination zu begreifen, die mit Medikamenten behandelt werden müsste – es sei denn, sie würden sich irgendwann in angsteinflößende Wahnvorstellungen verwandeln. Bisher sei ihm das allerdings noch nicht passiert, so der Mediziner:

> IN SELTENEN FÄLLEN KOMMT ES VOR, DASS NICHT MEHR KONTAKTFÄHIGE STERBENDE IN DER ALLERLETZTEN PHASE EINE ODER MEHRERE TRÄNEN VERGIESSEN, AUCH WENN SIE NICHT IN DER LAGE SIND, LAUT ZU WEINEN.

»Ich hatte noch keine Patienten, die in ihrer Vorstellung von Verstorbenen abgeholt wurden, über die sie sich nicht gefreut hätten.«

Ein weiteres Merkmal der letzten Tage können zunehmende Verwirrtheitszustände sein, selbst bei Menschen, die zuvor immer klar waren und keine Zeichen von Demenz zeigten. Wenn es plötzlich zu solchen Phasen der Verwirrtheit kommt, ist es für die Angehörigen häufig schwierig, einen adäquaten Umgang damit zu finden, denn es verstört die meisten, dass jemand aus heiterem Himmel anfängt, zu fantasieren oder merkwürdige Dinge zu erzählen. Auf einmal will ein eigentlich seit Wochen bettlägeriger Mensch aufstehen, dreht sich im Bett hin und her, findet einfach keine Ruhe. Da stellt sich die Frage nach dem Warum. Gibt es noch unerledigte Dinge? Eine sehr erfahrene Palliativkrankenschwester fand dafür folgendes Bild: »Da hat jemand noch nicht die richtige Tür gefunden.« Es illustriert anschaulich die Lage, in der sich der oder die Betreffende befindet.

»EIGENTLICH IST ES SEHR ÄHNLICH, WENN MENSCHEN STERBEN, UND TROTZDEM BLEIBT ES SO INDIVIDUELL.«

Prof.in Claudia Bausewein

Die innere Unruhe erzeugt bei Sterbenden oft den Drang, aufstehen zu wollen, obwohl allen Umstehenden klar ist, dass dafür die Kräfte nicht mehr ausreichen. Versucht man, die Patientin oder den Patienten zu überreden, sich zurück ins Bett zu legen, bewirkt das häufig keine Besserung, sondern verstärkt die Unruhe eher. Man sollte lieber versuchen, sich gemeinsam mit ihm oder ihr auf die Bettkante zu setzen, damit er oder sie die Füße auf den Boden stellen kann. Das kann zu einer unglaublichen Beruhigung führen, denn es geht eigentlich gar nicht um das Aufstehen, sondern vielmehr um den Kontakt zum Boden – die Patientinnen und Patienten möchten sich »erden« respektive das Gefühl für »oben« und »unten« wiedergewinnen.

Häufig kann man auch eine extreme Ruhelosigkeit der Hände beobachten: Es wird nach Imaginärem gegriffen, etwas geknetet, an der Bettdecke genestelt. Das kann so weit gehen, dass die Sterbende die Bettdecke loswerden will und versucht, das Nachthemd oder den Schlafanzug auszuziehen. Manche verspüren den starken Drang, sich komplett auszuziehen – vielleicht, um alles von sich abzuwerfen oder die Welt so zu verlassen, wie sie geboren wurden: nackt und bloß. Besonders irritierend ist das für die Angehörigen, wenn sie spüren, wie eiskalt Hände und Füße eigentlich sind und sie die Sterbende eher wärmen möchten. Abhilfe kann hier eine leichtere Bettdecke schaffen.

Im Angesicht des Todes

Stoffwechsel und Kreislauf fahren in den letzten Lebenstagen sukzessive ihre Leistungen herunter. Auch die Durchblutung lässt nach; der Körper kann ab einem bestimmten Punkt nicht alle Areale mit einer ausreichenden Menge an Blut und Sauerstoff versorgen, stattdessen bündelt er seine Energie auf den Erhalt lebenswichtiger Funktionen. Es kommt zur sogenannten Zentralisation: Vor allem die inneren Organe wie Herz, Lunge und Gehirn werden mit Blut versorgt, während die äußeren Bereiche, die Peripherie, zunehmend abgeschnitten sind. Das wird in der terminalen Phase an deutlichen Hautveränderungen sichtbar: an der weißlichen Verfärbung oder Marmorierung der Haut in den wenig durchbluteten Extremitäten, was zu eisig kalten Händen und Füßen führt, in der Endphase zu bläulich verfärbten Fingerspitzen. Der Puls ist in der Regel schnell und schwach und kann oft gar nicht mehr getastet werden.

Die allerletzte Lebensphase ist gleichermaßen an der Physiognomie abzulesen. Häufig hat es den Anschein, als würden sich die Gesichtszüge verändern: Die Nase wird spitzer, die Schläfen wirken eingefallen, die Ohren scheinen geschrumpft, und es bildet sich ein sichtbares weißes Dreieck um Nase und Mund, verursacht durch die Minderdurchblutung. Die Lippen verlieren ihre rote Farbe, sie werden zunächst bläulich und schließlich weiß.

Je näher der Todeszeitpunkt rückt, desto maskenhafter erscheint der Gesichtsausdruck insgesamt. Wangen, Stirn und Nase fühlen sich eiskalt an. Schon Hippokrates von Kos erkannte diese Zeichen und beschrieb sie in seinem Buch *Prognostikon* als Anzeichen für einen kurz bevorstehenden Tod als *Facies hippocratica*, »Hippokratisches Gesicht«. Oftmals sind die Augen halb oder ganz geöffnet, ohne Reaktion, und es findet kein Blinzeln mehr statt. Um ein unangenehmes Austrocknen der Augen zu verhindern, kann man dem Sterbenden dann mit einer Augensalbe Erleichterung verschaffen.

»VATER, HAST DU ANGST?« »WOVOR DENN?« »VOR DEM, WAS KOMMT.« »UND WAS WÜRDE DAS NÜTZEN?«

Dialog am Sterbebett zwischen Tochter und Vater

Der Atem der letzten Stunden

Sterbende haben in der letzten Phase einen veränderten Atemrhythmus. Dabei kann es zu einer maschinenartigen Ein- und Ausatmung mit An- und Abschwellen der Atemtiefe kommen (Cheyne-Stokes-Atmung). Bei der »Seufzeratmung« treten zunehmend Pausen auf, die immer größer werden. Typisch ist auch die sogenannte Rasselatmung mit ihren sehr charakteristischen brodelnden Atemgeräuschen.

Der Grund, so Prof. Berend Feddersen, liegt in minimalen Ansammlungen von Flüssigkeit zwischen den Stimmlippen. Diese Flüssigkeitsbläschen werden durch jedes Vorbeistreichen des Luftzugs beim Ein- und Ausatmen in Schwingung versetzt, was die ungewohnten Geräusche auslöst. Aus diesem Grund sind diese auch am stärksten am Hals in Kehlkopfhöhe zu hören und nicht etwa tief im Brustkorb. Zu Beginn ist es vielleicht nur ein leichtes Knistern, das schließlich in ein deutlich wahrnehmbares Rasseln übergeht.

Neben der von langen Atempausen geprägten sogenannten Seufzeratmung sorgt die Rasselatmung insbesondere bei nicht gut informierten Angehörigen für enorme Verunsicherung. Aber: Diese veränderten Atemmuster sind nicht mit Stress oder Leiden für die oder den Sterbenden verbunden.

»MANCHMAL SAGEN DIE GÄSTE, DASS SIE ETWAS SPÜREN: ›JETZT IST IRGENDWIE GERADE ETWAS ANDERS, ICH MERKE: JETZT STERBE ICH.‹«

Schwester Heike, Hospiz Nordheide

Der letzte Atemzug

Es ist, auf was alle, die ihre Lieben begleiten, hoffen: den allerletzten Moment miterleben zu dürfen. Im Augenblick des Gehens da zu sein. Schließlich ist es auch der Endpunkt einer gemeinsamen Reise, die häufig lang, mühsam und beschwerlich war, mit ihren Ruhephasen, ihren spannungsgeladenen, aufregenden, fordernden und glücklichen Zeiten. Es ist das, worauf sich letztendlich alles fokussiert hat, ganz egal, wie sehr man vorher für den Gehenden oder die Gehende noch auf eine Heilung hoffte.

KINDER AM STERBEBETT?

Von Psycho-Onkologin Dr. Pia Heußner

Wenn im direkten Umfeld eines Kindes wie im Kreis der Familie jemand stirbt, warum sollte das Kind dann nicht in die Küche gehen dürfen und das benötigte Glas Wasser holen? Oder einen »Biereiswürfel« für den Großvater oder Vater? Warum sollte es ruhig und brav stundenlang auf einem Stuhl herumhocken und zugucken, ohne den Mund aufzumachen? Sterben ist ein natürlicher Lebensabschnitt, auch wenn er uns traurig macht, weil es ein Abschied ist. Er darf also entsprechend natürlich gelebt werden, unter Wahrung der Bedürfnisse aller Beteiligten. Kinder können daher ebenso viel mithelfen, wie sie es sonst ihrem Alter entsprechend gewohnt sind.

Besondere Vorbereitung erfordern allerdings Situationen, die für das Kind belastend sein können, etwa wenn sich ein Elternteil optisch verändert hat oder durch Wundverhältnisse eine starke Geruchsentwicklung auftritt. Das sollte man dem Kind vorher erklären: »Das riecht jetzt komisch, aber du kannst einfach ein Pfefferminzbonbon lutschen, dann merkst du das nicht so. Und wenn du das Gefühl hast, du magst die Luft nicht, dann gehst du wieder.«

Gleiches gilt für den Abschied, nachdem jemand bei einem Unfall ums Leben gekommen und deutlich unfallgezeichnet ist. Dann sollte man einem Kind nicht zumuten, im Krankenhaus Abschied von einem zertrümmerten Körper zu nehmen. Der bessere Ort ist dann beim Bestattungsunternehmer, denn dieser hat Möglichkeiten, den Abschied optisch so zu ermöglichen, dass er für das Kind leichter wird (siehe auch Seite177 ff.).

Wer sich entscheidet, den letzten Weg eines anderen Menschen intensiv zu begleiten, der möchte sehen, spüren, hören, wie das Leben schwindet, und wissen, ob es für den Betroffenen oder die Betroffene ein gutes, friedliches und vielleicht sogar schönes Ende war. Nicht selten ist das, trotz des tiefen Schmerzes, mitunter ein beglückendes Gefühl, gerade nach einer schweren Erkrankung: »Jetzt hat er es geschafft! Jetzt ist er befreit!«

Der Tod kann sich wie eine wohltuende Ruhe über alles legen, wenn die, die bleiben, spüren: »Da ging jemand in Frieden – mit sich, der Welt und mit uns.« Umso bitterer erscheint es der Tochter, dem Sohn, der Ehefrau oder dem -mann, wenn dieser eine kostbare Moment verpasst wird. Prof. Feddersen hat das zu oft beobachtet, als dass er hinter diesem Verpassen nicht einen triftigen Grund erkennen würde: »Manche Menschen können einfach nur ganz allein gehen. Ich weiß nicht, wie viele Male ich es erlebt habe, dass einer dem anderen versprochen hatte: ›Wenn du gehst, bin ich für dich da und halte deine Hand.‹ Aber wenn es dann so weit ist, kann es sein, dass es nicht funktioniert. Manche können erst loslassen, wenn sie nicht mehr festgehalten werden.«

Nicht nur er kennt etliche Geschichten, in denen der letzte Atemzug dann gemacht wurde, wenn gerade zufällig alle draußen waren. Mal endlich auf die Toilette, schnell einen Kaffee trinken, kurz telefonieren, rasch eine Zigarette rauchen. »Dann«, so Prof. Feddersen, »kommt man zurück – und alles ist vorbei. Das finde ich besonders tragisch, denn es hinterlässt das Gefühl, sein Versprechen nicht eingehalten zu haben. Sofort beschleicht Angehörige trotz intensiver und aufwendiger Pflege das Gefühl, in diesem entscheidenden Moment versagt zu haben.«

Gehen können – loslassen können

Auf diesen Punkt legt Prof.in Claudia Bausewein in ihren Aufklärungsgesprächen viel Wert und erläutert den Angehörigen: »Seien Sie nicht überrascht oder schockiert, wenn er oder sie genau in dieser Zeit geht, wenn Sie nicht im Zimmer sind. Es gibt etliche Menschen, die ganz allein gehen. Und es gibt viele Angehörige, die überpräsent sind, die klammern und festhalten. Dann können manche Patienten einfach nicht sterben! Sie brauchen dieses Fenster, diesen kleinen Moment, diese zwei, drei Minuten völlig allein.«

> »UND? WAS JETZT?«
>
> Letzte Worte eines Patienten (85)

Gibt es die Chance, diese Hürde zu überwinden? Kann man jemanden freigeben, ohne ihn fallen zu lassen? Was passiert, wenn all das unausgesprochen im Raum steht? Prof. Feddersen rät zu klaren Worten: »Ich empfehle in manchen Situationen, dass Angehörige es ganz konkret aussprechen: ›Du darfst gehen.‹ Das kann der entscheidende Schritt für den

Sterbenden sein. Dies auszusprechen ist beileibe nicht leicht, doch es birgt für die Angehörigen eine große Chance. Schließlich kann es in der eigenen Trauer helfen, dass man den anderen gehen lassen konnte.« Man kann sogar formulieren, dass es in der Entscheidungsfreiheit des Sterbenden liegt, wer ihn begleiten darf. Sätze wie »Nur du bestimmst, ob du allein gehen willst oder ob wir dabei sein dürfen« zeigen, dass die Zurückbleibenden sich zurückgenommen haben. Das Loslassen kann dann die Basis für das »Dabeisein« bilden.

Doch nicht immer muss es für Nahestehende problematisch sein, in diesem entscheidenden Moment außen vor zu sein. Als sich bei Steffi die Zeichen mehren, ist es Sonntag, so wie sie es selbst angekündigt hat. Nach einer bewölkten und regnerischen Woche ist es ein strahlend blauer Morgen. »Sogar der Himmel öffnet seine Pforten für sie!«, denkt Greta Rose bei seinem Anblick. Sie verbringt den ganzen Vormittag in Steffis Zimmer, gemeinsam mit Steffis Ehemann

»Ich sterbe an einem Sonntag.«
Steffi kurz vor ihrem Tod.

und einer Hospizschwester. Innerlich aber macht sich Unruhe breit, es plagt sie ein komisches Gefühl. »Ich dachte: Störe ich vielleicht? Möchte Steffi in ›dem‹ Moment lieber allein mit ihrem Mann sein? Je länger ich an ihrem Bett saß, desto stärker wurde der Impuls rauszugehen, aber gleichzeitig fürchtete ich: Das kann ich jetzt nicht bringen, das sieht ja so aus, als würde ich mich verdrücken!« Schließlich teilt sie ihre Gedanken mit Steffis Mann, der antwortet, er sei froh, dass sie es ausspreche, denn er empfinde genauso. Greta küsst ihre Freundin Steffi, die nicht mehr reagieren kann, verabschiedet sich, streichelt im Gehen noch mal ihren Fuß und verlässt den Raum.

Zwei Minuten später steht die Hospizschwester neben ihr: Steffi ist gestorben. »Ich war gerade zwei Minuten raus. Zwei Minuten! Wäre ich im Raum gewesen, hätte Steffi das nicht geschafft. Ich bin so froh, dass ich das gemerkt habe, weil ich glaube, dass Steffi den ganzen Morgen nur gewartet hat, bis ich aus dem Zimmer war. Ich habe ihr immer gesagt: ›Ich mache alles für dich, aber ich habe Angst vor dem allerletzten Augenblick.‹ Und den wollte Steffi mir mit allen Mitteln ersparen.«

Zeit für Abschied

Charlotte »Charly« Helbig findet ihren Weg auf besondere Weise. Die 89-jährige Münchnerin treibt in ihren letzten Stunden eine große Unruhe um, sie möchte »weg«, ohne zu wissen, wohin. In den Morgenstunden war sie aus ihrem Lieblingssessel gefallen, ins Bett wollte sie sich partout nicht mehr legen. Jetzt sitzt ihre Tochter Maria Lehner seit zwei Stunden bei ihr und hält sie fest. Zwei Stunden, in denen Mutter und Tochter Abschied nehmen können.

Schließlich trifft die Krankenschwester ein, und gemeinsam legen sie Charly aufs Bett. Während die Schwester beruhigend auf die alte Dame einredet, um zu verhindern, dass diese wieder aufsteht, klingelt es an der Tür. Der MDK, der Medizinische Dienst der Kranken- und Pflegeversicherung, hat sich für eine Begutachtung angekündigt, um die Kriterien für einen höheren Pflegegrad zu prüfen. Also sitzt Frau Lehner mit der Dame vom MDK am Tisch: »Da hinten stand die Schwester und hinderte meine Mutter am Aufstehen, vorne saß die Dame mit ihrem Laptop mit mir am Tisch. Auf einmal ist meine Mutter ganz ruhig geworden. Sie hat noch mal geschnauft und dann einfach aufgehört. In dem Moment klingelt das Telefon, Prof. Feddersen ist dran und fragt, wie es mir gehe. Und ich sage: ›Das weiß ich auch nicht. Der MDK ist da, und ich glaube, meine Mutter stirbt gerade.‹ Natürlich war die ganze Situation durchaus kurios! Und gleichzeitig genau richtig so. Das, was vorher war, diese zwei Stunden mit Charly, waren für mich eigentlich das Wichtigere.«

Die letzte Entscheidung

Wie viel Einfluss hat die oder der Sterbende auf den einen Moment? Können wir ihn wirklich mitbestimmen? Sterbebegleiter sehen oft, dass Sterbende tatsächlich noch auf jemanden warten. Da wird eine enge Freundin angekündigt. Schließlich, nach langer Bahnfahrt, klingelt sie an der Haustür, und in diesem Moment stirbt drin die Patientin. Da ist der Vater, an dessen Bett sich die Kinder den ganzen Morgen abwechseln und der erst in dem Augenblick aufhört zu atmen, als alle gemeinsam an seinem Bett sitzen. Oder, so Prof. Feddersen: »Da ist der Sohn, der die ganze Nacht aus Süditalien bis nach München rast, gerade mal eine Viertelstunde im Zimmer ist – und der Vater verstirbt. Da beschleicht einen schon das Gefühl, dass der Moment beeinflusst werden kann.«

Oft sind die Sterbenden zu diesem Zeitpunkt schon länger nicht mehr kontaktfähig, haben das Bewusstsein verloren, scheinen nichts mehr mitzubekommen. Prof. Feddersen ist da gänzlich anderer Meinung: »So häufig, wie wir diese Geschichten hören und man retrospektiv das Gefühl hat, das Warten ergab einen Sinn, kann man davon ausgehen, dass der Zeitpunkt des Versterbens durchaus bestimmt werden kann.« Er erlebt sogar, dass Sterbende nicht auf Besuch für sich warten, sondern auf Hilfe für ihre Lieben. Die Ehefrau eines seiner Patienten hatte so große Angst vor dessen Sterben zu Hause, dass sie fürchtete, dem nicht gewachsen zu sein. Nicht die Pflege machte ihr Sorgen, sondern der Augenblick des Sterbens und dass sie dann ganz allein wäre. »Tatsächlich starb der Ehemann genau in dem Augenblick, als das Palliativteam vor Ort war. Dies war der bestmögliche Augenblick für die Ehefrau, denn damit fühlte sie sich maximal abgesichert«, so der Palliativmediziner.

Zum Thema »sanftes Einschlafen« merkt er noch an: »Durch das zunehmende Wissen über Palliativmedizin und Symptomkontrolle steigt spürbar die Erwartungshaltung auf einen ›guten‹ Sterbeprozess. Den gibt es jedoch leider nicht immer. Manche können nicht sanft einschlafen. Manche brauchen noch, bis der richtige Zeitpunkt gekommen ist. Manche sind bis dahin unruhig und rastlos. Das ist wie im Leben, da sind wir ja auch nicht alle Musterschüler.«

Der magische Moment

Und der Moment an sich? Der Augenblick, wenn der Körper sich verabschiedet? Wie erleben ihn die Angehörigen, die Begleiter? Einige nennen ihn heilig, andere wahr, tief oder wegweisend – und für immer im Gedächtnis bleibend. Manchmal hört man noch ein wiederholtes tiefes Luftholen. Und dann ein großes Ausatmen. Manchmal ist es ein fließender Übergang, so Prof.in Claudia Bausewein: »Es ist überwiegend sehr friedlich, wie ein Hinüberschlafen. Oft weiß man gar nicht richtig: War das jetzt genau der Moment? Oder kommt noch ein Atemzug?« Natürlich, so die Professorin, habe sie auch Menschen gesehen, die schwer starben, aber das sei die Ausnahme.

> »WENN EIN MENSCH STIRBT, IST DAS EIN GANZ BESONDERER MOMENT. ICH HABE IMMER DAS GEFÜHL, ALS OB DIE ZEIT DABEI FÜR EINEN KURZEN AUGENBLICK STEHEN BLEIBEN WÜRDE.«
>
> Prof. Berend Feddersen

Bemerkenswert sei für sie die Gleichzeitigkeit der Gefühle: »Wir sehen Erleichterung, weil Leid zu Ende geht, bis Schmerz, weil man einen geliebten Menschen verloren hat. Man kann diese Gefühle in dem Moment gar nicht richtig trennen: Es ist die Trauer über den Verlust und gleichsam Trost über die ›Erlösung‹. Und oft hören wir den Satz: ›Mensch, jetzt hat er/sie es geschafft!‹.«

Ein Gefühl, das auch Greta überkam, als sie erfuhr, dass Steffi »es geschafft hatte«: unendliche Trauer über den Verlust ihrer besten Freundin und ein tiefes Gefühl des Friedens, dass Steffi nun angekommen war. Die enge Erfahrung mit dem Tod hat Greta nachhaltig verändert: »Wir müssen wieder lernen, dass der Tod normal ist. Er gehört zu unserem Leben, er ist nichts, wovor man Angst haben muss. Der Schmerz ist natürlich unermesslich, und ich verstehe, dass einem der Verlust Angst macht. Letztendlich liegt es wohl daran, dass wir als Gesellschaft den Tod wegsperren. Würde man ihn annehmen, wäre der Verlust zwar genauso groß, aber er würde einen nicht wahnsinnig machen.«

Die Pflege daheim in der Praxis

Machen Sie einen Pflegekurs

Wer vermeiden will, seinen Rücken zu schädigen, sollte sich im Vorfeld für einen kostenlosen Pflegekurs anmelden. Dort lernen Sie u. a., kraftsparend zu lagern und zu heben. Ihre pflegebedürftigen Angehörigen werden es Ihnen danken: Für sie wird es mit den richtigen Griffen beim Herausheben aus dem Bett weniger schmerzhaft. Unter guter Anleitung können Pflegebedürftige selbst ein wenig mithelfen und gewinnen so etwas Mitbestimmung zurück. Entsprechende Kurse werden beispielsweise von Krankenkassen und Wohlfahrtsverbänden angeboten.

Holen Sie sich Unterstützung in der Pflege

Wenn es der finanzielle Rahmen bzw. der Pflegegrad zulässt, ist es ratsam, bei zunehmender Pflegebedürftigkeit einen Pflegedienst hinzuzuziehen. Das ist eine der Aufgaben, die man wirklich professionell abgeben kann. Keine Sorge, es bleiben genügend Aufgaben übrig!

Über Hospizvereine oder ambulante Palliativteams kann man Informationen bekommen, welche Pflegedienste in der Nähe besonders gut arbeiten und mit den Palliativteams harmonieren. Dazu gehört z. B. das Bestreben, dass möglichst immer dieselbe Pflegekraft kommt (Bezugspflege) und nicht zu viel Wechsel stattfindet.

Hilfsmittel

Hilfsmittel erleichtern die Pflege zu Hause und sind, wie der Name schon sagt, Mittel zum Helfen. Man beantragt sie bei der jeweiligen Krankenkasse. Häufig ist der Vorgang: Anfrage bei der Kasse – Genehmigung – Auslieferung durch ein Sanitätshaus langwierig. Aus diesem Grund ist es empfehlenswert, schon möglichst frühzeitig entsprechende Hilfsmittel zu beantragen. Zudem gibt es teilweise Sanitätshäuser, die sich besonders bemühen, Hilfsmittel so schnell wie möglich zu besorgen. Bitten Sie am besten Ihre*n Palliativmediziner*in um Rat und weitere Informationen für Ihre Region.

Rollator Wagen zum Festhalten, der mit zwei Handgriffen gebremst werden kann, sich je nach Modell auch als Sitzbänkchen benutzen lässt und oft auch mit einem Korb ausgestattet ist, um beispielsweise Einkäufe unterzubringen. Durch die Haltung bei der Benutzung kommt es zu einem verbesserten Einsatz der Atemhilfsmuskulatur, sodass teilweise das Atmen unterstützt wird und weniger Atemnot auftritt.
Rollatoren sind zu empfehlen bei beginnender Gangunsicherheit oder Schwäche beim Gehen längerer Strecken, um Stürze zu vermeiden. Problematisch wird es, wenn in der Wohnung höhere Türschwellen bzw. viele Teppichkanten vorhanden sind. Dem lässt sich abhelfen durch kleine Dreieckshölzer/Rampen bzw. indem Teppiche entfernt werden.

Rollstuhl Hier gibt es sehr unterschiedliche Modelle und Preise. Generell ist vorab die Frage zu klären, ob ein Rollstuhl eher für draußen oder für die Wohnung erforderlich ist, um insbesondere die Breite entscheiden zu können – bei vielen Türen stößt man da schnell an die Grenzen. Außerdem gibt es Modelle, die relativ einfach zusammengeklappt bzw. auseinandergefaltet werden können, um auch in einem »normalen« Kofferraum Platz zu finden. Die Bewilligung elektrischer Rollstühle wird von den Krankenkassen wegen der hohen Kosten sehr streng geprüft.

Pflegebett Es bietet zwar die Funktionen eines Krankenhausbettes, ist aber kein »Ungetüm« aus Plastik und Stahl, sondern wirkt durch die Holzanteile deutlich gefälliger und wohnlicher. Die Seitengitter können bei Sturzgefahr aus dem Bett erhöht werden, haben aber nicht die Anmutung von Bettgittern. Ein Pflegebett hat den klaren Vorteil, dass die Bein- und Oberkörperlage elektrisch höhenverstellbar ist. Das ist beispielsweise sinnvoll, wenn man im Bett lesen möchte oder bei Beinödemen die Füße zum besseren Abfluss hochlagern sollte. Durch die Höhenverstellbarkeit der gesamten Bettfläche werden Aufstehen und Hinlegen deutlich vereinfacht.

Elektrischer Einlegerahmen Wenn ein Pflegebett noch nicht notwendig ist, kann man von einem Sanitätshaus einen elektrischen Einlegerahmen leihen. Dafür ist ausreichend Platz für den Motor unter dem eigenen Bett Voraussetzung. Vorteile bieten hierbei wie beim Pflegebett die höhenverstellbaren Kopf- und Fußteile, die Gesamthöhe des Bettes zum leichteren Aufstehen und Hinlegen lässt sich jedoch nicht verändern.

Matratze Antidekubitusmatratzen gibt es als Weichlagerungsmatratzen zur Verminderung von Druckstellen oder damit schon vorhandene Rötungen nicht aufgehen. Eine Wechseldruckmatratze ist eine gekammerte Matratze, wobei sich einzelne Kammern füllen und die Luft intervallmäßig wieder abgelassen wird. Diese sind geeignet bei kompletter Bettlägerigkeit und vorhandenem Dekubitus. Es ist jedoch zu bedenken, dass dadurch auch die sensorische Wahrnehmung über die Lage im Raum eingeschränkt sein kann. Zudem ist die Mobilisation an den Bettrand oder aus dem Bett heraus schwierig.

Betteinlage (Ab-)waschbare Betteinlagen sind eine große Hilfe, falls es zu Durchfall oder Erbrechen etc. kommt. Es empfiehlt sich, zwei Exemplare anzuschaffen, um sie wechseln zu können.

Toilettensitzerhöhung Mit ihr sitzt man insgesamt höher auf der Toilette. Wenn die Kraft in den Beinen nachlässt, erleichtert dies das Hinsetzen und Aufstehen.

Toilettenstuhl Dieser Stuhl hat ein Loch in der Mitte, unter das man eine Bettpfanne schiebt. Er kann direkt neben das Bett gestellt werden, wenn das Gehen zur Toilette Probleme bereitet. Viele dieser Stühle haben bremsbare

Rollen unter den Füßen und eignen sich daher auch – zumindest über kurze Strecken – für den Transport der oder des Pflegebedürftigen im Sitzen. Ohne Bettpfanne kann der Toilettenstuhl auch direkt über die geöffnete Toilette geschoben werden. Mit einer auflegbaren Platte lässt sich der Stuhl verschließen und ist so als Sitzgelegenheit nutzbar.

Dusch- und Badewannenhilfen Wenn das Duschen oder Baden durch zunehmende Schwäche schwerer fällt, können diverse Hilfsmittel das Waschen in der Dusche oder Badewanne weiter ermöglichen. In der Dusche ist ein Duschhocker nützlich, da man sich so im Sitzen duschen oder abduschen lassen kann. Bei der Badewanne sind meist der Ein- und Ausstieg schwierig. Hierfür gibt es eine Vielzahl an speziellen, auch einfach zu montierenden Spezialgriffen. Mit einem Badewannenbrett, das über die Wanne gelegt wird, kann man sich dort sitzend waschen. Beim Badewannenlifter steigt man seitlich auf einen Sitz auf, um mit diesem über den Wannenrand zu fahren und per Kurbel in die Badewanne abgelassen zu werden.
Größere Umbaumaßnahmen wie eine wasserdichte Tür in der Wand der Badewanne oder ein barrierefreier Zutritt in die Dusche sind meist kostspielig und es dauert zu lange, bis sie realisiert sind.

Elektrischer Treppenlift Die dafür nötigen Baumaßnahmen sind sehr kostspielig, die Realisierung ist meist zeitaufwendig. Ob es überhaupt möglich ist, einen Treppenlift einzubauen, hängt im Wesentlichen von der Treppenbreite und Kurvenenge ab.

Scalamobil Dabei handelt es sich um eine mobile, am Rollstuhl anzubringende Treppensteighilfe: Die zu befördernde Person sitzt im Rollstuhl und wird Stufe für Stufe von einem Helfer hinunter- bzw. hinaufgefahren. Dies erfordert sowohl von dem oder der Pflegebedürftigen als auch vom Helfer einige Übung. Wenn die Treppenkurven zu eng oder die -stufen zu schmal sind, scheidet ein Scalamobil als Option allerdings aus.

Symptomkontrolle in der Sterbephase

Medikamentengabe In der Sterbephase kann auf eine Vielzahl von Medikamenten verzichtet werden. Nicht nur, dass sie häufig nicht mehr geschluckt werden können, sie sind – bis auf einige Ausnahmen – auch nicht mehr notwendig. Es ist daher sinnvoll, bereits in den Wochen, in denen sich eine Sterbephase abzeichnet, die Medikamentenliste mit der behandelnden Hausärztin durchzugehen und sukzessive nicht mehr benötigte Arzneimittel abzusetzen.

GUT ZU WISSEN
Medikamente in der Betreuung durch den Hausarzt

Von Dr. med. Christoph Seitz, Hausarzt und Internist

Grundsätzlich unterscheiden sich die Basismedikamente in den unterschiedlichen Betreuungssituationen nicht. Priorität haben die Schmerzbekämpfung, die Behandlung von Angst und Depression, Atemnot, Übelkeit und Erbrechen.
Hier muss man als Hausarzt unbedingt seine Grenzen kennen. Dazu gehört, die veränderte Behandlungsintention der kurativen zur palliativen Medizin zu erkennen, anzuerkennen und umzusetzen. Dies beinhaltet auch den Verzicht auf bisher verabreichte, jetzt aber unnötige oder quälende Medikamente.
In schwierigen Fällen muss der Hausarzt, wenn er nicht über das Wissen und die Ausbildung in moderner palliativer Schmerztherapie verfügt, selbstverständlich mit den Palliativmediziner*innen zusammenarbeiten oder die Behandlung in deren Hände legen.
Prinzipiell ist die Sterbebegleitung häufig medikamentös recht unspektakulär, die aufmerksame und sorgfältige Betreuung und Pflege nach den hygienischen und fachlichen Standards sind wesentlich wichtiger.

Mundtrockenheit Meist wird ausschließlich durch den offenen Mund geatmet, was die Mundschleimhäute austrocknet. Daher können Angehörige immer wieder den Mund mit einem kleinen Sprühfläschchen befeuchten oder ein kleines Schwämmchen am Stiel zu Hilfe nehmen. Keinesfalls sollte man dies mit den bloßen Fingern tun, denn insbesondere wenn der Patient komatös ist und durch die unerwartete Berührung reflexartig den Mund schließt, würde der Patient dem Pflegenden auf den Finger beißen. Nicht empfehlenswert sind Zitronenstäbchen, wie sie etwa nach einer OP zum Mundbefeuchten angeboten werden – sie führen in diesem speziellen Fall zu verstärkter Mundtrockenheit. Da auch die Lippen austrocknen, ist ein entsprechender Pflegestift für den Patienten oder die Patientin sehr angenehm.

Schmerzhaftes Liegen Durch die verminderte Fähigkeit, sich im Bett zu drehen, kommt es häufig zu Druckgeschwüren, vor allem im Steißbereich. Gerade in der Sterbephase kann durch eine sogenannte Mikrolagerung verhindert werden, dass das Liegen schmerzhaft wird. Dazu wird der Patient oder die Patientin beispielsweise auf die Seite gedreht und zur Stabilisation ein Kissen in den Rücken gesteckt. Durch leichtes Herausziehen des Kissens alle drei Stunden ändert sich die Lage immer um ein paar wenige Grad, bis das Kissen komplett herausgezogen ist und die betreffende Person wieder auf dem Rücken liegt. Diese Methode kann man nicht nur bei der Seitenlagerung, sondern auch bei der Bauch- oder Rückenlagerung beispielsweise durch ein Kissen unter einer Gesäßbacke erreichen. Da der Druck auf die Fersen ebenfalls groß werden kann, empfiehlt es sich, diese durch eine Kissenrolle frei zu lagern.

Mikrolagerung

Vorbeugung gegen Wundliegen durch Umlagern Schritt für Schritt

AUF EINEN BLICK
Medikamente gegen Übelkeit und Erbrechen

Ursachen	Beispiele	Wirksame Medikamente
Gehirnassoziiert	Erhöhter Hirndruck, Angst	Lorazepam, Dexamethason, Levomepromazin
Magen-Darm-assoziiert	Magenentleerungsstörung bei Lebervergrößerung, Magengeschwür, Verstopfung, verminderte Darmperistaltik, Bestrahlungsfolgen des Bauchraumes, Bauchwasser (Aszites)	Haloperidol, Metoclopramid, Ondansetron
Stoffwechselbedingt	Medikamente, künstliche Ernährung, Stoffwechsel- oder Elektrolytstörungen	Haloperidol, Metoclopramid, Ondansetron
Störungen des Gleichgewichtssinns	Entzündung der Gleichgewichtsnerven	Dimenhydrinat, Scopolamin, Levomepromazin

Übelkeit und Erbrechen Neben dem Gefühl, sich übergeben zu müssen, können bei Übelkeit Blässe, kalter Schweiß, vermehrter Speichelfluss, Anstieg der Herzfrequenz und Durchfälle auftreten. Beim Erbrechen kommt es zum Auswurf von Mageninhalt.

Die Ursachen können sehr unterschiedlich sein. Natürlich sollte man als Erstes versuchen, sie herauszufinden, um dann dagegen vorgehen und gegebenenfalls spezifische Medikamente einsetzen zu können.

Ratsam ist, den sozialen Druck gegenüber Patientin oder Patient, etwas essen zu müssen, zu reduzieren. Dann wird der Arzt das passende Arzneimittel gegen die Übelkeit in ausreichender Dosis wählen und dabei überlegen, ob es in Tabletten- oder Tropfenform noch im Körper behalten werden kann. Wenn das Erbrechen zu häufig oder anhaltend ist, kann man auf andere Darreichungsformen wie Spritze, Zäpfchen oder die Gabe über den Port zurückgreifen.

Medikamente, die ursprünglich gegen psychische Störungen entwickelt wurden, z. B. Haloperidol oder Levomepromazin, sind in geringer Dosis sehr wirksam gegen Übelkeit und Erbrechen. Daher sollte man ihre Verordnung nicht falsch verstehen.

Verstopfung Verstopfung wird meist begleitet von krampfartigen ziehenden Schmerzen, einem aufgeblähten Magen-Darm-Bereich, Völlegefühl, Appetitlosigkeit, Übelkeit und teilweise Erbrechen. In der Regel hat dies verschiedene Ursachen, u. a. wenig Bewegung, verminderte Aufnahme von Flüssigkeit und Nahrung, ballaststoffarme Ernährung, Medikamente (hier vor allem Opiate, weil sie die Darmtätigkeit lähmen), Druck auf den Darm durch Tumor oder Metastasen oder Elektrolytverschiebungen wie ein niedriger Kaliumwert.
Patient*innen, die zur Therapie von Schmerzen oder Atemnot Opiate bekommen, sollten prophylaktisch Medikamente gegen Verstopfung einnehmen oder zumindest zu Hause haben. Bei den Abführmitteln unterscheidet man generell zwischen stimulierenden Laxanzien (sie regen die Darmtätigkeit an, z. B. Na-Picosulfat und Bisacodyl) und osmotischen Laxanzien bzw. Gleitmitteln (sie machen den Stuhl geschmeidig, z. B. Macrogol, Lactulose, Sorbit oder Paraffin). Zunächst gibt man entweder stimulierende oder osmotische Laxantien. Reicht das nicht aus, werden sie kombiniert. Führt dies auch nicht zum Stuhlgang, verabreicht man Zäpfchen wie z. B. Glycilax und Dulcolax, macht einen Minieinlauf mit z. B. Microklist oder einen hohen Einlauf mit einem Darmrohr. Dafür gibt es sehr unterschiedliche Mischungen, die von »normaler« Einlaufflüssigkeit wie Freka-Clyss bis zu Milch und Honig oder Cappuccino reichen. Bleibt dies alles erfolglos, kann man als seltene Maßnahmen versuchen, das Problem mit den Fingern auszuräumen oder Röntgenkontrastmittel zu geben.

Darmverschluss Wenn eine Verstopfung nicht behoben wird, kann es zum Darmverschluss kommen. Dann ist eine Passage von Nahrungsbrei durch den Darm nicht mehr möglich. Durch die mechanische Blockade kommt es in den meisten Fällen zu Erbrechen und Schmerzen im Bauch; teilweise treten Durchfälle auf. Außerdem sammelt sich viel Luft im Magen-Darm-Trakt, es kommt zu Mundtrockenheit und Durstgefühl.

Je nach Krankheitsphase und medizinischer Gesamtsituation kann eine Operation erwogen werden, bei der man das verschlossene Stück Darm herausschneidet und die beiden Enden wieder zusammennäht. Eine medikamentöse Therapie hat zum Ziel, die Hauptsymptome zu reduzieren. Gegen Schmerzen helfen Metamizol, Butylscopolamin oder Opiate. Ein Erbrechen sollte auf ein- bis zweimal pro Tag reduziert werden. Dabei helfen Medikamente, die die Sekretbildung hemmen, z. B. Butylscopolamin. Die Mundpflege ist regelmäßig durchzuführen. Der Patient kann nach Wunsch trinken und flüssige leichte Kost oder Eis zu sich nehmen. Auch das Lutschen von kleinen Eiswürfeln oder Crunched Ice kann helfen. Eine künstliche Ernährung über den Port ist nicht notwendig, da es dadurch nicht zu einer Verbesserung der Lebensqualität oder einer Lebensverlängerung kommt. Dies ist nur dann zu überlegen, wenn die oder der Betroffene eher an den Folgen der Mangelernährung als am Tumor verstirbt.
Was teilweise Erleichterung bringt, ist eine sogenannte Ablauf-PEG, die jedoch im Krankenhaus gelegt werden muss. Dabei wird ein Schlauch in den Magen eingebracht, sodass der Patient flüssige Kost und Getränke mit Geschmackswahrnehmung hat und diese dann wieder direkt in einen Beutel ablaufen lässt.

Schmerzen Ihre Einteilung erfolgt in nozizeptiv (durch Aktivierung von Schmerzrezeptoren) und neuropathisch (durch Erkrankung zentraler oder peripherer Nerven). Nozizeptive Schmerzen sind bohrend, dumpf, drückend, pochend, schneidend, spitz, stechend, ziehend oder kolikartig, neuropathische Schmerzen brennend, attackenartig, hell und einschießend.
Das Erkennen der Schmerzursache ist Voraussetzung für eine erfolgreiche Therapie. Bei Patienten und Patientinnen mit Tumoren können tumorbedingte (über 80 Prozent), therapiebedingte (15 bis 20 Prozent), tumorassoziierte (10 Prozent) und vom Tumor unabhängige Schmerzen auftreten. Sie entstehen beispielsweise durch Druck auf Nerven/-geflechte, durch Knochenbrüche bei Knochenmetastasen, Verlegung von Hohlorganen wie etwa dem Darm oder Schwellung von Geweben, deren äußere Hülle sehr gut mit Nerven versorgt und somit schmerzempfindlich ist (z. B. Leberkapselschmerz).
Da die Schmerzintensität ein subjektives Erleben ist, hat es sich bewährt, sie durch Selbsteinschätzung und Beschreibung des Patienten vornehmen zu lassen.

Somit bleibt man in dessen Koordinatensystem des individuellen Empfindens und kann den Erfolg der Schmerztherapie beurteilen. Die Patienteneinschätzung kann schriftlich erfolgen oder erfragt werden. Eine Möglichkeit hierzu ist eine Skala von 0 bis 10:

Subjektiv empfundene Schmerzintensität

Skala zum Markieren durch die Patient*innen

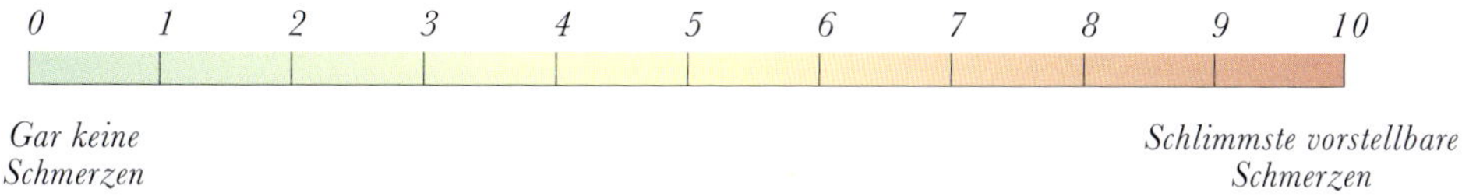

0: Gar keine Schmerzen
1: Sehr geringe Schmerzen
2: Geringe Schmerzen
3: Erträgliche Schmerzen
4: Mittelstarke Schmerzen
5: Etwas stärkere Schmerzen
6: Stärkere Schmerzen
7: Starke Schmerzen
8: Sehr starke Schmerzen
9: Immense Schmerzen
10: Schlimmste vorstellbare Schmerzen

Ist die Ursache für die Schmerzen bekannt, wird zunächst versucht, diese zu behandeln. Ansonsten erfolgt die Therapie nach folgenden Grundregeln:

- Regelmäßige Einnahme nach einem festen Zeitschema. Eine Einnahme nur nach Bedarf ist nicht ausreichend, da sonst die nächste Gabe erst dann zum Einsatz kommt, wenn der Schmerz schon wieder eine gewisse Stärke erreicht hat; das macht es deutlich schwieriger, ihn zu minimieren. Das feste Zeitschema beugt damit einer Chronifizierung vor und verhindert sogenannte Durchbruchschmerzen, also plötzlich auftretende extrem starke Schmerzverschlimmerungen, die eine Basisschmerztherapie durchbrechen.

- Primärtherapie durch Medikamente, die geschluckt werden können.
- Individuelle Therapie durch die Basismedikation mit einem Retardpräparat. Die meisten Retardpräparate haben eine Wirkdauer von 12 Stunden, sodass eine Gabe morgens und abends ausreichend ist. Im Bedarfsfall, wenn zusätzlich Schmerzen auftreten, kann eine Bedarfsmedikation eingenommen werden. Dabei beträgt die Höhe der Bedarfsmedikation in der Regel ein Sechstel der Basismedikation, jedoch als schnell wirksames Präparat.
  Wenn mehr als dreimal pro Tag die Bedarfsmedikation eingenommen wird, sollte die Basismedikation um diese Menge insgesamt angehoben werden.
  So entsteht eine höhere Basismedikation, die auch wieder entsprechend der Ein-Sechstel-Regel eine höhere Bedarfsmedikation bedingt.

Basis- und Bedarfsmedikation

Bedarfsgerechte Erhöhung der Basismedikation

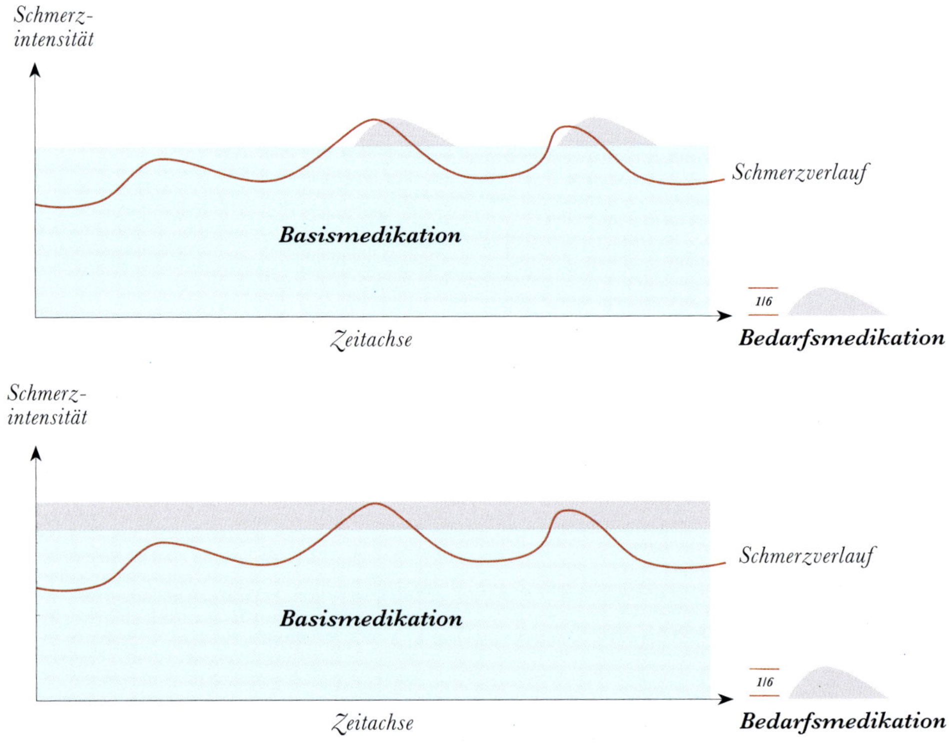

- Therapie nach dem Stufenschema der Weltgesundheitsorganisation (WHO):
  Stufe 1: Beginn mit einem peripheren (Wirkort außerhalb des Gehirns) und nicht-opioidhaltigen Schmerzmittel, z. B. Metamizol, Paracetamol, Ibuprofen.
  Stufe 2: bei unzureichendem Effekt Zugabe eines schwachen Opioids, z. B. Tramadol, Tilidon/Naloxon.
  Stufe 3: wenn nicht ausreichend, wird das schwache Opioid durch ein starkes ersetzt, z. B. Morphin, Hydromorphon, Fentanyl.
  Stufe 4: wenn nicht ausreichend, kann man eine interventionelle Schmerztherapie einsetzen, z. B. Nervenblockade.

Die Begleitmedikation über alle Stufen hinweg kann in Antidepressiva, Antiepileptika, Steroiden und muskelentspannenden Medikamenten bestehen.

Aufbau der Schmerztherapie

gemäß dem Stufenschema der Weltgesundheitsorganisation

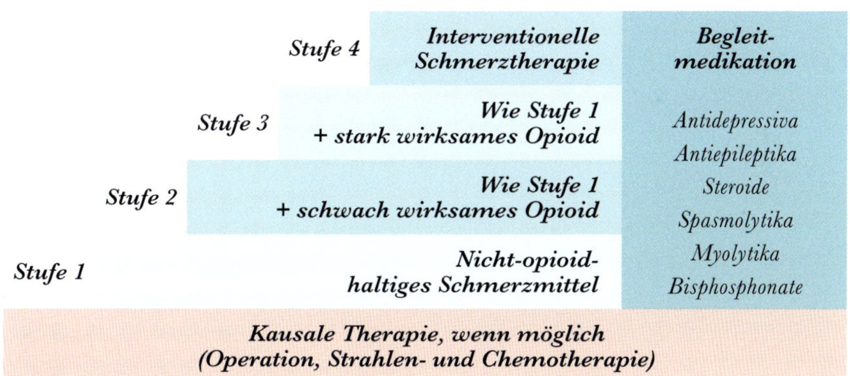

Da es nicht nur körperliche Ursachen für Schmerzen gibt, sondern diese auch durch psychische, spirituelle oder soziale Faktoren getriggert bzw. unterhalten werden können, ist es wichtig, diese in der Schmerztherapie mit zu berücksichtigen (siehe Seite 22; Total-Pain-Modell). Diese nicht körperlichen Symptome können auch der Grund sein, warum eine reine Erhöhung der Schmerzmedikation keine Reduktion der Schmerzen bewirkt.

Viele Angehörige machen sich Sorgen, dass Schmerzen in der Sterbephase nach Verlust der Kontaktfähigkeit nicht mehr diagnostiziert werden können. Palliativmedizinerinnen und -mediziner wissen jedoch den Gesichtsausdruck des Patienten oder der Patientin gut zu deuten. Wenn beispielsweise eine ausgeprägte Stirnfalte besteht, es zum Stöhnen bei der Körperpflege kommt oder vermehrtes Schwitzen auftritt, können dies deutliche Anzeichen für Schmerzen sein. Die Behandlung kann auch dann noch gut erfolgen, wenn das Schlucken nicht mehr funktioniert, indem die Medikamente über eine subkutane Pumpe unter der Haut oder über einen Port in die Venen gegeben werden.

GUT ZU WISSEN
Ursachen für eine unzureichende Schmerztherapie

- Mangelndes Wissen der Fachkräfte, Patient*innen und Angehörigen über die Schmerztherapie (z. B. WHO-Stufenschema; siehe Seite151)
- Zurückhaltung der Patient*innen bei der Einnahme von Schmerzmitteln, zu seltene Bereitstellung der Bedarfsmedikation durch Angehörige
- Unklarheiten in der ärztlichen Anordnung (z. B. Dosis, Zeitabstände) oder in deren Ausführung
- Fehlende Kenntnisse über die Beschaffung und Verschreibung von Betäubungsmitteln
- Bestehen von Morphinmythen (siehe Seite 154 ff.)

Ausscheidungen Durch das Erschlaffen der Muskulatur von Darm und Blase kann es in der Sterbephase und auch noch nach dem Versterben zu Ausscheidungen kommen, weshalb Windeln, Windelhosen und Einlagen sehr hilfreich sein können.

Verwirrtheit Sie kann sich mit folgenden Symptomen zeigen: Störung von Orientierung, Aufmerksamkeit und Gedächtnis, zum Teil mit Unruhe, Aggression, Trugwahrnehmungen oder Veränderung der Stimmung. Wenn möglich und bekannt, sollte die Ursache identifiziert und behandelt werden. Primär ist

diese oft schwierige Situation mit der veränderten Wahrnehmung sowohl der Patientin wie auch den Angehörigen und dem gesamten Team zu erklären. Die Umgebung des Patienten sollte möglichst ruhig und sicher sein, mit eher wenigen und bekannten Personen. Auch Lieblingsmusik, Berührungen und Aromatherapie wirken unterstützend.
Wenn Unruhe und Agitation mit heftigem Bewegungsdrang im Vordergrund stehen, können Medikamente beruhigen (z. B. Diazepam, Midazolam) und Ängste verringern (Lorazepam). Bei Trugwahrnehmungen wie Halluzinationen sind Medikamente hilfreich, die antipsychotisch wirken (z. B. Haloperidol, Melperon, Levomepromazin, Risperidon oder Olanzepin).

Terminale Unruhe Sie kann sehr viele unterschiedliche Ursachen haben. Dazu zählen psychische Faktoren wie Angst und unerledigte Angelegenheiten, Symptome wie Schmerzen und Atemnot, aber auch Nebenwirkungen von Medikamenten sowie verschiedene Faktoren, die die Gehirnfunktion beeinflussen, wie vermehrte Ansammlungen von Abfallprodukten oder Elektrolytverschiebungen. Günstig wirkt sich in solchen Situationen das Einkehren von Stille aus, durch die Anwesenheit einiger weniger Angehöriger, die Ruhe ausstrahlen. Teilweise helfen Musik und die vertraute Bettdecke. Wenn möglich, sollte die auslösende Ursache behandelt werden. Medikamente können helfen, wenn die Unruhe quälend wird oder große Ängste im Vordergrund stehen. Dabei ist das Medikament Lorazepam (Tavor Expidet) zu empfehlen, da es als Schmelztablette einfach oral aufgenommen werden kann und eine angstlösende Wirkung hat. Wenn Trugwahrnehmungen große Unsicherheit hervorrufen, können diese mit Antipsychotika (Neuroleptika) behandelt werden.

Rasselatmung Sie kann man lindern, indem man den Sterbenden auf die Seite dreht, um Sekret ablaufen zu lassen. Infusionen sollten abgesetzt werden, da dies häufig zu einer weiteren Schleimproduktion beiträgt und das Rasseln verstärkt. Als Medikamente können Präparate unter die Haut gespritzt werden, die die Bildung von Sekretionen hemmen, z. B. Butylscopolamin. Absaugen ist eher nicht hilfreich, denn mit dem Sauger kommt man nicht an die Stelle, wo sich das Sekret gebildet hat, nämlich zwischen die Stimmlippen. Berührt man, um dorthin zu kommen, die hintere Rachenwand des Sterbenden, muss man mit dem zusätzlichen Symptom Erbrechen rechnen. Für komatöse Patienten bedeutet dies sehr großen Stress. Darüber hinaus bildet sich durch die Manipulation an der Mundschleimhaut meist noch mehr Sekret.

Morphinmythen

84 Prozent aller Patienten mit Tumorschmerzen brauchen starke Opioide vom Typ des Morphins (Angaben nach Prof. Dr. E. Klaschik, ehemaliger Lehrstuhlinhaber für Palliativmedizin in Bonn; Zahlen aus dem Jahr 2000). Ein Update aus dem Jahr 2013 lässt jedoch eine Trendwende vermuten: Mittlerweile werden in Deutschland mehr Morphine verschrieben; im europäischen Vergleich liegt Deutschland auf Platz 3 hinter Dänemark und Großbritannien.
Allein das Wort »Morphium« löst bei vielen Menschen Ängste aus. Es steht hier für alle Opioide, also alle Medikamente, die zu dieser Stoffgruppe gehören. Wenn das Opioid einen anderen Namen hat, bestehen erfahrungsgemäß weniger Vorurteile. Einige der häufigsten Mythen rund um Morphin (die moderne Bezeichnung für Morphium) sind im Folgenden aufgeführt.

Mythos: »Morphium bekommt man zum Sterben«

Tatsache: Morphium ist eines der besten Schmerzmittel, es hat weniger Nebenwirkungen als viele andere Schmerzmedikamente und kann über lange Zeit gegeben werden.

Mythos: »Wenn man erst mal Morphium bekommt, dämmert man nur noch vor sich hin«

Tatsache: Viele Patientinnen und Patienten bekommen über lange Zeit hohe Dosen an Opioiden und sind dabei wach und klar. Es ist vielmehr so, dass der Schmerz einen Menschen für alles andere blockiert. Erst wenn die Schmerzen leichter werden, können Betroffene wieder am Leben teilnehmen, vielleicht noch letzte wichtige Dinge regeln. Es ist immer eine Frage der richtigen Dosierung. Ziel ist, dass die Schmerzen erträglich sind, der oder die Schwersterkrankte dabei aber wach, kritikfähig und umweltinteressiert bleibt.

Mythos: »Morphium macht abhängig«
Tatsache: Regelmäßige Opioideinnahme bei starken Schmerzen nimmt die Schmerzen, führt aber in der Regel nicht zu einem Zustand der Euphorisierung und somit nicht zu psychischer Abhängigkeit. Wird der Patient von der Schmerzursache befreit, können die Opioide somit ohne Schwierigkeiten abgesetzt werden. Da es aber zu einer körperlichen Gewöhnung kommt, muss schrittweise reduziert werden. Studien belegen, dass der Trend des zunehmenden Gebrauchs von Opioiden zur Schmerztherapie anscheinend keinen Anteil an der Zunahme von gesundheitlichen Konsequenzen von Opioidmissbrauch hat.

Mythos: »Man darf Morphium nicht zu früh einsetzen, weil es an Wirkung verliert«
Tatsache: Solange die Schmerzursache gleich bleibt, kann auch die Opioiddosierung oft gleich bleiben. So ist bei vielen Schwersterkrankten die einmal als wirksam ermittelte Dosierung über einen längeren Zeitraum konstant. Wird im Laufe der Zeit eine höhere Opioiddosis benötigt, ist das oft ein Anzeichen für die Veränderung des Schmerzes, z. B. durch Fortschreiten der Krankheit oder neue Schmerzursachen. Opioide sollen so früh wie nötig eingesetzt werden, wenn der Tumorschmerz durch andere Medikamente nicht mehr auf ein für den oder die Betroffene*n gut erträgliches Maß reduziert werden kann.

Mythos: »Der Einsatz von Morphium beschleunigt den Todeseintritt«
Tatsache: Wenn Opioide gegen Schmerzen in der richtigen Dosis gegeben werden, so verkürzt dies die Lebensdauer nicht. In einer Studie wurde nachgewiesen, dass sich Schmerzen deutlich lebensverkürzend auswirken, Schmerzlinderung dagegen eher eine lebensverlängernde Wirkung zeigt.

Mythos: »Die Wirksamkeit von Morphium lässt sich ab einer gewissen Dosis nicht mehr steigern«
Tatsache: Bei Opioiden gibt es keine Tagesmaximaldosis. Falls bei hohen Dosen die Nebenwirkungen überwiegen, sollten die Fachkräfte daran denken, das Medikament zu wechseln (»Opioidrotation«).

Mythos: »Morphium führt zu verlangsamter Atmung (Atemdepression)«
Tatsache: Die regelmäßige Opioideinnahme in angemessener Dosis führt nicht zu Atemdepression und Atemstillstand. Niedrig dosiert werden Opioide in der Palliativmedizin sogar zur Behandlung von Atemnot eingesetzt.

Mythos: »Viele Patient*innen vertragen Morphium nicht gut«
Tatsache: Die häufigsten Nebenwirkungen von Opioiden sind Übelkeit mit Erbrechen sowie Verstopfung. Beides kann sehr gut behandelt werden. Das Mittel gegen Übelkeit kann man meist nach einigen Tagen wieder absetzen; die Darmträgheit muss in der Regel dauerhaft behandelt werden. Nur wenige Patienten und Patientinnen reagieren nicht gut auf Morphine – dann muss man ein anderes Opioid wählen.

Notfallpläne

Ein Notfall ist definiert als Zustand, der zur Destabilisierung des Systems führt, mit den üblichen Strategien nicht mehr bewältigt werden kann und somit zu einer Bedrohung führt. Das System kann sich nicht mehr aus sich selbst heraus stabilisieren. In solch einer Situation hilft ein Notfallplan, da damit wieder eine Bewältigungsstrategie zur Verfügung steht, um die Krisensituation schließlich zu meistern.
Mögliche Notfallsituationen sollten im Idealfall vorausschauend erkannt werden, um diese im Vorfeld besprechen und die passenden Notfallpläne erstellen zu können. Die jeweils benötigten Medikamente müssen vor Ort hinterlegt werden. Damit lässt sich dann entsprechend rasch und zielgerichtet handeln. Insgesamt kommen Notfallsituationen in der Praxis aber glücklicherweise extrem selten vor.

Blutung Blutungen können vor allem bei Tumoren im Halsbereich auftreten. Dies kommt durch die enge Lage zu großen hirnversorgenden Gefäßen zustande, die durch den Tumor zerstört werden, mit der Konsequenz einer Blutung nach außen. Blutungen können jedoch auch in der Lunge bei Lungentumoren auftreten oder in der Speiseröhre beim Vorhandensein von Speiseröhrenvarizen.

Insgesamt kann dies durch Störungen im Gerinnungssystem noch verstärkt werden, beispielsweise bei starker Leberschädigung, da die Leber für die Produktion der Gerinnungsfaktoren zuständig ist. Bei Blutungen im Magen oder in der Speiseröhre kommt es durch den Kontakt des Blutes mit der Magensäure zu einer Schwarzverfärbung des Blutes und einem möglichen sogenannten Kaffeesatzerbrechen – das Erbrochene ist schwarz und bröselig.

AUF EINEN BLICK
Fachbegriffe schnell erklärt

Subkutan = »unter die Haut« (s. c.). Spritze ins Unterhautfettgewebe, etwa an Bauch- oder Brustwand, Oberschenkel oder Oberarm

Intravenös = »in die Vene« (i. v.). Spritze in die Vene

Beispiel für einen Notfallplan bei Blutungen

- Eine Person bleibt bei Patient oder Patientin
- Ruhe bewahren
- Sedierung, um Bewusstsein und Angst zu reduzieren: Lorazepam (Tavor Expidet®) 1–2,5 mg unter die Zunge und/oder 5–10 mg Midazolam i. v., s. c.
- Bei Schmerzen oder Atemnot: Morphin 2,5 mg i. v., s. c.
- Auslegung von dunklen Tüchern, damit das rote Blut auf weißen Tüchern nicht zusätzliche Angst auslöst
- Lokale Blutstillung bei einer Blutung nach außen: Tamponade, Kompression, Suprarenin® lokal 1 ml in 10 ml NaCl-Spülung oder Kompressen auflegen oder Cyklokapron® lokal auf Kompressen oder Otriven® Nasentropfen lokal

Atemnotattacke Sie kann bei Patientinnen und Patienten mit Atemnot immer wieder auftreten. Für diese Fälle sollte eine entsprechende Bedarfsmedikation im Haus sein. Bei manchen Erkrankungen kann es zu einer plötzlichen massiven Atemnot kommen, wenn beispielsweise die Atemwege akut verlegt werden. Dies ist dann ein absoluter Notfall, der aber extrem selten vorkommt.

Beispiel für einen Notfallplan bei Atemnotattacken

- Eine Person bleibt bei Patient oder Patientin
- Ruhe bewahren, beim eigenen gleichmäßigen Atemrhythmus bleiben
- Kleidung der Patientin lockern, sitzende Lagerung
- Gesicht des Patienten kühlen, Fenster öffnen, eventuell Ventilator einschalten
- Sedierung, um Bewusstsein und Angst zu reduzieren: Lorazepam (Tavor Expidet®) 1–2,5 mg unter die Zunge und/oder 2,5 mg Midazolam i. v., s. c.
- Gegen die Atemnot Morphin 2,5 mg i. v., s. c.

Verwirrtheit Verwirrtheitssyndrome entwickeln sich häufig über einen längeren Zeitraum. Spätestens wenn delirante Phasen auftreten, sollte ein Notfallplan hinterlegt werden.

Beispiel für einen Notfallplan bei Delir

- Eine Person bleibt bei Patient oder Patientin
- Ruhe bewahren
- Ohne vorausgegangene Verwirrtheit: Lorazepam (Tavor Expidet®) 1–2,5 mg unter die Zunge oder i. v.
- Wenn Verwirrtheit vorausging und Vormedikation mit Antipsychotika besteht, dann entsprechenden Bedarf verabreichen
- Ohne Vormedikation: z. B. Haloperidol s. c., i. v. 1–2 mg

Epileptischer Anfall Patient*innen mit einer vorbekannten Epilepsie oder hirnorganischen Erkrankungen wie Gehirntumor oder Hirnmetastasen haben ein erhöhtes Risiko, einen Anfall zu erleiden. Generell gibt es keine Empfehlung einer prophylaktischen Gabe von Antiepileptika, bevor es zu einem epileptischen Anfall gekommen ist. Oft ist es nicht einfach zu erkennen, ob es sich um einen epileptischen Anfall handelt, wenn die klassischen klonischen (rhythmischen) Zuckungen nicht auftreten. Anfälle können sich z. B. auch als Bewegungsarrest (völlige Bewegungslosigkeit), Sprachstörung oder Automatismen (automatisiert ablaufende Bewegungen) zeigen.

Beispiel für einen Notfallplan bei einem epileptischen Anfall

- Eine Person bleibt bei Patient oder Patientin
- Ruhe bewahren

- Gegenstände, die Verletzungen verursachen könnten, entfernen
- Wenn möglich, Patient oder Patientin auf die Seite lagern, Kopf weich lagern, nicht festhalten
- Lorazepam (Tavor Expidet®) 2,5 mg unter die Zunge oder Midazolam 2,5 mg s. c., i. v.

Palliative Sedierung

Die palliative Sedierung ist der überwachte Einsatz von Medikamenten in der Terminalphase mit der Absicht, die Patientin schlafen zu lassen, um so die Belastung durch sonst unerträgliches und durch keine anderen Mittel beherrschbares Leiden zu lindern. Dies soll in einer für den Patienten, seine Familie und die Behandler ethisch akzeptablen Weise geschehen. Die Sedierung kann mit Unterbrechungen oder kontinuierlich erfolgen und eine oberflächliche (mit reduziertem Bewusstsein) oder eine tiefe Sedierung (mit Verlust des Bewusstseins) zum Ziel haben.

Die Intention besteht eindeutig in der Symptomlinderung, nicht etwa in einer Beschleunigung des Todeseintritts. Dabei wird die Dosierung der Medikamente so gewählt, dass man sich nach und nach an die gewünschte Sedierungstiefe herantastet. Das ist auch wichtig in der Kommunikation mit Angehörigen, da nicht der Eindruck entstehen darf, dass mit Beginn der Sedierung »das Licht endgültig ausgeknipst wird« und der Patient oder die Patientin nicht mehr aufwachen kann. Es sollte dazu ein gutes Vertrauensverhältnis bestehen und klar besprochen werden, dass die Intention nicht ein schnelleres Versterben, sondern die bessere Symptomkontrolle ist. Das Wissen um diese Möglichkeit ist für viele Betroffene extrem wichtig, da es ihnen die Angst nehmen kann, bei stetiger Verschlechterung alles ertragen zu müssen.

Bei entsprechender Indikation (also nicht anders zu kontrollierenden quälenden Symptomen) stellt die palliative Sedierung eine Alternative zum ärztlich assistierten Suizid dar, da hierbei die Symptomkontrolle im Vordergrund steht – und nicht der Tod.

Was bleibt

Im Februar 2014 besteigt Sarah Bergh ein Flugzeug Richtung Ghana. Die 43-jährige Münchnerin ist das erste Mal seit 20 Jahren wieder auf dem Weg dorthin. Der Grund ist eine Familienfeier: Ihre Großmutter ist gestorben. Ganz friedlich hat Madame Dora Akosua Asantewaa mit 93 Jahren ihr langes, erfülltes Leben ausgehaucht.

Sarah weiß schon länger vom Tod ihrer Oma. Bereits im Oktober 2013 erhält sie einen Anruf ihres Vaters, der ihr diese Nachricht überbringt und sie bittet, im Februar zur Beerdigung nach Afrika zu fliegen. »Das hat mich total verblüfft!«, so Sarah Bergh. »Ich fragte: ›Moment mal, fünf Monate? Muss das nicht schneller gehen?‹ Da erfuhr ich: Das ist sogar ein verhältnismäßig kurzer Zeitraum. Der Hintergrund ist einfach: Die Familie ist weit verstreut, und da jeder mit seinen Kindern und Kindeskindern von überall her auf der Welt die Chance zur Anreise haben soll, wird weit im Voraus geplant und gespart.«

Sarah Bergh arbeitet im Kulturbetrieb. Sie konzipiert Kunstprojekte, organisiert Ausstellungen, moderiert Podiumsdiskussionen und Workshops. Oft thematisieren ihre Projekte das Spannungsfeld zwischen Ausgrenzung und Toleranz, wie etwa das Theaterstück »Kosmos BRD«, das sie gemeinsam mit schwarzen Jugendlichen inszenierte und in dem diese jungen Menschen auf die Suche nach ihrer Identität in der deutschen Heimat gehen. Jetzt ist Sarah Bergh selbst auf der Reise zu einem Teil ihrer ganz persönlichen Identität.

Bereits kurz nach der Ankunft lernt sie den ersten Baustein des Zusammenhalts der kommenden Tage kennen, denn für die Trauerfeier werden alle Gäste eingekleidet, wie Sarah erzählt: »Ich musste ganz schnell zu einer Schneiderin zum Vermessen. Die Stofffarbe, in dem Fall Indigoblau, sowie die Muster sind festgelegt, denn alles hat seine Bedeutung. Am ersten Tag sollte es symbolisieren: ›Ich bin in Trauer, mein Rücken ist gebrochen, und ich kann nicht mehr gerade gehen‹. Tags darauf würden es Vögel sein, die erlöst gen Himmel fliegen.« Diese

Bekleidung ist erst für die Feierlichkeit der Bestattung geplant; zunächst steht noch eine andere Zeremonie an, für die ebenso ein Kleiderkodex für die engsten Familienmitglieder existiert, wie Sarah erzählt: »Wir alle trugen T-Shirts mit dem Foto meiner Großmutter. Das war berührend, ihr Konterfei überall, damit war sie natürlich sehr präsent! Es vermittelt einem sofort diese offenkundige Zugehörigkeit, und man spürt den Respekt, der einem Menschen für seine Lebensleistung entgegengebracht wird.«

»Celebration of Life«

Die Gäste sind so gekleidet für die Ankunft des Leichnams, denn an diesem Abend wird Dora Akosua Asantewaa zur Totenwache ins Haus von Sarahs Vater überführt. Den ganzen Tag über war der große Eingangsbereich geschmückt und vorbereitet worden. Jetzt thront in der Mitte des Raumes ein mit weißem Satin ausgekleideter Schaukasten, darüber ein Baldachin aus Spitzenvorhängen. Schließlich, so Sarah Bergh, fährt draußen ein Ambulanzfahrzeug vor: »Meine Großmutter hatte all die Monate in einem Kühlhaus gelegen und war natürlich stark präpariert. Sie trug ihr weißes Hochzeitskleid, eine schwere Perlenkette, seidige Handschuhe sowie den Brautschleier mit einem Diadem auf ihrem Kopf und lag auf einer Bahre, die von sechs jungen Männern, alle in gleiche Anzüge gekleidet, hochgehoben wurde. Jetzt – und das ist sicher für uns mit dieser typischen Tradition ›Ein Leichenzug muss ganz getragen und bedächtig sein‹ äußerst überraschend – stemmen diese sechs die Bahre hoch und tanzen, von Musik begleitet, über die Veranda hinein ins Haus.«

Die sechs Sargträger oder besser Sargtänzer werden die Trauerfeierlichkeiten begleiten und für jeden Transport, jede Überführung eine eigene Choreografie und ein eigenes Outfit parat haben.

Am nächsten Tag werden sie den massiven weißen Sarg mit Sarahs Großmutter mit einer spielerischen Leichtigkeit auf den Schultern über den Dorfplatz ihrer Heimatgemeinde balancieren und dabei gekonnt im Takt der Musik gleichzeitig ein paar Schritte vor, zurück und zur Seite tänzeln. Nach der offenen Aufbahrung, bei der jeder aus dem Dorf Abschied nehmen kann, werden die sechs schließlich den Sarg in die rote Erde einlassen, während der Pfarrer die Gebete spricht und die Trauergemeinde ihren Verlust beklagt.

»ICH HABE MIR DAS GESICHT MEINER GROSSMUTTER ANGESCHAUT UND MIR GEDACHT: ›WIE SCHADE, DASS ICH DICH NICHT KENNENLERNEN DURFTE, DOCH JETZT BIN ICH SEHR FROH, DICH NOCH EINMAL ZU SEHEN UND ZU VERABSCHIEDEN. WAS HAST DU NUR ALLES GESCHAFFT IN DEINEM LEBEN – MIT DEINER HÄNDE ARBEIT?‹«

Sarah Bergh über ihre verstorbene Großmutter

Bei jedem Ritual in diesen denkwürdigen Tagen beobachtet Sarah eine Parallelität von widersprüchlichen Gefühlen: Es wird geweint und gelacht, es wird gesungen und gejammert, es werden Geschichten erzählt und es wird sehr viel getanzt: »Es ist wunderbar: Gerade noch hat man über eine lustige Anekdote von Oma gelacht, da treten die Klageweiber auf, jeweils zehn Frauen in Zweierreihen, feierlich schwarz gekleidet mit ihren imposanten Kopftüchern. Der Leichnam wird hereingebracht, und ab da – fast wie auf Knopfdruck – wird geheult und geschrien: ›Oh, she was a great person!‹ und ›Ahhhh, she went away!‹ oder ›Oh, Mighty God!‹ In dem Moment sind alle zutiefst ergriffen und fangen an zu weinen – ich natürlich auch! Die Klageweiber erfüllen eine ganz wesentliche Funktion, das geht weit über reines Beklagen und Bejammern hinaus: Sie bilden die Säule der mehrtägigen Feierlichkeiten, wie eine Art Chor in einem griechischen Drama.«

Der Chor der Klageweiber wird geleitet von einer »Zeremonienmeisterin«, einer starken Frau aus dem Dorf, einer echten Persönlichkeit mit lauter Stimme, die durch den gesamten Ablauf des mehrtägigen Festakts für die Tote führt: von der Totenwache am Freitag über die Bestattung am Samstag bis zur öffentlichen Bekundung der Familie, die sich anschließt und bis zum Sonntag andauert. Diese Bekundung spielt sich öffentlich an einem zentralen Platz in der Stadt ab, gemeinsam mit anderen Familien, die ebenfalls einen lieben Menschen zu betrauern haben. Für jede der Trauergruppen sind eigene Zelte, riesige Lautsprechertürme und Verpflegungsstände aufgebaut.

Spätestens jetzt erschließt sich die Rolle der Ornamente auf den Kleidern: Jede Familie, jeder Clan trägt sein eigenes Muster und bildet so eine sichtbare Gemeinschaft. Für Sarah Bergh ein schöner Moment: »Da denkst du dir, das sind meine Leute, das sind wir! Wir alle sind aus der ganzen Welt, aus Amerika, England, Kanada, Deutschland zusammengekommen, um dieser einen Frau zu huldigen, die nicht nur ganz besonders war, sondern all dieses neue Leben hervorgebracht hat. Sie ist Ursprung für so viele andere: 5 Kinder, 26 Enkel und 14 Urenkel. Deswegen war auch das Motto ihrer Beerdigung, die in der ganzen Gemeinde mit Postern, Flyern und Karten angekündigt worden war: ›Celebration of Life‹.«

> »ICH WÜRDE MIR WÜNSCHEN, EINES TAGES GENAUSO EINEN LEBENDIGEN PLATZ IN DER FAMILIE ZU BEHALTEN WIE MEINE GROSSMUTTER.«
>
> Sarah Bergh, Mutter von zwei Söhnen

Stilles und lautes Trauern

Ein großes, mehrtägiges Fest des Lebens. Ohne Berührungsängste. Jeder, der am offenen Sarg der alten Dame vorbeidefiliert, fasst die Tote an und steckt ihr ein kleines Geschenk unter die Satindecke. Keiner spürt Befangenheit, zu fotografieren oder zu filmen, dauernd werden Smartphones und Kameras gezückt wie bei jedem anderen Familienfest auch. Man verteilt ein Magazin an die Gäste, vergleichbar mit einer Hochzeitszeitung, mit Liedern, Psalmen, mit Bildern der Verstorbenen und aller Familienmitglieder, wie Sarah Bergh erzählt: »Das war eigentlich fast der schönste Moment. Ich dachte, du bist echt ein Teil dieser Familie. Da wurde es mir ganz warm ums Herz. In Deutschland ist mir das bei einer Beerdigung noch nie passiert. Hier ist Trauer schon fast mit Scham behaftet. Wann sieht man mal jemanden weinend über die Straße laufen, der offen zeigt: ›Es geht mir nicht gut, ich trauere!‹? Man versteckt diese Gefühle und signalisiert: ›Passt schon – es muss ja!‹ Das war für mich in Ghana ganz anders, mein Vater hat über die Tage hinweg immer wieder geweint, und das war überhaupt nicht befremdlich. Dennoch soll hier bitte nicht der Eindruck einer Hierarchie der Trauer entstehen! Wir feiern Weihnachten beispielsweise ja auch anders als Amerikaner. Wenn jemand lieber allein und privat einen Verlust beweint, dann passiert das eben im stillen Kämmerlein – ich möchte das keinesfalls bewerten. Ich stelle nur fest, dass Trauer in Ghana im Fluss des Lebens eben selbstverständlicher seinen Platz hat: dass Männer Trauer zeigen, dass jemand ganz selbstverständlich die Mühen einer langen Reise auf sich nimmt, dass es wesentlich ist, den Tod eines alten Menschen würdig zu begehen, sich als Familie gegenseitig zu stützen und für das Weiterleben zu stärken.«

Codename Trauer

Öffentliches Trauern, bei dem ein ganzes Paket an Gefühlen Ausdruck findet: die Freude, jemandem begegnet zu sein. Die Traurigkeit, ihn verloren zu haben. Dankbarkeit für alles, was er an Spuren im Leben hinterlässt. Wird Anteilnahme so offensiv für alle sichtbar auch in der Öffentlichkeit zelebriert, kann man sich dem kaum entziehen.

Aus unserer Gesellschaft hat sich die Trauer schon rein optisch zurückgezogen. Früher existierte auch bei uns ein Farbkodex, der jedoch mehr und mehr verschwunden ist, wie sich Dr. Pia Heußner erinnert: »In meiner Kindheit gab es noch das Trauerjahr: ein Jahr der Volltrauer und ein Jahr der Halbtrauer. Witwen z. B. haben ein Jahr Tiefschwarz und ein weiteres Jahr Schwarz-Weiß getragen. Das war natürlich ein ungemein starres Raster und ist unter dem Gesichtspunkt, dass Trauerprozesse zeitlich individuell verlaufen, eigentlich kontraproduktiv. Dahinter verbirgt sich allerdings die gesellschaftliche Akzeptanz eines Rückzugs, gekoppelt mit einem Signal nach außen: ›Bedrängt mich nicht, lasst mir meine Zeit zu trauern.‹«

Nach den bunten und grellen 1970er-Jahren zog in den 1980ern die Modefarbe Schwarz in die Kleiderschränke ein. Natürlich war Schwarz schon immer da, sogar noch bis Anfang des vorigen Jahrhunderts als Farbe für Brautkleider. Doch nun wurde Schwarz »cool«. Mussten tiefschwarz Gekleidete im Büro anfangs noch die kritischen Blicke ihrer Kolleg*innen und Fragen wie »Ist was mit Oma?« hinnehmen, etablierte sich Schwarz als Universaluniform für jede Gelegenheit und verdrängte seine Chiffrefunktion für Trauer. Heute kann man sogar auf Beerdigungen Bekleidung unterschiedlichster Farbgebung sehen.

Weil Schwarz die Funktion des visuellen Ausrufezeichens verloren hat, verpasst man möglicherweise, jemandem sein Mitgefühl zu bekunden. Woher soll man ahnen, ob und wie sehr jemand unter dem Verlust eines geliebten Menschen leidet? Mit dem Abstreifen gesellschaftlicher Konventionen und der Befreiung aus den für die eigene Persönlichkeit unpassenden Zwängen erlangt man zwar die individuelle Freiheit; werden jedoch die aufgegebenen Rituale nicht durch neue, kreative und zeitgemäße ersetzt, landet man im formellen Vakuum. Woran soll man sich entlanghangeln? Wie kondoliert man heute? Will jemand überhaupt kondoliert bekommen, wenn er mir farblich signalisiert: »Es ist alles normal«?

Neue Formen des Gedenkens

Warum nicht für die Trauerfeier eines guten Freundes für die Gäste ein T-Shirt mit dessen Porträt bedrucken lassen? Man kann es nach der Beerdigung weiterhin an Tagen anziehen, an denen man schon morgens spürt, dass er einem besonders fehlt. Vielleicht ergibt sich ein Gespräch über ihn in der Kaffeeküche, wenn Kollegen nachfragen, und es tut gut, sich gerade an diesem Tag über ihn auszutauschen. Wieso nicht an Allerheiligen, dem »Tag der Toten«, der in Mexiko als *Día de los muertos* groß gefeiert wird, ein Essen beim Mexikaner organisieren, mit einem kleinen gemeinsamen Abstecher zuvor auf den Friedhof? Statt wieder allein am Grab der Eltern zu stehen? Warum nicht den Schmetterling, der gerade in der Symbolwelt sterbender, aber auch trauernder Kinder fest verankert ist, adaptieren? Das Bild der Befreiung der Raupe durch ihre Verpuppung, die Transformation ins zuvor Unvorstellbare durch ihr Absterben, wirkt auf viele ungemein tröstlich. Mit einem kleinen Schmetterling als Pin zum Anstecken, in der Art, wie er von Clubs als deren Erkennungszeichen verwendet wird, könnte sich beispielsweise bei einem Stehempfang oder auf einer Party ein ungewohnter Dialog entspinnen: »Ich sehe, Sie sind auch im ›Club der Trauernden‹!« »Ja, mein Mann starb vor einem Jahr an Krebs. Und wen haben Sie verloren?«

Schön ist es, neue Rituale für sich zu finden, in denen man sich ganz nah sein kann. Dies ist z. B. möglich, wenn der Papa den ganzen Himmel im Sonnenaufgang extra pink nur für die kleine Tochter gemalt hat. Solche Bilder aus der kindlichen Fantasiewelt sind für die Erwachsenen genauso tröstlich.

Reiseerinnerungen

Das direkte Umfeld der Palliativ- und Hospizbewegung ist bereits durchdrungen von neuen Formen der Rituale. Trauerbegleitung wird als Teil des Berufs begriffen, die Angehörigen werden ermuntert und angeleitet, ihren Gefühlen Ausdruck zu verleihen.

Im hellen Flur im Hospiz Nordheide erstreckt sich an einer Wand das Gemälde eines Baumes bis zur Decke. An den Ästen hängen bunte Täfelchen in Form von Blättern und Herzen. Jedes ist persönlich gestaltet, mal mit einem schlichten »Danke!« darauf oder »Mama« oder auch der »Rolling-Stones-Zunge«.

Gestaltet werden diese Täfelchen von Angehörigen der verstorbenen Gäste, so Krankenschwester Heike Fricke: »Wir laden nach einer gewissen Zeit die Familien nochmals zu uns ein. Das ist ein gemütliches Beisammensein am Nachmittag, mit Kaffeetrinken und einem Austausch. Wer will, kann dabei eines dieser

Der »Gedenkbaum« im Hospiz Nordheide.

kleinen Blätter anfertigen, doch es ist keine Verpflichtung. Man muss dazusagen, dass nicht alle die Einladung wahrnehmen, manche schaffen es einfach nicht, nach dem Tod ihrer Lieben wieder hierherzukommen. Andere dagegen schauen immer mal wieder vorbei, einfach so, kurz auf einen Tee.«

Feiern in memoriam

Das SAPV-Team um Prof. Berend Feddersen lädt die Angehörigen der Verstorbenen ebenfalls zu einem gemeinsamen Erinnerungstag ein. Einmal im Jahr wird eine Gedenkfeier ausgerichtet, so der Palliativmediziner: »Die ganze Feier bekommt ein Motto, zu dem vom Team entsprechende Gedichte und Texte vorgetragen werden. Zudem gibt es immer eine musikalische Untermalung. Zentral ist dabei das Kerzenritual: Jeder hat schon zu Beginn ein Teelicht auf seinem Platz, dieses wird dann angezündet und das Feuer in der Stuhlreihe weitergegeben, bis alle Kerzen brennen. Im Anschluss werden sie einzeln nach vorne getragen, und man lässt sie in eine Schüssel mit Wasser zum Schwimmen oder in eine Sandschale gleiten. Das ist natürlich ein sehr ergreifender emotionaler Moment, auch für das Team. All diese Lichter zu sehen, die sich im Glasfenster der Decke spiegeln. Nach der Feier gibt es die Möglichkeit, noch bei Käse, Wein oder Wasser zusammenzusitzen und zu hören, wie es geht, was in der Zwischenzeit alles passiert ist.«

Greta Rose besucht den Ort, an dem ihre beste Freundin Steffi starb, wenige Monate nach deren Tod mit einem riesigen selbst gebackenen pinkfarbenen Kuchen voller Schmetterlinge aus Marzipan. Sie wollte dem Team im Hospiz ihren Dank aussprechen und sich gleichzeitig ihren Ängsten stellen: »Wie wird es sich dort anfühlen, jetzt mit dem zeitlichen Abstand?« »Gut!«, wird sie feststellen. Trotz der traurigen Momente am Bett in »Steffis Zimmer«, das zufällig gerade am Vormittag ihres Besuchs noch frei war, überwiegt die Erinnerung an die Wärme und Geborgenheit, die sie in diesen schweren Tagen umman-

> »FÜR VIELE IST DER WEG ZU UNSERER GEDENKFEIER SCHWIERIG, BRINGT ER EINEM DOCH KNALLHART EINE INTENSIVE ZEIT ZURÜCK. ABER ES BERICHTEN UNS VIELE DANACH AUCH, WIE WICHTIG DIES FÜR SIE WAR, WIE SCHÖN UND STÄRKEND, ZU SEHEN: MAN IST NICHT ALLEIN.«
>
> Prof. Berend Feddersen

Ein pinkfarbener Kuchen als Gretas Dankeschön für das Team im Hospiz Nordheide.

telt haben. Greta hinterlässt ihre Gedanken im Erinnerungsbuch, das hierfür im Wintergarten ausliegt. Fotos und kleine Texte erzählen über die ehemaligen Gäste und ihre Familien. Wieder steht der Freiraum im Vordergrund: Möchte ich hier trauern? Möchte ich etwas von meiner Trauer in biografischen Details preisgeben oder ein namenloses Blatt am Baum hinterlassen? Oder möchte ich alles hinter mir lassen und einfach vergessen?

Maria Lehner, die ihre sterbende Mutter zu Hause begleitete, empfindet ihre Trauer nach den ersten Monaten als sehr ausgeglichen: »Ich denke viel an Charly und rede immer noch mit ihr, wenn ich nach oben in ihr Zimmer komme, aber ohne Verzweiflung, ohne Drama! Sie hatte ein langes Leben, war beschützt und betreut bis zum Schluss und ist dann friedlich eingeschlafen. Was will man sich mehr wünschen?«

Luise Ganschor und Wolfgang Hepperle geht es im Oktober 2014, in der Fertigstellungsphase dieses Buches, den Umständen entsprechend gut. Allerdings merkt Luise, dass sie das Treppensteigen in ihre Dachgeschosswohnung inzwischen zu sehr anstrengt, sodass sie über kurz oder lang wohl ausziehen muss. Ein Teil des Weges auf ihrer persönlichen Marathonstrecke ist wieder steiler geworden. Luises Mutter Beate erzählt, wie sich ihre Gefühle verändert haben: »Die Angst vor den noch schlechteren Nachrichten ist weg, denn es ist ja die Situation eingetreten, vor der man sich immer gefürchtet hatte. Jetzt ist die Angst eine andere. Es ist die vor dem ›Danach‹.«

Trauer in Pink & Black

Barbara Stäcker kennt die Angst vor dem Unvorstellbaren: Ein geliebter Mensch soll plötzlich nicht mehr da sein? Wie soll man das ertragen? In den drei Jahren nach dem Tod ihrer Tochter Nana hat sie viele Varianten von Trauer kennengelernt: »Ich stelle immer wieder fest, dass Trauer in Aufs und Abs verläuft. Noch habe ich keinen echten Auslöser identifiziert, der verantwortlich wäre für die schlagartig ganz schwierigen Tage, an denen alles so unaushaltbar erscheint. Doch je öfter man solche Hoch- und Tiefphasen erlebt hat, umso besser lassen sich die Abschwünge aushalten. Man weiß ja, dass leichtere folgen werden. Jahrestage zählen natürlich zu den neuralgischen Punkten, wobei oftmals die Zeit vor dem eigentlichen Geburtstag oder Todestag die schlimmere zu sein scheint: Man spürt die aufsteigende Angst vor dem ›Tag X‹. Unserer Familie hilft es sehr, diese ganz speziellen Gelegenheiten mit Freunden zu verbringen, die uns ohne Verpflichtung nah sein wollen. Gemeinsam darf geweint und gelacht werden, und von Mal zu Mal gewinnt das Lachen mehr die Oberhand.«

Barbara Stäcker hat sich nach Nanas Tod nicht zurückgezogen, sondern führte viele der Aktivitäten, die sie von ihrer Tochter »geerbt« hat, weiter. Ob bei den regelmäßigen Fotoshootings für den Verein »Nana – Recover your Smile e. V.«, auf Lesungen oder Einladungen zu Kongressen, eins ist immer spürbar: Barbara ist eine Identifikationsfigur, eine Mutter, die »es irgendwie geschafft hat«. Bisweilen schwingt durchaus Skepsis mit: Ob bei all den Aktivitäten ihre Trauer nicht zu kurz kommt? Doch der könne man gar nicht entfliehen, so Barbara: »Manchmal kommt mir Trauer vor wie eine enge Begleiterin mit einem starken

Eigenleben, die immer wieder ihr Recht auf Zeit fordert. Wenn ich über einen längeren Zeitraum sehr viel zu tun hatte, merke ich, wie sie mit Vehemenz und Tränen ihre Wahrnehmung einfordert.«

Barbaras Stärke ist für viele faszinierend, weil sie doch mit das Schlimmste durchmachen musste, was Eltern passieren kann: das eigene Kind zu verlieren. Ihr selbst sind solche Abstufungen der Trauer fremd: »Wie bei den meisten Dingen im Leben sollte man es auch hier unterlassen, zu vergleichen und zu werten. Wie kann ich mir anmaßen, darüber zu urteilen, welcher Tod der schlimmere ist: der des eigenen Kindes? Wenn es als Baby oder als Erwachsener stirbt? Eines Elternteils? Des Partners? Wer sollte da den Anspruch auf die größte Trauer haben? Kein Mensch hat das Recht, über die Tiefe der Gefühle anderer zu urteilen, weder über die Liebe noch über die Trauer.«

Wie jeder Einzelne trauern wird, ist nicht vorauszusehen, so Prof. Feddersen: »Wenn man sich auf den Tod eines geliebten Menschen vorbereiten kann, wenn es noch eine gemeinsame Zeit gibt, mag das einfacher sein, als wenn der Tod plötzlich und völlig unerwartet etwa durch einen Unfall eintritt. Das steht natürlich in krassem Gegensatz zu dem, was sich die Mehrzahl der Bevölkerung für sich selbst wünscht, da denken viele: am liebsten plötzlich umfallen, und man ist ›weg‹. Für den, der geht, mag das verheißungsvoll sein; für den, der bleibt, ist das jedoch besonders schwer.«

Prof. Feddersen beobachtet immer wieder, wie sehr es hilft, sich der letzten Zeit bewusst zu sein. Jemanden auf diesem letzten Wegstück begleiten zu dürfen, sei der größte Liebesdienst, den man sich schenken könne, so der Palliativmediziner: »All die gemeinsamen Ängste, Sorgen und Beschwernisse, zu pflegen, zu wickeln, sauber zu machen. Und dann im Nachhinein das Gefühl zu haben, man konnte den letzten Lebensabschnitt genau so gestalten, wie er oder sie es sich immer gewünscht hat. Das ist eine große Kraftquelle für die Trauer danach. Die Kurven der Zielgeraden gemeinsam gemeistert zu haben, mit allen ehrlichen Gefühlen. Und es ist ja zum Heulen, da muss man seine Tränen nicht zurückhalten!«

Eine junge Patientin von Prof. Feddersen hinterließ ihren Eltern ein kleines Buch mit zahlreichen Aktivitäten, die ihre Eltern nach ihrem Tod machen sollten: gemeinsam in die Oper gehen, einen Spaziergang im Park, ihr Lieblingsessen kochen. »Das hat ihnen ungemein geholfen in ihrer Trauer. Sie durchlebten Momente, in denen alle in Gedanken miteinander vereint waren – auch mit der Verstorbenen, denn alle wussten: ›Ja, ich habe jetzt genau das getan, was du dir gewünscht hast. Ich habe mir etwas gegönnt, und du warst mit dabei, und es war so schön und hat gutgetan.‹«

Die Gedanken beim Gedenken

Was wird von uns bleiben? Wer wird sich an uns erinnern? Und wie? Nehmen wir einmal an, der »Geist der zukünftigen Weihnacht« aus Charles Dickens' *Weihnachtsgeschichte* würde uns eines Nachts erscheinen und uns posthum durch die Orte geleiten, an denen wir gelebt und gewirkt haben. Was würden wir sehen? Vor Gram gebeugte Gestalten, denen die Verzweiflung ins Gesicht geschrieben steht? Menschen, die uns vergessen haben? Die sich freuen, dass wir weg sind? Oder Menschen, die sich liebevoll an uns erinnern, selbst wenn es oftmals höllisch wehtut?

Was würden wir denn selbst sehen wollen? Haben wir die Größe, die Menschen, die wir lieben, freizugeben? Würden wir uns freuen, sie lachend und glücklich zu sehen?

Auch Nana Stäcker hat ihrer Mutter vor ihrem Tod eine Art Versprechen abgenommen. Die 21-Jährige wünschte sich eine Zukunft für ihre Mutter, in der sie weiterhin die Dinge unternimmt, die sie beide so genossen haben: gemeinsam durch die Stadt bummeln, einen kleinen Ausflug raus an den See machen, einen Städtetrip übers Wochenende planen. Barbara Stäcker fällt das zuerst alles andere als leicht. Doch immer wieder hört sie förmlich die Stimme ihrer Tochter: »Ach komm, Mama, jetzt stell dich nicht so an!« Schritt für Schritt konfrontiert sie sich also mit Situationen, die sie lieber vermeiden möchte.

Ihr Mann Axel Stäcker, der früher stundenlang zusammen mit Nana in seinem kleinen Studio im Keller Musik machte, wendet sich bewusst dem Komponieren zu und entwickelt Sounds und Songs rund um den Verein »Nana – Recover your Smile«. Auch für ihn wäre das Verdrängen kein geeigneter Weg: »Es gibt Tage, da fahre ich ganz gezielt an einen Ort, an den ich starke Erinnerungen habe. Etwa in den Schlosspark in Oberschleißheim, da hatte Nana eines ihrer letzten Fotoshootings. Wenn ich dort hinkomme und der Schmerz mich völlig erfasst, dann spüre ich etwas Lebendiges von ihr in mir.«

Auf Facebook fanden die Eltern Gleichgesinnte. In einer geschlossenen Gruppe, deren Inhalte für andere Nutzer nicht sichtbar sind, tauschen sich verwaiste Eltern aus, die die Erinnerung an ihre Kinder wachhalten wollen, ohne daran zu zerbrechen. Deren Leben sich nach dem Tod der Kinder komplett verändert hat – nicht nur negativ. Die Elterngruppe, obwohl im ganzen Bundesgebiet verstreut, trifft sich in unregelmäßigen Abständen persönlich. Freundschaften entstehen, denn man teilt das gleiche Leid. Nicht alle diese Eltern haben ihr Kind wie die Stäckers nach einer längeren Krankheit verloren; hier finden sich auch Eltern, deren Kind gänzlich ohne Vorwarnung starb, eines Morgens bei einem Autounfall, durch Suizid, aber auch durch Mord oder Totschlag. Vielleicht noch mit wenigen dramatischen Stunden in einem Krankenhaus.

Aus heiterem Himmel

Eineinhalb Jahre ist Inia alt, als sie an Pfingsten 2011 hohes Fieber bekommt. Ihre Mutter Luise Wally Langwald bringt sie in die Klinik, doch dort verschlechtert sich der Zustand des kleinen Mädchens mit jeder Stunde. Grund dafür ist eine Meningokokken-Infektion, die sich unaufhaltsam ausbreitet und zum seltenen Waterhouse-Friderichsen-Syndrom führt. Inia wird immer schwächer und schließlich bewusstlos. Ein Spezialist aus einer anderen Klinik übernimmt die Behandlung. Doch die Bakterien der Erkrankung überschwemmen den Körper mit Giftstoffen. Elf Stunden, nachdem Luise Langwald ihre Tochter ins Krankenhaus gebracht hat, ist das kleine Mädchen tot.

Die Mitarbeiterinnen und Mitarbeiter in der Klinik sind entsetzt über diesen schnellen Verlauf. Sie drängen die Mutter, das Kind so rasch wie möglich vom Bestatter abholen zu lassen. Doch Luise, die vor Jahren in einer Zeitschrift gelesen hatte, wie wichtig der Faktor Zeit für den Abschied ist, weigert sich: »Ich

habe gesagt: ›Ich gehe nirgendwohin. Ich bleibe mit meiner Tochter hier in diesem Zimmer und rufe meine Familie an, damit sie hierherkommt.‹«
Inias Vater und die Großeltern treffen nach kürzester Zeit ein, zusammen mit Inias älterem Bruder Emil, entgegen der Empfehlung des Klinikpersonals. Er ist vier Jahre alt und versteht nicht, warum seine Schwester, die gestern noch so lebendig in ihrem Bett lag, sich jetzt gar nicht mehr bewegt. »Mach die Augen auf, wir wollen doch nach Hause gehen!«, wird er ihr schließlich zurufen.

Ist der Tod für immer?
Wie soll ein Kind den Tod verstehen? »Was ist tot?« »Ist das wie Schlafen?« »Wacht man wieder auf?« Emil hatte die Chance, es selbst herauszufinden. Er durfte den Tod berühren, ihn mit eigenen Händen begreifen, wie Luise Langwald erzählt: »Er saß noch vier Stunden mit Inia im Bett. Wir erklärten ihm, was passiert ist, worauf er sehr still wurde. In den kommenden Tagen war es ihm wichtig, dass wir Inia jeden Tag beim Bestatter ›besuchten‹. Natürlich haben wir alle zusammen ihren Sarg gestaltet, und Emil durfte den Grabstein auswählen. Wir haben dabei auf eine Umrandung verzichtet; stattdessen hat Emil Steine an einem Fluss gesammelt, die jetzt die Einfassung ihres Grabes bilden. Emil hat nie viel gefragt. Für ihn war ganz klar, dass Inia jetzt im Himmel ist und auf uns wartet.«
Nach der Beerdigung beginnt Emil viel zu malen und ist auffallend ruhig, so Luise Langwald: »Den ersten Monat war er ein ganz stilles Kind, doch irgendwann ist wohl der Knoten geplatzt, und er hat angefangen zu weinen und zu reden. Ich glaube, er hat tief in sich gespürt, dass er ruhig sein musste. Den ersten Monat hatte niemand Nerven für ihn. Er ist einfach so mitgelaufen. Wir mussten uns erst selbst fangen, bevor wir ihn in seinem Schmerz überhaupt wahrnehmen konnten.«

»WENN MAN TRAUERNDEN KINDERN ETWAS VORMACHT, VERLEUGNET MAN SICH EIN STÜCK WEIT SELBST. DABEI HABEN KINDER GAR KEINE ANGST, WENN MAN SIE NUR MACHEN LÄSST.«

Luise Langwald, Mutter von Inia und Emil

Luise Langwald hat ihren Sohn bewusst in den Trauerprozess eingebunden. Es war ihr erster Impuls, sie wollte ihm gegenüber ehrlich sein und ihm keinesfalls etwas vormachen: »Ich glaube, dass man viele Wahrheiten aushalten kann, wenn einem dabei die Hand gehalten wird. Der Tod gehört zum Leben. Wir werden alle irgendwann sterben, und ich möchte nicht, dass mein Sohn an den Verlusten des Lebens zerbricht, nur weil ich zu feige war, an seiner Seite zu gehen und das eine oder andere mit ihm durchzustehen.«

»BEOBACHTEN SIE IHREN SOHN UND VERSUCHEN SIE, SO VIEL WIE MÖGLICH VON IHM ZU LERNEN. ER ZEIGT IHNEN, WIE ES GEHEN KANN.«

Eine Hospizschwester zu Luise kurz nach Inias Tod

Luise Langwald gibt ihrem Sohn dafür Hilfsmittel an die Hand. Er bekommt einen Koffer geschenkt, den er selbst mit Erinnerungsstücken an seine Schwester gestalten darf. Findet er heute etwas Interessantes, was ihr auch gefallen würde, kommt es hier hinein. Wenn die Familie sich zu großen Festen trifft, lässt sie zum Abschluss Luftballons für Inia steigen. Jeder hängt einen kleinen Gruß an sie daran. Und sollte Emil wichtige Dinge zu besprechen haben, tut er dies mit Inias Kuscheltier.

Am 26. Juni 2013 schreibt Luise Langwald auf Facebook: »Die Trauer bleibt (m)ein Lebensthema. Nicht nur die Zeit hat doch irgendwie die Wunden geheilt. Ich habe meines dazu beigetragen. Ich habe gelitten, gehadert, mich wund geschrien und geweint. Ich habe mich beruhigt. Ich habe Schmerz und Verlust angenommen, akzeptiert. Sie werden zu mir gehören, mein ganzes Leben, wie auch diese einzigartige Liebe zu mir gehört, mir bleiben wird. Sie wird immer ein Teil von mir sein, wie auch diese Liebe immer bei mir sein wird.«

Emil ist heute acht, Inia wäre jetzt fünf Jahre alt. Luise Langwald selbst ist gerade erst 25. Sie führt das Leben einer jungen Frau, studiert, geht auf Partys, trifft Freunde. Wer es nicht weiß, würde bei der attraktiven dunkelhaarigen Frau, die so viel Lebenslust ausstrahlt, nie vermuten, dass sie einen derartigen Schicksalsschlag hinter sich hat. Sie würde ihre Geschichte niemals jemandem aufdrängen, nicht etwa, weil sie darüber nicht sprechen möchte. Luise will nicht in eine Schublade gesteckt werden, nicht nur wahrgenommen werden als »die trauernde Mutter«. Zumal sie diesem Klischee – wie immer es genau aussehen mag – auch nicht entspricht. Eine Erwartungshaltung zu bedienen von der Art,

Schmetterlinge, Herzen und viel Pink: das Grab von Barbara Stäckers Tochter Nana.

man müsse sich nach dem Tod eines geliebten Menschen verkriechen und jahrelang einen großen Bogen um alles Gesellige machen, ist ihr fremd.

Trauern wie ein Kind

Diese Haltung lehrte sie ein Kind – ihr Sohn Emil: »Das Trauern hat mir Emil beigebracht. Wenn man Kinder beobachtet, kann man Wesentliches von ihnen lernen. Sie lassen ihre Traurigkeit nicht nur zu, sie lassen sie richtig raus, um dann wieder in die Welt hinauszugehen. Für Kinder ist das völlig natürlich. Ich habe mir das von meinem Sohn abgeschaut: Wenn ich traurig bin, weine ich, und wenn es mir gut geht, erlaube ich mir, an etwas anderes zu denken. Ich finde, man muss kein schlechtes Gewissen haben, nur weil man wieder lacht und das Leben spannend findet. Normalerweise empfinden nur Kinder so, und es ist toll, wenn man sich durch sie diese Kunst wieder aneignen kann.«

Wenn nichts mehr ist, wie es war

Tita Kern, fachliche Leitung der Kinderstiftung der AETAS Lebens- und Trauerkultur, zum Thema Kinder und Sterbende

Wie offen sollte man Kindern gegenüber sein, wenn jemand in der Familie sterben wird?
Oftmals haben wir Erwachsene eine ganz andere Vorstellung von dem, was Kindern Sorgen bereitet oder Angst macht. Dann laufen wir Gefahr, Grenzen eher aus unserer Sorge heraus zu stecken und damit entweder nicht am Erleben des Kindes orientiert zu sein oder aber seine Grenzen zu übersehen. Eine gute Vorbereitung und eigene Klarheit in Bezug auf die zu besprechenden Themen sind in jedem Fall hilfreich. So kann es ein geeignetes Vorgehen sein, eine Basis aus den zentralen Inhalten zu vermitteln und diesen ersten Schritt als Ausgangspunkt für Fragen des Kindes zu nutzen.
Vielleicht ist dann der erste Ausgangspunkt »nur«, dass Papas Körper sehr krank ist. So hat die kindliche Psyche die Chance, Nähe und Abstand zum Thema, eigene Sorgen und Schwerpunkte, aber auch Tempo und Dosierung des Themas mitzubestimmen. Wichtiger jedoch als ein inhaltliches Besprechen ist oft die vermittelte Haltung, die diese Art von Gesprächen durchziehen kann: »Das Thema ist schwierig und macht mich traurig. Trotzdem bin ich die Große und du die Kleine. Ich weiß auch in schmerzhaften Zeiten, wie es geht, und du kannst mich alles fragen, was in deinem Kopf oder deinem Herzen auftaucht und Angst macht oder eine Antwort braucht.«
Manchmal können ein ehrliches »Das weiß ich nicht« und das gemeinsame Aushalten der Ungewissheit bereits Antwort sein, manchmal können auch ein »Das ist eine wichtige Frage. Ich muss erst darüber nachdenken« und ein

»darauf Zurückkommen« nach eigener Rückversicherung viel Tempo aus dem eigenen Gedankenkarussell nehmen.

Was braucht ein Kind in dieser Zeit der Trauer?

Man sollte seinem Kind Folgendes vermitteln:

- Die Eltern bleiben die Eltern, und die Kinder bleiben die Kinder. Die Eltern übernehmen Verantwortung für ihr Kind und wissen, wo es langgeht.
- Es gibt Abläufe und Bereiche im Leben, die nicht (komplett) aus den Angeln gehoben sind. Ich darf weiterhin mit meinen Freund*innen zusammen sein, in den Sportverein gehen und mich dort in der Normalität ausruhen.
- Es gibt Pausen vom Traurigsein.
- Ich darf jede Frage stellen und mich auf die Antwort verlassen.
- Wenn ich nicht reden möchte, werden meine Grenzen gewahrt. Alles Wichtige bekomme ich auch so mit.
- Ich kann teilhaben, ohne überfordert zu werden.
- Die Menschen, von denen ich abhängig bin, wissen um meine Situation und schauen auf mich, ohne mich zu bedrängen.

Wie vermittelt man das Thema kindgerecht?

Es gibt viele Formulierungen, die Kindern in Bezug auf Themen wie Krankheit, Tod und Sterben hilfreiche Trittsteine sein können. Wir arbeiten in der AETAS-Kinderstiftung schon lange mit Bildern und Worten, die bereits jungen Kindern ermöglichen, Körper-Seele-Unterschiede, Sterben, Tod, Abschied vom Körper, aber auch Spezialthemen wie Depression, Psychose oder Suizid auf ihrer jeweiligen Entwicklungsstufe einzuordnen und als Orientierung zu nutzen. Vorgedanken, wenn ich mit einem Kind sprechen möchte und muss, sollten sein:

- Ausreichend Zeit für die Vorbereitung nehmen, aber nicht auf die lange Bank schieben
- Beratung in Anspruch nehmen, um individuelle Lösungen für meine Aufgabe, das, was ich erklären muss, zu finden

- Nicht zwischen Tür und Angel sprechen
- Einfache Bilder und eindeutige Worte, die für mich stimmen und die wahr sind, wählen und vorformulieren, damit ich »sattelfest« werde
- Mit dem Wesentlichen beginnen, darauf dann Schritt für Schritt aufbauen
- Antworten auf gestellte Fragen geben statt »überzuinformieren«
- Gut zwischen meinem eigenen und dem Bedarf des Kindes differenzieren
- Tempo und Grenzen des Kindes wahrnehmen und es und mich nicht überfordern, selbst wenn wir deshalb etwas vertagen müssen
- Sich (zu-)trauen, jede Frage zu hören und nicht gleich auf alles eine Antwort zu haben
- »Bescheid zu wissen« heißt nicht, nicht hoffen zu dürfen

Ein bewährtes Bild beschreibt, dass es wie bei einem Ruderboot auf die Balance zwischen den Ruderbewegungen auf der einen und der anderen Seite ankommt, um in der Bewältigung schwieriger Lebensphasen vorwärtszukommen. Das leuchtet jedem – auch jungen Kindern – unmittelbar ein. Das eine Ruder steht dabei für die Auseinandersetzung mit dem Schwierigen. Das andere Ruder steht für alles, was die Kraft dafür bringt durchzuhalten. Dieses Bild, ursprünglich von der LMU München entwickelt, eröffnet eine Vielzahl von Möglichkeiten zu entdecken, welche Aufgaben jedes Familienmitglied gerade haben könnte. Bei den Kleinsten ist es dann vielleicht »ein Blümchen pflücken für Mama« und »mit Jannis auf den Spielplatz gehen«. Für die Großen ist das Bild des Ruderboots unter Umständen eine wichtige Erinnerung daran, dass für sie dasselbe gilt, dass auch sie nicht nur auf einer Seite rudern dürfen und letztlich auch in diesem Bereich Vorbild für ihre Kleinen sind.

Allein in Deutschland sterben jedes Jahr rund 250 000 Menschen plötzlich und unerwartet, alle 53 Minuten nimmt sich ein Mensch das Leben. Zurück bleiben Kinder, deren Seelen eine tiefe, kaum zu tragende Verletzung erleiden. Die AETAS-Kinderstiftung leistet professionelle Kinderkriseninterventionen für Kinder und Jugendliche nach einem traumatischen Lebensereignis.

Und was kommt jetzt?

Die Frage »Und nun?« stellt sich den Angehörigen unweigerlich, wenn der Tod eingetreten ist. Viele wissen nicht genau, was als Nächstes auf sie zukommt. Was muss ich jetzt organisieren? Wie viel Zeit habe ich?

Es muss keine Hektik an den Tag gelegt werden. Es besteht Zeit, sich zu verabschieden, zu weinen und zu trauern. Eine Arzt, eine Ärztin, der behandelnde Hausarzt oder eine Ärztin vom Palliativteam kommt nach ca. vier Stunden, wenn die sicheren Todeszeichen eingetreten sind: Totenstarre und Totenflecken. Die Medizinerin oder der Mediziner konstatiert den Tod und stellt den Totenschein aus. Dieser besteht aus einem vertraulichen Teil, der in einem Umschlag verschlossen und in dem u. a. die Todesursache vermerkt wird. Und aus einem nicht vertraulichen Teil, der für das Standesamt bestimmt ist. Beide Teile müssen vorliegen, damit der Bestatter die Leiche abholen kann.

Bestattungsunternehmen haben in der Regel eine 24-Stunden-Bereitschaft, was bedeutet, dass sie auch am Wochenende, an Feiertagen und nachts abholen. Es ist eher günstig, das Bestattungsinstitut zeitnah zu informieren, was aber nicht bedingen muss, dass dieses gleich kommt. Der oder die Verstorbene kann noch 24 Stunden zu Hause bleiben; wenn er oder sie eingesargt ist, auch bis zu drei Tage (siehe Seite 181 f.).

Daheim Abschied nehmen

Der Leichnam kann mit einem Waschlappen und etwas warmem Wasser gewaschen werden. Dies hat rituellen Charakter und tut den meisten Hinterbliebenen nach einer ersten Überwindungsphase sehr gut. Das Umziehen ist in den ersten vier Stunden noch problemlos möglich, mit dem Eintreten der Totenstarre aber zunächst nicht mehr, bis diese sich wieder löst.

Man kann natürlich auch dem Bestattungsinstitut die gewünschte Kleidung mitgeben. Die Ärztin oder der Arzt, die oder der die Leichenschau vornimmt, ist zwar verpflichtet, diese an der entkleideten Leiche vorzunehmen – das schließt jedoch ein Umziehen zuvor nicht aus. Auch ein Schminken und Frisieren der Haare kann für die Hinterbliebenen eine wertvolle rituelle Handlung sein, ebenso wie das Entzünden einer Kerze oder das Drapieren von Blumen.

Viele haben noch gelernt, dass man nach dem eingetretenen Tod dem oder der Verstorbenen das Kinn hochbinden muss, damit der Mund nicht offen steht. Ein zur Rolle gewickeltes Handtuch unter dem Kinn erfüllt denselben Zweck und sieht nicht aus wie ein altmodischer Zahnarztverband.

Das letzte Fest gestalten

Von Florian Rauch, Geschäftsführer der AETAS Lebens- und Trauerkultur und Autor von »Das letzte Fest«, Irisiana Verlag

Zu Hause sterben – zu Hause aufbahren
Es gibt immer noch Menschen, die glauben, ein Verstorbener dürfte nicht in der Wohnung verbleiben. Die Menschen haben Angst vor dem oder der Toten. Sie haben es nicht gelernt und in der Regel noch nie einen Verstorbenen gesehen, bis das erste Mal jemand in der Familie stirbt – oftmals sind es »erst« die Eltern. Dann kommen Arzt oder Ärztin und Freundinnen, die glauben, das Beste sei, den Verstorbenen sofort abholen zu lassen. Zum Schutz für den Betroffenen, aus Glaubenssätzen heraus oder aus Unwissenheit.

Voraussetzungen Nach der Leichenordnung z. B. der Stadt München dürfen Verstorbene ohne Einsargung einen Tag aufgebahrt werden. Möchten Angehörige die Verstorbene länger im Haus behalten, muss unter Wahrung der Würde eine Einsargung vorgenommen werden. Dann kann die Verstorbene bis zu drei Tage nach Eintritt des Todes zu Hause aufgebahrt werden. Man kann einen Verstorbenen auch aus dem Pflegeheim oder Krankenhaus nach Hause holen – dann muss er angezogen und in einem Sarg eingebettet sein und darf keine ansteckende Krankheit haben.

Aufbahrung zu Hause Wenn die Familie jemanden bei sich behalten möchte, will sie die Verstorbene vielleicht auch selbst waschen und anziehen. Bei einer Waschung geht es in der Regel um eine rituelle Geste. Wenn es möglich ist,

sollten die ersten Stunden genutzt werden, um den Toten zu waschen und anzuziehen. Gut wäre es, ihm oder ihr ein Tuch auf das Gesicht zu legen, falls Flüssigkeiten beim Bewegen des oder der Verstorbenen austreten.
Man muss allerdings abwarten, bis der Arzt den Totenschein ausgestellt hat. Entweder schafft man es zeitlich noch, bis die Totenstarre einsetzt (innerhalb von vier bis zwölf Stunden) oder man wartet ab, da die Totenstarre sich teilweise auch wieder löst. Zumindest so weit, dass man den Verstorbenen gut ankleiden kann. Bei der Bekleidung sind die gesetzlichen Regelungen zu beachten: Es ist leicht vergängliches Material wie Leinen, Wolle, Seide oder Viskose zu verwenden. Nicht erlaubt sind Ledersachen oder Schuhe. Gleiches gilt für mögliche Grabbeigaben; sie sollten aus leicht vergänglichem Material bestehen. Das können Bilder, Bücher oder Stofftiere sein. Auch wenn die Familie den Sarg geschlossen hat, wird er am Friedhof nochmals geöffnet, um zu kontrollieren, dass auch wirklich die Verstorbene im Sarg liegt, sie »schicklich« eingebettet wurde – und vor allem, dass sich keine Sargbeigaben darin befinden, die man nicht mitgeben darf.
Wenn eine Familie beschließt, einen Verstorbenen oder eine Verstorbene noch einen Tag oder länger bei sich zu behalten, bekommt sie Zeit geschenkt, in ihren bekannten Räumen ganz intim und persönlich Abschied nehmen zu können. Die Angehörigen verabschieden sich Stück für Stück, indem sie immer wieder in den Raum gehen, sich gemeinsam erinnern, ihn oder sie berühren, weinen, schweigen, beten. Bis sich bei ihnen das Gefühl einstellt, die Tote gehen lassen zu können, ohne dass jemand von außen kommt und drängt. Somit nehmen Bestatter den Leichnam nicht weg, sondern die Familie gibt das Signal, dass sie jetzt kommen dürfen, um ihn abzuholen.

Bestatter – Partner in schwerer Zeit

Alles Weitere regelt das Bestattungsinstitut. Im persönlichen Gespräch wird die Frage nach der Beerdigung mit den dazugehörigen Formalitäten geklärt, auch die Art der Bestattung und die Gestaltung der Trauerfeier. Ebenfalls vom Bestattungsinstitut erhält man die Sterbeurkunde für das Familienstammbuch – ein wichtiges Dokument, mit dem alle nötigen Behördengänge absolviert werden können sowie gegebenenfalls Kündigungen von Abonnements, Mitgliedschaften etc.

Bestattungs- und Grabkosten

In der Regel kosten alle Bestattungsarten – egal, ob Urnen-, Erd- oder Baumbestattung – in etwa gleich viel. Die Kosten für Gräber weisen in den Kommunen in Deutschland große Unterschiede auf – sie können bei einem Waldgrab bei unter 100 Euro im Jahr und 5000 Euro für ein Baumgrab liegen. Möglich sind auch das anonyme Gräberfeld, eine Urnennische oder -mauer. Hier muss man sich also vor Ort bei der jeweiligen Friedhofsverwaltung informieren.

Für wie lange ein Grab erworben werden kann, hängt auch von der Bodenbeschaffenheit ab. Hier gibt es enorme Unterschiede – die Dauer kann zwischen 10 und 30 Jahren liegen.

Kreativität in der Grabgestaltung

Die Friedhöfe sind in sogenannte Sektionen eingeteilt; diese geben vor, wie ein Grabstein beschaffen sein darf, wie groß, wie breit, wie tief. Der Spielraum ist da leider sehr eingeschränkt. Es gibt aber auch Sektionen »ohne Gestaltungsvorschriften« – dort ist man deutlich freier. Trotzdem gelten bestimmte Maße, Material- und Verarbeitungsvorschriften.

Was nicht-christliche Symbolik, Motive für junge Verstorbene oder Multimediaelemente betrifft, hat sich auf einigen Friedhöfen in Deutschland schon vieles gelockert. Es kommt also sehr auf die zuständige Kommune an und selbstverständlich auch auf die ortsansässigen Steinmetze, die die Ideen der Angehörigen umsetzen. Häufig sind keine handwerklich gefertigten Grabsteine mehr auf den Friedhöfen anzutreffen, sondern eher maschinell bearbeitete – und bei diesen sind der Kreativität Grenzen gesetzt.

Die Rolle von Ritualen

Es zeigt sich immer wieder, wie entscheidend für die Trauer das Abschiednehmen von dem oder der Verstorbenen ist, die Tote oder den Toten zu sehen und zu berühren, wie wichtig das Heraussuchen der Kleidung, das Waschen und Anziehen, das Bemalen des Sargs, die Sargbeigaben, das Gestalten eines Erinnerungsbilds und das gemeinsame Schließen des Sargs sind. Daher klären wir von AETAS die Angehörigen immer genau auf, warum wir bestimmte Rituale anbieten und welchen Sinn sie erfüllen sollen.

Trauer ist wie ein Fluss, sie wandelt sich stetig und scheint doch oft stillzustehen.

Da Rituale nur innerlich ihre Wirkung entfalten, lassen sie sich nicht jedem Menschen gleichermaßen »überstülpen«. Trauernde müssen selbst herausfinden, was für sie am wirksamsten und wohltuendsten ist. Ein Ritual kann uns dabei helfen, über den Weg in unser Unterbewusstsein unsere Seele wieder zu heilen. Rituale machen oft sichtbar, was nicht sein darf oder sein kann. Sie geben dem Schmerz Raum und unterdrücken ihn nicht. Sie bestätigen den Verlust und verschleiern ihn nicht. Sie unterstützen und öffnen den Ausdruck von Trauer. Sie bedeuten: Ich werde aktiv – ich komme zurück ins Tun und ins Gestalten.

Durch Rituale kann das, was wir im Innersten fühlen, nach außen gelangen. So wirken sie auf verschiedenen Ebenen, die die oder der Trauernde momentan vielleicht gar nicht benennen kann. Daher merkt man oft erst im Nachhinein, wie wichtig die begangenen Rituale für einen in dem Moment waren und es auf lange Sicht bleiben.

Gestorben wird erst morgen

Wie wird es sein, unser Sterben? Und wann? Unter welchen Umständen? Wie zu Beginn des Buches gibt es darauf auch jetzt noch immer keine Antwort, für niemanden. Vielleicht könnte der Krebspatient auf dem Weg in die Tagesklinik auf dem frisch gewischten Fußboden ausrutschen und sich das Genick brechen? Könnte er umgekehrt seine Behandlungen gut überstehen, um im gesegneten Alter von 95 Jahren friedlich einzuschlafen?

Mag die Zukunft für uns auch im Dunkeln liegen: Bis dahin haben wir die Chance, unseren Einfluss auf das Hier und Jetzt geltend zu machen.

Ein paar letzte Fragen ...

Wann haben wir zuletzt ein Mahl so genossen, dass wir jede einzelne Zutat zu schmecken glaubten? Wann sind wir das letzte Mal mitten in der Nacht aufgestanden, nur um den Mond zu betrachten?

Wann haben wir zuletzt einem anderen Menschen unsere wahren Gefühle offenbart? Wann haben wir jemandem so kompromisslos gezeigt, wie sehr wir eine Streicheleinheit benötigen – wie die Katze, die sich wohlig vor unseren Füßen rekelt? Wann haben wir das letzte Mal zu erkennen gegeben, wie sehr wir uns über einen Besuch freuen – wie der Hund, der zur Begrüßung außer sich vor Freude hochspringt?

Wann haben wir eigentlich das letzte Mal etwas zum allerersten Mal getan? Wir haben ihn jetzt, diesen Augenblick. Machen wir das Beste daraus!

Was sonst noch hilfreich ist

Was sollte jeder Mensch vor seiner letzten Reise klären?

Es gibt eine Reihe von Vorsorgedokumenten, mit denen man seinen Willen für Situationen wie Unfall, schwere Krankheit oder hohes Alter kundtun kann. Diese Dokumente sollten möglichst früh und in gesunden Tagen erstellt sein, denn auch nahe Verwandte wie Eltern oder Kinder sind nicht per se durch den Verwandtschaftsgrad bevollmächtigt, »rechtsverbindliche Erklärungen oder Entscheidungen« zu treffen. Das können sie nur, wenn sie rechtsgeschäftliche Vollmachten haben oder gesetzlich bestellte Betreuer*innen sind. Eine Ausnahme bildet das Ehegattennotvertretungsrecht (siehe Seite 188f.), welches jedoch allein Gesundheitsangelegenheiten betrifft und auf sechs Monate begrenzt ist.
Interessanterweise befürchten manche Menschen, durch die Erstellung solcher Dokumente ihre Selbstbestimmung zu verlieren, da sie Entscheidungen in die Hände von jemand anderem legen. Doch genau das Gegenteil ist der Fall: Wenn Sie nicht mehr entscheidungsfähig sind, haben Sie durch entsprechende Dokumente dennoch ein hohes Maß an Selbstbestimmung, da eine von Ihnen ernannte Vertrauensperson genau in Ihrem Sinn entscheiden kann – und nicht etwa ein völlig unbekannter Berufsbetreuer oder eine -betreuerin.
Für die notwendigen Dokumente stellt das Bundesministerium der Justiz und für Verbraucherschutz im Internet eine Vielzahl von Formularen zur Verfügung und gibt weitere Hinweise in seiner Broschüre »Betreuungsrecht«. Diese Broschüre erklärt auch, unter welchen Voraussetzungen eine Betreuung angeordnet wird, wie sie sich auswirkt, welche Aufgaben ein Betreuer hat und wie seine Tätigkeiten in persönlichen und vermögensrechtlichen Angelegenheiten aussehen. Über die Patientenverfügung informiert eine weitere Broschüre des Ministeriums, die zusätzlich Empfehlungen für die Formulierung individueller Entscheidungen enthält.

AUF EINEN BLICK

Vorsorgevollmacht – Betreuungsverfügung – Ehegattennotvertretungsrecht – Patientenverfügung – Advance Care Planning

(Auszüge aus der Internetseite des Bundesministeriums der Justiz und für Verbraucherschutz)

Mit der **Vorsorgevollmacht** kann man einer anderen Person die Wahrnehmung von Angelegenheiten übertragen, wenn man selbst nicht mehr in der Lage ist zu entscheiden. Der Bevollmächtigte kann dann handeln, ohne dass es weiterer Maßnahmen bedarf.
Das Gericht wird nur eingeschaltet, wenn es zur Kontrolle des Bevollmächtigten erforderlich ist. Die Vorsorgevollmacht ermöglicht dem Patienten so ein hohes Maß an Eigenverantwortlichkeit.

Mit der **Betreuungsverfügung** kann jeder schon im Voraus festlegen, wen das Gericht als Betreuer oder Betreuerin bestellen soll, wenn es ohne rechtliche Betreuung nicht mehr weitergeht. Genauso kann bestimmt werden, wer auf keinen Fall als Betreuer*in infrage kommt.
Möglich sind auch inhaltliche Vorgaben für Betreuerin oder Betreuer, etwa welche Wünsche und Gewohnheiten respektiert werden sollen oder ob im Pflegefall eine Betreuung zu Hause oder im Pflegeheim gewünscht wird.

Das **Ehegattennotvertretungsrecht** gilt nur für nicht getrennt lebende Verheiratete. Wenn eine verheiratete Person beispielsweise wegen Bewusstlosigkeit oder Koma nicht mehr in der Lage ist, in Gesundheitsangelegenheiten zu entscheiden, dürfen Eheleute grundsätzlich Entscheidungen für die jeweils andere Person treffen. Der vertretende Ehepartner oder die Ehepartnerin kann so zum Beispiel in ärztliche Untersuchungen oder Behandlungen einwilligen oder Krankenhaus- und Behandlungsverträge abschließen. Diese Regelung gilt jedoch nur für sechs

Monate. Daher empfiehlt sich weiterhin eine Vorsorgevollmacht, um für das Eintreten eines Notfalls möglichst umfassend vorzusorgen.

In der **Patientenverfügung** kann man vorab über das Ob und Wie medizinischer Maßnahmen entscheiden. Wer nicht möchte, dass andere über die medizinische Behandlung entscheiden, wenn man selbst dazu nicht mehr in der Lage sein sollte, kann in der Patientenverfügung festlegen, ob bei konkret beschriebenen Krankheitszuständen bestimmte medizinische Maßnahmen gewünscht oder nicht gewünscht sind.

Advance Care Planning nutzt das Instrument der Patientenverfügung, bindet es aber in einen systemischen Kontext ein. So soll nicht nur die Ermittlung des Patientenwillens durch speziell ausgebildete Gesprächsbegleitende, sondern auch dessen zuverlässige Umsetzung sowohl in Einrichtungen (wie Alten- und Behindertenheime) und in der Region gefördert werden (beispielsweise durch Schulung von Haus- und Notärzten und -ärztinnen sowie Rettungsdiensten).

Die Dokumente müssen weder von einem Notar verfasst sein, noch bei einem solchen hinterlegt werden, um Gültigkeit zu besitzen.

Das Betreuungsrecht

Die Vorsorgevollmacht

Sie erteilt einer absoluten Vertrauensperson die Möglichkeit, Ihre Angelegenheiten in Ihrem Sinne zu regeln, sollten Sie dazu nicht mehr in der Lage sein. Eine »Generalvollmacht« reicht nicht aus, denn sie beinhaltet keine Entscheidungen, bei denen es um ärztliche Untersuchungen oder medizinische Eingriffe mit Lebensgefahr oder zu erwartenden länger andauernden Gesundheitsschäden geht.

Auf dem Kopf des Formulars wird der Vollmachtgeber bzw. die Vollmachtgeberin mit Name, Vorname, Geburtsdatum, Adresse, Telefon, Telefax und E-Mail eingetragen. Diese*r erteilt eine Vollmacht an eine Person, deren Daten ebenfalls eingetragen werden. Es ist selbstverständlich sinnvoll, dass die bevollmächtigte Person mit einbezogen wird und weiß, dass sie bevollmächtigt ist.

Die Vorsorgevollmacht kann folgende Bereiche umfassen:

Gesundheitssorge/Pflegebedürftigkeit

- Entscheidungen zu Einzelheiten der Pflege
- Die Befugnis, den festgelegten Willen der Patientenverfügung umzusetzen
- Ärztliche Eingriffe: Einwilligung und Ablehnung
- Entbindung der behandelnden Ärzt*innen von der Schweigepflicht
- Entscheidung über Unterbringung und freiheitsentziehende Maßnahmen (z. B. Bettgitter), solange diese zum Patientenwohl erforderlich sind

Aufenthalt und Wohnungsangelegenheiten

- Aufenthalt bestimmen, Pflichten aus Mietvertrag, auch Kündigung, wahrnehmen und Haushalt auflösen
- Neue Mietverträge abschließen
- Heimverträge abschließen/kündigen

Vermögenssorge

- Vermögen verwalten, Rechtsgeschäfte vornehmen

Es ist sinnvoll, alle bankbezogenen Vollmachten (wie Konto-/Depotvollmacht) bei der entsprechenden Bank zu hinterlegen, da Kreditinstitute teilweise nur ihre eigenen Vordrucke akzeptieren. Die Konto-/Depotvollmacht sollte in der Bank unterzeichnet werden, um späteren Zweifeln an der Wirksamkeit vorzubeugen. Für die Aufnahme von Darlehen ist eine notariell beurkundete Vollmacht erforderlich. Für Immobiliengeschäfte muss die Unterschrift unter der Vollmacht durch eine Betreuungsbehörde oder einen Notar beglaubigt sein.

Post- und Fernmeldeverkehr

- Post öffnen und entgegennehmen, auch über Fernmeldeverkehr entscheiden

Behörden/Gerichte

- Vertretung bei Behörden, Versicherungen, Renten- und Sozialleistungsträgern
- Vertretung vor Gericht, Prozesshandlungen vornehmen

Untervollmacht

- Darf der oder die Bevollmächtigte Untervollmachten erteilen? Dann obliegt es dem oder der Bevollmächtigten, zu entscheiden, wem eine Untervollmacht erteilt wird, falls dies nicht zusätzlich schriftlich fixiert wurde.

Geltung über den Tod hinaus

- Bis zum Widerruf durch die Erben. Dadurch können auch Behördengänge nach dem Tod erledigt werden.

Regelung der Bestattung

- Kann dadurch nach den Wünschen des*r Vollmachtgebers*in geschehen

Betreuungsverfügung

- Für den Fall, dass trotz der Patientenverfügung noch eine gesetzliche Vertretung (»rechtliche Betreuung«) notwendig wird

Für verschiedene Aufgaben können jeweils verschiedene Bevollmächtigte eingesetzt werden. Dabei braucht jede und jeder Bevollmächtigte eine eigene Vollmachtsurkunde. Wenn mehrere Bevollmächtigte mit demselben Aufgabengebiet betraut werden, besteht die Gefahr, dass, wenn diese unterschiedlicher Meinung sind, ihre Interessen eventuell nicht optimal vertreten werden können und die Anwesenheit beider Personen bei Entscheidungen erforderlich ist.
Die Vollmacht muss von der Vollmachtgeberin und sollte vom Bevollmächtigten mit Ort und Datum unterschrieben werden. Die Unterschrift der Bevollmächtigten ist keine Voraussetzung für die Wirksamkeit der Vollmacht. Es ist sinnvoll, die jeweiligen Bevollmächtigten möglichst frühzeitig mit einzubeziehen.

Die Betreuungsverfügung

Hiermit können Sie bestimmen, wer Ihr Betreuer oder Ihre Betreuerin werden soll, wenn eine gesetzliche Vertretung notwendig wird. Haben Sie in Ihrer Vorsorgevollmacht bereits im Abschnitt »Betreuungsverfügung« festgelegt, dass der oder die Bevollmächtigte auch in solch einem Fall Ihr Betreuer oder Ihre Betreuerin sein soll, müssen Sie keine separate Betreuungsverfügung ausfüllen.
In einer Betreuungsverfügung kann auch festgelegt werden, wer keinesfalls Ihr*e Betreuer*in werden soll. Diese Angaben sind für Gerichte verbindlich.
Da es besonders wichtig ist, dem Betreuer oder der Betreuerin die genauen Vorstellungen des Vollmachtgebers oder der Vollmachtgeberin von medizinischen Maßnahmen nahezubringen, sollte die Betreuungsverfügung immer mit einer Patientenverfügung kombiniert werden. Die Betreuungsverfügung muss vom Vollmachtgeber mit Ort und Datum unterschrieben werden.

Das Ehegattennotvertretungsrecht

Seit dem 1. Januar 2023 gilt für akute Krankheitssituationen das Ehegattennotvertretungsrecht. Es ist entstanden, damit im Notfall der Ehepartner oder die Ehepartnerin grundsätzlich Entscheidungen für eine Person treffen darf. Ein Notfall tritt ein, wenn beispielsweise eine verheiratete Person aufgrund von Bewusstlosigkeit oder Koma nicht mehr in der Lage ist, Gesundheitsangelegenheiten selbst zu entscheiden. Die Zeit ist auf sechs Monate begrenzt und auch nur auf den medizinischen Bereich beschränkt. So ist das Abschließen eines Heimvertrages, was wegen einer schweren Erkrankung notwendig werden könnte, nicht inbegriffen. Der behandelnde Arzt oder die Ärztin bescheinigen schriftlich, dass die gesetzlichen Voraussetzungen für das Ehegattennotvertretungsrecht vorliegen. Es gilt auch für verheiratete gleichgeschlechtliche Paare, jedoch nicht für eingetragene Lebensgemeinschaften. Eine bestehende Patientenverfügung behält ihre Gültigkeit.
Das Ehegattennotvertretungsrecht gilt nicht, wenn dem Arzt oder der Ärztin bekannt ist, dass:

- die Ehepartner in Trennung leben
- der handlungsunfähige Ehepartner oder die Ehepartnerin nicht von dem oder der anderen Partner*in vertreten werden möchte

AUF EINEN BLICK
Mein Leben – meine Werte

Folgende exemplarische Fragen sollen Sie dazu anregen, über die eigenen Lebenseinstellungen und Wertvorstellungen nachzudenken. Sie beziehen sich auf:

- **das bisherige Leben:** Was ist mir in meinem Leben bislang wertvoll gewesen? Bin ich mit meinem Leben zufrieden? Was hätte ich mir anders gewünscht? Würde ich mein Leben anders führen, wenn ich es von vorn anfangen könnte?
- **das zukünftige Leben:** Möchte ich möglichst lange leben? Oder ist mir die Qualität des Lebens wichtiger als die Lebensdauer, wenn beides nicht in gleichem Umfang zu haben ist? Welche Wünsche/Aufgaben sollen noch erfüllt werden? Wovor habe ich Angst im Hinblick auf mein Sterben?
- **eigene leidvolle Erfahrungen:** Wie bin ich mit Krankheiten oder Schicksalsschlägen fertiggeworden? Was hat mir in schweren Zeiten geholfen?
- **die Beziehungen zu anderen Menschen:** Welche Rolle spielen Familie oder Freunde für mich? Kann ich fremde Hilfe gut annehmen? Oder habe ich Angst, anderen zur Last zu fallen?
- **Leid, Behinderung oder Sterben anderer:** Welche Erfahrung habe ich damit? Löst es Angst aus? Was wäre für mich die schlimmste Vorstellung?
- **die Rolle von Religion/Spiritualität:** Was bedeutet mir mein Glaube/meine Spiritualität angesichts von Leid und Sterben? Was kommt nach dem Tod?

- wenn ein Gericht bereits eine rechtliche Betreuungsperson bestellt hat, zu deren Aufgabenkreis auch Gesundheitsangelegenheiten gehören
- wenn der behandelnde Arzt oder die Ärztin Kenntnis von einer Vorsorgevollmacht hat, die Gesundheitsangelegenheiten umfasst

Die Möglichkeit des Ehegattennotvertretungsrechts sollte keinesfalls dazu führen, persönliche Notfallvorsorgemaßnahmen zu versäumen. Die Praxis zeigt, dass Eheleute nicht zwingend wissen, was das Gegenüber in welcher Situation genau gewollt hätte, und was auf keinen Fall. Zudem ist man selbst in der Partnerschaft direkt mitbetroffen, was die Entscheidungsfindung erschweren kann. Vor allem für Hochbetagte, die möglicherweise bereits durch eigene Erkrankungen große Herausforderungen zu meistern haben, kann es sich als schwierig erweisen, den mutmaßlichen Willen der Ehefrau oder des Ehemannes gegenüber Dritten durchzusetzen.

Die Patientenverfügung

Es ist empfehlenswert, die Patientenverfügung mit einem Arzt oder einer Ärztin Ihres Vertrauens auszufüllen. Aufgeführt werden beispielsweise Situationen, für die diese Verfügung gelten soll:

- Endstadium einer unheilbaren Erkrankung
- Folgen einer Gehirnschädigung
- Infolge von Hirnabbauprozessen die Unmöglichkeit, Nahrung und Flüssigkeit auf natürliche Weise zu sich zu nehmen
- Freies Feld zur Nennung von individuell möglicherweise zu erwartenden Situationen
- Vergleichbare nicht aufgeführte Situationen

Weiter kann in der Patientenverfügung bestimmt werden, was geschehen soll, wenn die oben beschriebenen Situationen eintreten:

- Lindernde Maßnahmen zur Symptomkontrolle, auch wenn diese die Lebenszeit verkürzen können
- Unterlassung lebenserhaltender Maßnahmen
- Keine Wiederbelebungsmaßnahmen
- Keine künstliche Ernährung

Zudem kann verfügt werden, durch wen man sich eine Begleitung wünscht: beispielsweise bestimmte Privatpersonen, Seelsorger*innen oder ein Hospizdienst. Auch gibt es die Möglichkeit, auf eine bestehende Vollmacht hinzuweisen, sodass die Patientenverfügung mit dieser Vollmacht verknüpft werden kann. Schließlich stellt sich noch die Frage, ob eine Bereitschaft zur Organspende besteht. Dies ist besonders wichtig, da für die Durchführung einer Organspende zum Teil ärztliche Maßnahmen notwendig sind, wie z. B. eine künstliche Beatmung, damit

GUT ZU WISSEN

Die Bedeutung von Vollmachten

Von Dr. med. Christoph Seitz, Hausarzt und Internist

Hinweise für Vollmachtgeber*innen

Verfassen Sie eine Patienten- und/oder Betreuungsverfügung vertrauensvoll und ehrlich mit den infrage kommenden Menschen. Prüfen Sie die ärztliche Versorgung. Tun Sie dies alles am besten so bald wie möglich, auch wenn Sie noch gesund sind. Alles Notwendige und nicht von Ihnen Geregelte muss und wird sonst von anderen geregelt und entschieden. Je mehr Menschen dies umso früher tun, desto »normaler« wird der gesellschaftliche Umgang damit.

Hinweise für Bevollmächtigte

Seien Sie sich der Verantwortung bewusst, die mit einer Patientenverfügung und Betreuungsannahme einhergeht. Ihr Freund, Ihre Partnerin oder ein anderer Angehöriger legt die Verantwortung für seinen oder ihren letzten Lebensabschnitt in Ihre Hände – vielleicht irgendwann unter der Maßgabe völliger Hilflosigkeit. Er oder sie vertraut darauf, dass Sie sich für seinen oder ihren letzten Willen einsetzen und verbürgen, nicht für Ihre Wünsche. Eigene Ängste und Projektionen müssen dabei zurückstehen; das erfordert insbesondere in langen Sterbeprozessen viel Kraft.

die zu spendenden Organe mit ausreichend Sauerstoff versorgt werden – Maßnahmen, die in der Patientenverfügung zuvor eventuell ausgeschlossen wurden. Somit ist hier festzulegen, ob in einem solchen Fall die Bereitschaft zur Organspende oder die Aussagen der Patientenverfügung Vorrang haben.
Häufig wird die Patientenverfügung genutzt, um einer technisch orientierten medizinischen Überversorgung zu entgehen. Auf der anderen Seite bietet sie aber auch die Möglichkeit, sich explizit für bestimmte medizinische Maßnahmen zu entscheiden.

Eigene Wertvorstellungen

Beim Auftreten medizinischer Notfallsituationen ist es für medizinisches Personal oft schwierig herauszubekommen, wie der Wille des oder der Betroffenen beispielsweise in Hinsicht auf eine Reanimation ist. Erschwerend kommt hinzu, dass es in Gefahrensituationen unmöglich deren Ausgang abzusehen ist, in welchem Zustand er oder sie sich dann befindet und ob dieser Zustand für Betroffene einem lebenswerten Leben entspricht. Das hängt u. a. vom Alter, von Vorerkrankungen und wie erfüllt das bisherige Leben war, ab.

Eine wichtige Ergänzung der Patientenverfügung, damit andere im Ernstfall die »richtige« Entscheidung für Betroffene fällen können, stellt das Formulieren der eigenen Wertvorstellungen dar. Dazu gehören Überlegungen zur eigenen Lebens- und Krankheitssituation, zu den individuellen Lebens- und Wertvorstellungen und zu persönlichen religiösen und ethischen Grundsätzen.

Erfahrungsgemäß ist es schwierig, derartige Gedanken zu Papier zu bringen. In der Broschüre »Patientenverfügung« des Bundesministeriums der Justiz und für Verbraucherschutz, die auch im Internet zu finden ist (siehe Anhang), sind als Hilfestellung verschiedene Fragen aufgelistet, mit denen Sie sich auseinandersetzen können, bevor Sie diese persönlichen Ergänzungen zu Ihrer Patientenverfügung abfassen. Oder Sie lesen das Buch *Der alte Mann und der Hase* von Prof. Berend Feddersen (siehe Anhang Seite 205).

Advance Care Planning

Diese eigenen Wertvorstellungen spielen auch im Konzept von Advance Care Planning (ACP) eine entscheidende Rolle.

Auf einer individuellen Ebene werden den Menschen professionelle Gespräche angeboten. Diese dienen der Ermittlung und Dokumentation ihrer Wünsche, für den Fall, dass sie einmal nicht mehr selbst entscheiden oder in Behandlungsentscheidungen einwilligen können. In einem wertschätzenden Gespräch auf Augenhöhe werden Menschen, die das Angebot annehmen möchten, im ersten Schritt ganz allgemein über ihre Einstellungen zum Leben, zu schwerer Erkrankung und Sterben befragt. Diese Aspekte finden sich in einigen Patientenverfügungen unter dem Punkt »Wertevorstellungen«. Darauf aufbauend werden bestimmte medizinische Szenarien wie der akute Notfall oder die Behandlung bei dauerhaftem Verlust der Einwilligungsfähigkeit besprochen. Zusätzlich können persönliche Hinweise, wie für die Pflege, Wünsche an die (spirituelle) Begleitung bei einer schweren Krise, in der letzten Lebensphase, oder der Wunschsterbeort beziehungsweise die Vorstellungen bezüglich der Bestattung erfasst werden. Gerade die »Einstellungen zu Leben, schwerer Krankheit und Sterben« führen durch die Themenauswahl und das behutsame achtsame Gespräch sehr in die Tiefe.

Falls manche Begriffe nicht eindeutig oder klar sind, kann in diesem Gespräch nachgeschärft und präzisiert werden. Man kann sich das vorstellen, als würde man vor einer Tür stehen, die für ein Schlagwort steht. Erst wenn man durch die Tür hindurchgeht, kann man die Räume dahinter erkunden. Ein solcher Türbegriff ist das Wort »Pflegefall«. Wenn beispielsweise eine Person sagt, sie würde nicht mehr wollen, dass das eigene Leben weiter erhalten wird, wenn sie zum Pflegefall wird, so hört sich dies erstmal gar nicht schlecht an. Wenn man aber darauf aufbauend Behandlungsentscheidungen treffen muss, so ist dies nicht ausreichend. Was bedeutet »Pflegefall« konkret? Meint man damit die Situation, dass einmal in der Woche ein Pflegedienst kommt, um beim Haarewaschen zu helfen? Oder ist ein Zustand gemeint, in dem man bettlägerig ist, nicht mehr auf andere Menschen reagieren und lediglich an die Decke schauen kann? Hier muss die Gesprächsbegleitung nachfragen und behutsam verstehen wollen, was genau gemeint ist.

Die Dokumentation erfolgt, sofern gewünscht, in einer Patientenverfügung. Der Gesprächsprozess umfasst somit mehr Themen und bietet mehr Handlungsoptionen, als die meisten standardisierten Patientenverfügungen, die man auch allein ausfüllen kann. Im gesamten Gespräch sind die Bedürfnisse und Wünsche der angebenden Person handlungsleitend. Insbesondere sind die unterschiedlichen Aufmerksamkeitspannen, kognitiven Fähigkeiten und emotionalen Gegebenheiten achtsam zu berücksichtigen. Es werden mindestens zwei Gespräche geführt, um den Vorausplanenden Zeit zu geben, über ihre Wünsche nachzudenken, das Gespräch in Ruhe zu überdenken und/oder gegebenenfalls noch zusätzliche Informationen einzuholen. Nach Möglichkeit nimmt die (zukünftige) Vertretungsperson an einem der Gespräche teil. So erfährt sie die jeweiligen Bedürfnisse direkt von der vorausplanenden Person selbst. Die Vertretungsperson wird damit informativ und emotional gestärkt und kann spätere Entscheidungen besser im Sinne der zu vertretenden Person umsetzen. Falls unterschiedliche Vorstellungen zwischen der Vertretungsperson und der zu vertretenden Person bestehen, kann man diese vor der Entstehung einer Notfallsituation in Ruhe klären und besprechen. Die behandelnden Ärzte und Ärztinnen werden in den Gesprächsprozess einbezogen. Sie unterstützen insbesondere bei der Klärung offener medizinischer Fragen oder der Überprüfung der Einwilligungsfähigkeit und können die Festlegungen für den Notfall noch mal als ärztliche Stellungnahme bekräftigen. Dies fördert in der Notfallsituation die Umsetzung, insbesondere für den nicht-ärztlichen Rettungsdienst.

Sollte die Person, für die eine Vorausplanung erstellt wird, bereits zum Zeitpunkt der Vorausplanung nicht (mehr) einwilligungsfähig sein, wird die betroffene Person, soweit erkennbar von ihr gewollt, aktiv in den Prozess der Willensermittlung einbezogen. Unter Mitwirkung des oder der rechtlichen Vertreter*in, des Arztes oder der Ärztin und gegebenenfalls weiterer Vertrauenspersonen kann der ermittelte Wille in einer Vertreterdokumentation festgehalten werden.

In Pflegeeinrichtungen für Ältere und für Menschen mit Behinderung kann die Einführung eines standardisierten Prozesses, in dem die Haltung der im Pflegeheim Wohnenden erfragt und dokumentiert wird, deren Wünsche ermitteln, dokumentieren und Sorge dafür tragen, dass sie im Notfall entsprechend umgesetzt werden.

Um die sorgfältige Ermittlung und Umsetzung des Willens der Patientin oder des Patienten durch die gesamte Versorgungskette zu gewährleisten, ist eine Vernetzung auf der regionalen Ebene, zum Beispiel zwischen Einrichtungen der Alten- und Eingliederungshilfe, ambulanten Hospizdiensten, SAPV-Teams, notärztlichen Teams und Krankenhäusern unerlässlich.

Nicht zuletzt durch § 132g SGB V hat ACP Eingang in das deutsche Gesundheitswesen gefunden. Der Paragraph ermöglicht Einrichtungen der stationären Altenhilfe und der Eingliederungshilfe eine sogenannte gesundheitliche Versorgungsplanung anzubieten, die durch die Krankenkassen finanziert wird. Die gesundheitliche Versorgungsplanung lehnt sich an das Konzept des ACP an. Auch in anderen Versorgungskontexten gibt es bereits erste Modellprojekte zur Implementierung von ACP.

Aufbewahrung

Es ist möglich, eine Vollmacht oder Betreuungsverfügung gebührenpflichtig beim Zentralen Vorsorgeregister der Bundesnotarkammer (Anschrift: Bundesnotarkammer, Zentrales Vorsorgeregister, Postfach 080151, 10001 Berlin; im Internet: www.vorsorgeregister.de) registrieren zu lassen. Das hat den Vorteil, dass ein Gericht im Bedarfsfall problemlos darauf zugreifen kann. Man sollte in diesem Fall bei den eigenen Ausweispapieren eine entsprechend ausgefüllte Hinweiskarte (z. B. im Geldbeutel) mit sich führen. Solche Hinweiskarten zum Ausdrucken sind im Internet zu finden.

Patientenverfügung und Vorsorgevollmacht sollten auch immer im Original vorgelegt werden können, da Kopien nur vorübergehend akzeptiert werden. Natürlich muss dazu klar geregelt sein, wo diese Dokumente zu finden sind, damit ihr Suchen in einer ohnehin angespannten Situation keinen zusätzlichen Stress verursacht. Zur sinnvollen Aufbewahrung gibt es folgende Möglichkeiten:

- Die Dokumente werden von Ihnen an einem dem oder der Bevollmächtigten bekannten und gut zugänglichen Ort (z. B. in Ihrem Schreibtisch) verwahrt.
- Der oder die Bevollmächtigte erhält die Dokumente im Original nach Ausfertigung und weiß, dass er oder sie von diesen nur im besprochenen Fall – meist die Unmöglichkeit der eigenen Willensbekundung – Gebrauch machen kann.
- Die Dokumente werden einer zweiten Vertrauensperson übergeben; diese muss sie dann im Bedarfsfall dem oder der Bevollmächtigten übergeben.
- Die Dokumente werden bei einem Notar hinterlegt, der diese nur gegen Vorlage eines ärztlichen Attests an die Bevollmächtigten herausgibt.

Warum Vollmachten so wichtig sind

Die rechtliche Situation vor oder während jeder medizinischen Maßnahme:

Medizinische Indikation

Wenn keine medizinische Indikation besteht, darf die Maßnahme von ärztlicher Seite nicht durchgeführt werden.

Beispiel: Eine Patientin ist in der Sterbephase, und es entwickelt sich eine Lungenentzündung. In der Sterbephase (die letzten 72 Stunden) besteht keine medizinische Indikation einer Antibiotikagabe, da sie in dieser Zeit die Entzündung nicht wirksam bekämpfen kann und zu keiner Symptomverbesserung führt.

Patientenwille

Wenn eine medizinische Indikation besteht, muss mit dem Patienten geklärt werden, ob er möchte, dass die entsprechende ärztliche Handlung durchgeführt wird. Wenn der aufgeklärte und einwilligungsfähige Patient einer medizinischen Handlung zustimmt, deren medizinische Indikation gegeben ist, muss sie der Arzt durchführen.
Beispiel: Ein Patient hat eine fortgeschrittene Tumorerkrankung mit einer zu erwartenden Lebensdauer von wenigen Monaten und entwickelt eine Lungenentzündung. Die Indikation für eine Antibiotikatherapie ist gegeben und muss mit dem Patienten nach einer ausführlichen Aufklärung besprochen werden, ob er diese wünscht. Wenn ja, muss sie durchgeführt werden.
Wenn der aufgeklärte und einwilligungsfähige Patient einer medizinischen Handlung nicht zustimmt, darf sie nicht durchgeführt werden. Ansonsten begeht der Arzt oder die Ärztin eine Körperverletzung.
Beispiel: Wenn oben genannter Patient die Antibiotikatherapie nicht wünscht, darf sie von Ärztin oder Arzt nicht verordnet oder verabreicht werden, auch in dem Wissen, dass der Patient an der Lungenentzündung vorzeitig versterben kann.

Da die Ermittlung des Patientenwillens elementar ist, dieser aber nicht immer vom Patienten geäußert werden kann, ergibt sich folgender Entscheidungspfad:
Der aktuell erklärte Patientenwille des aufgeklärten und einwilligungsfähigen Patienten. Wenn dieser nicht zu ermitteln ist, zählt:
Der vorausverfügte Wille durch eine Patientenverfügung schriftlich oder mündlich. Ist keine vorhanden, zählt:
Der mutmaßliche Wille, aus früheren Äußerungen oder Wertvorstellungen zu ermitteln. Wenn dies nicht möglich ist, zählt:

Die Entscheidung zum Wohl des Patienten Der Lebensschutz hat dabei Vorrang. Anmerkung: Wenn der Patient nicht entscheiden kann und es eine Vorsorgevollmacht gibt, so entscheidet der Bevollmächtigte im Sinne des Patienten.

Rechtliche Situation

Entscheidungspfad vor jeder medizinischen Maßnahme

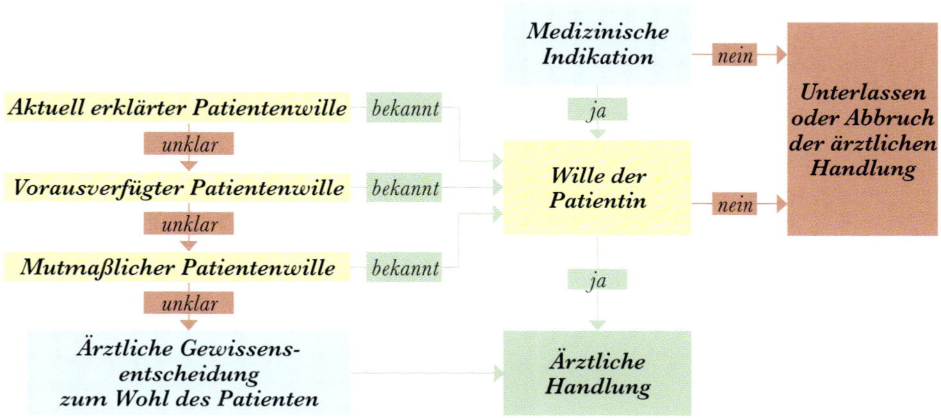

Wie will ich bestattet werden?

Von Florian Rauch, Geschäftsführer der AETAS Lebens- und Trauerkultur

Eigene Wünsche aufschreiben: Man sollte sich die Zeit nehmen und gedanklich sein »letztes Fest« durchgehen, um zu erkennen, was einem selbst wirklich wichtig ist – und dabei gleichzeitig Raum für die Vorstellungen von Familie oder Freunden lassen. Die Wunschliste sollte nicht alles bis ins kleinste Detail vorgeben und dadurch die Angehörigen handlungsunfähig machen.

Sinnvoll ist dabei festzulegen: Wie und wo möchte ich beerdigt werden? Wie soll meine Beerdigung aussehen – was ist mir wichtig, was symbolisiert mich und mein Leben?

Wenn man versäumt hat, dies zu hinterlassen, wird eine Bestattung nach den Wünschen des »Auftraggebers« ausgerichtet. Nach der gesetzlichen Regelung sind das immer die nächsten Nachkommen. Sind sich etwa die Kinder und die neue Lebensgefährtin nicht einig und wurde nichts von dem oder der Verstorbenen hinterlegt, kann das zu belastenden Konflikten führen. Auch die Entscheidung über eine Erd- oder Feuerbestattung kann bei Angehörigen große Zweifel und Gewissensbisse verursachen, wenn zuvor nie über die gewünschte Bestattungsart gesprochen wurde.

Was die Feier selbst angeht, entwickeln sich deren Gestaltungsmöglichkeiten oftmals im Gespräch mit den Angehörigen. Sie kann eigentlich immer passend zum oder zur Verstorbenen und zu seiner oder ihrer Familie ausgerichtet werden, auch ohne detaillierte Vorgaben.

Sollte sich jemand mit dem Gedanken tragen, seiner Familie die Grabpflege »zu ersparen« und dies als Willensäußerung zu fixieren, kann das später für die Angehörigen schwierig werden, wenn diese einen Ort zum Trauern wünschen. Daher ist es ratsam, den Hinterbliebenen die Entscheidung zu überlassen, ob sie ein Grab möchten, an das sie gehen und das sie bepflanzen können. Nicht der oder die Verstorbene soll es »gut meinen« und somit den Betroffenen oft eine wichtige Traueraufgabe nehmen.

Sollten sich aber alle einig sein über den Grabverzicht, besteht die Möglichkeit, nach einer Erdbestattung das Grab wieder einebnen zu lassen, Gras darüber zu säen und wachsen zu lassen.

CHECKBOX
Sind alle wichtigen Dokumente schnell erreichbar

- Familienstammbuch
- Versicherungspolicen (Hausrat, Haftpflicht, Einbruch, Feuer etc.)
- Police Rentenversicherung
- Police Unfallversicherung
- Police Pflegeversicherung
- Unterlagen der Krankenkasse bzw. der Privatversicherung
- Übersicht über alle Bankkonten
- Vermögen: Wertpapiere, Sammlungen, Schmuck, Antiquitäten
- Rentenunterlagen
- Unterlagen zum Eigentum (Grundstücke, Immobilien)
- Testament/letzter Wille
- Wünsche für die Bestattung/für das Grab
- Patientenverfügung/Betreuungsverfügung/Vorsorgevollmacht
- Grabunterlagen
- Schulden aus Kaufverträgen, Darlehen, Kredite, Bausparschulden
- Organspendeausweis

Zum Weiterlesen

Schmitt, Eric-Emmanuel: Oskar und die Dame in Rosa. Fischer Verlag, Frankfurt/Main, 2005

Florian Rauch/Nicole Rinder: Das letzte Fest. Irisiana Verlag, München, 2012

Feddersen, Berend: Der alte Mann und der Hase, Irisiana Verlag, 2022

Nützliches im Netz

www.palliativmedizin-muenchen.de

www.palliativ-portal.de

www.dgpalliativmedizin.de

www.letztehilfe.info

www.acp-d.org

www.wegweiser-hospiz-palliativmedizin.de

www.bmjv.de

Danksagung

Professorin Dr. med.
Claudia Bausewein
Dr. med. Pia Heußner
Dr. med. Christoph Seitz
SAPV-Team der LMU München
Sarah Bergh
Sonja Euhus
Therese Frank
Heike Fricke
Beate Ganschor
Luise Ganschor † 2015
Charlotte Helbig † 2014
Wolfgang Hepperle † 2017
Peter Johannsen
Tita Kern
Luise Langwald
Dr. Maria Lehner
Steffi Pick † 2014
Florian Rauch
Greta Rose
Vera Ulrich
Marianne Seitz † 2014
Philipp Seitz † 2014
Ingeborg Pfleger † 2015

Für die Unterstützung von Luises Fest

A&O HOTELS and HOSTELS

»The Incs«, München

Thomas Koenen, Social Engagement Advisor

***Der alte Mann und der Hase* von Berend Feddersen, Irisiana 2024, 2. Auflage**

In diesem einfühlsamen, vom Autor illustrierten Buch unterhalten sich ein alter Mann und ein lebenslustiger Hase über die großen Fragen des Lebens, des Sterbens und alles, was so dazwischenliegt. Dabei entstehen zwei sehr unterschiedliche Perspektiven, die insbesondere den Aspekt der Selbstbestimmung über das eigene Leben beleuchten. Das Lesen regt an, die eigenen Wünsche und Vorstellungen hinsichtlich medizinischer Behandlungsmöglichkeiten zu überdenken: Was man will – und vielleicht auch, was gerade nicht. Im hinteren Teil des Buches ist viel Platz, um sich mit diesen Fragen zu beschäftigen und die eigenen Gedanken dazu niederzuschreiben. Dies kann als Grundlage dienen, um sich dann mit seinen Liebsten darüber auszutauschen, zu diskutieren und hinterfragen zu lassen. Und vielleicht ist es dann ein kleines Schatzkästchen, falls es zu einer Situation der Einwilligungsunfähigkeit kommt und durch die Dokumentation in diesem Buch der mutmaßliche Wille plötzlich sonnenklar wird.

Register

Impressum

5., aktualisierte und erweiterte Auflage 2024

Penguin Random House Verlagsgruppe FSC® N001967

MIX
Papier | Fördert gute Waldnutzung
FSC
www.fsc.org
FSC® C147178

Projektleitung: Nikola Hirmer, Inga Heckmann
Redaktion: Nicola von Otto
Layout: Claudia Hautkappe, München
Korrektorat: Susanne Schneider, München, Claudia Fritzsche
Bildredaktion: Annette Mayer
Reproduktion: Regg Media GmbH, München
Umschlaggestaltung und Konzeption:
Geviert – Büro für Kommunikationsdesign München
Satz: Dr. Alex Klubertanz, www.semiserif.de

Bildnachweis
Umschlagabbildungen: Shutterstock/Evgeny Karandaev und AlexRoz
Fotos: Barbara Stäcker, München, außer Foto S. 44: Sylwia Makris (für »Nana – Recover your Smile«)
Illustrationen: Bettina Kammerer, München (S. 22 modifiziert nach Cicely Saunders 1977; S. 135)
Tabellen und Infografiken: Martin Knipping (S. 8 modifiziert nach einer Abbildung in der Zeitschrift *Der Spiegel*, 2012; S. 139, 140, 141, 186)

Druck & Bindung: Pixartprinting, Lavis
Printed in Italy

ISBN 978-3-424-15498-6